Das verletzte innere Kind und die Liebe

Barbara Röser / Udo Röser

# Das verletzte innere Kind und die Liebe

## Wie tiefe Vertrautheit in Partnerschaften gelingt

Patmos Verlag

**Wichtiger Hinweis:**
Die in diesem Buch enthaltenen Informationen, Hinweise und Übungen wurden nach bestem Wissen der Autoren erstellt und sorgfältig geprüft. Sie ersetzen jedoch nicht den persönlich eingeholten (psycho-)therapeutischen oder medizinischen Rat. Verlag und Autoren können für Irrtümer oder etwaige Schäden, die aus der Anwendung der dargestellten Informationen, Hinweise oder Übungen resultieren, keine Haftung übernehmen. Deren Nutzung bzw. Durchführung erfolgt auf eigene Verantwortung der Leserinnen und Leser.

MIX
Papier | Fördert gute Waldnutzung
FSC® C083411

Die Verlagsgruppe Patmos ist sich ihrer Verantwortung gegenüber unserer Umwelt bewusst. Wir folgen dem Prinzip der Nachhaltigkeit und streben den Einklang von wirtschaftlicher Entwicklung, sozialer Sicherheit und Erhaltung unserer natürlichen Lebensgrundlagen an. Näheres zur Nachhaltigkeitsstrategie der Verlagsgruppe Patmos auf unserer Website www.verlagsgruppe-patmos.de/nachhaltig-gut-leben
Übereinstimmend mit der EU-Verordnung zur allgemeinen Produktsicherheit (GPSR) stellen wir sicher, dass unsere Produkte die Sicherheitsstandards erfüllen. Näheres dazu auf unserer Website www.verlagsgruppe-patmos.de/produktsicherheit.
Bei Fragen zur Produktsicherheit wenden Sie sich bitte an produktsicherheit@verlagsgruppe-patmos.de

Bibliografische Information der Deutschen Nationalbibliothek
Die Deutsche Nationalbibliothek verzeichnet diese Publikation in der Deutschen Nationalbibliografie; detaillierte bibliografische Daten sind im Internet über http://dnb.d-nb.de abrufbar.

3. Auflage 2026

Verlagsgruppe Patmos in der Schwabenverlag AG, Senefelderstr. 12, 73760 Ostfildern
www.patmos.de

Umschlaggestaltung: Finken & Bumiller, Stuttgart
Umschlagabbildung: © Prostock-studio / shutterstock.com
Gestaltung, Satz und Repro: Schwabenverlag AG, Ostfildern
Druck: CPI books GmbH, Leck
Hergestellt in Deutschland
ISBN 978-3-8436-1237-1

*Für*
*Florian und Ivonne*
*Pascal und Jenny*
*Leon und Maike*

»Das Universelle [...] ist, dass jede Liebe eine neue Wahrheitserfahrung darüber anbietet, was es bedeutet zu zweit und nicht einer zu sein. [...]
Jede Liebe liefert uns einen neuen Beweis dafür, dass man der Welt anders als durch ein einsames Bewusstsein begegnen und sie anders erfahren kann.«

Alain Badiou, Eloge de l'Amour[1]

# Inhalt

# Einleitung

Liebe lebt von Intimität. Narzissmus verhindert Intimität. – Mit dieser scheinbar so einfachen Feststellung lassen sich Not und Leid vieler Paare beschreiben. Gelingende oder misslingende Intimität ist der zentrale Faktor, der über unsere Liebesfähigkeit und die Liebeschancen als Paar entscheidet.

Was bedeutet gelingende Intimität? Es ist, kurz gesagt, ein Zustand tiefster Vertrautheit, der durch einen wechselseitigen und von positiver Resonanz getragenen Austausch entsteht.[2] Ein solcher Austausch findet auf mehreren Ebenen statt: körperlich, geistig und seelisch. Gelingende Intimität verlangt die Bereitschaft, sich dem Partner / der Partnerin auch mit den ungeliebten und meist verborgenen Seiten der eigenen Seele anzuvertrauen. Wenn wir Intimität besser verstehen und lernen, diese herzustellen, erhöht das die Liebesfähigkeit und Liebeskompetenz in der Partnerschaft.

Liebe lernen und erfahren wir von früh an, weil unsere Eltern auf unser Verhalten reagieren, unsere Signale als Säugling und Kleinkind beantworten. Diese ersten Erfahrungen entscheiden neben genetischen und soziokulturellen Faktoren wesentlich über unsere spätere Liebesfähigkeit. In der Intimität mit einem Partner, einer Partnerin werden diese ersten Liebeserfahrungen wiederbelebt.

Wenn wir hier von Intimität reden, meinen wir nicht Sexualität, wie dies in der Umgangssprache oft gleichgesetzt wird. Intimität ist weit mehr. Intimität entsteht, wenn wir uns gegenseitig als Partner zu erkennen geben: mit unseren Gedanken, unseren Gefühlen, dem Bezug zu unserem Körper.

> Intimität ist ein Zustand tiefster Vertrautheit, der durch einen wechselseitigen, von positiver Resonanz getragenen Austausch entsteht.

Ob und wie wir uns zu erkennen geben, hängt davon ab, wie stabil wir in unserem Selbst verankert sind. Dazu gehören unser Selbstwertgefühl, das Bewusstsein um unsere Emotionen und unser Verhalten, unsere Fähigkeit zur Empathie sowie zur gesunden Selbstregulation in Stresssituationen. Um nachvollziehen zu können, welche Spuren frühkindliche Ereignisse in unserer Seele hinterlassen haben und wie diese sich auf die Entwicklung unseres Selbst auswirken, verwenden wir in diesem Buch das Modell des »verletzten inneren Kindes«.[3] Dieses Bild hilft zu verstehen, wie frühkindliche Erfahrungen unser Selbst prägen und uns im Erwachsenenleben bei unserer Suche nach Liebe und Partnerschaft oft behindern können.

Die Folgen misslingender Intimität sind dramatisch. Ausbeutung, Missbrauch, Rückzug, Gewalt und Trennung dominieren dann eine Beziehung. Aus dem Miteinander wird ein Gegeneinander. Befeuert werden diese Konflikte durch die gestörte narzisstische Seite unserer Persönlichkeit. Was ist darunter zu verstehen?

Unter einem Narzissten stellen wir uns in der Regel einen Menschen mit großem Geltungsbedürfnis vor, einen Egoisten, der sich selbst zum Maßstab aller Dinge nimmt und nur schwer auf andere Menschen eingehen kann. Dies ist allerdings nur die eine Seite der Medaille. Narzissmus wird in der Fachliteratur in zwei polaren Ausprägungen beschrieben, die psychologisch einen gemeinsamen Kern haben.[4] Diese beiden polaren Ausprägungen zeigen sich in einem *offensiven* und einem *defensiven* Narzissmus. Jeder Mensch trägt mehr oder minder ausgeprägte narzisstische Anteile in sich, die sich genauso in offensiver oder defensiver Weise äußern können.

Der gemeinsame Kern besteht darin, dass sowohl der offensive als auch der defensive Narzisst über ein verletzliches Selbst verfügt. Diese verletzliche Seite ist gut verborgen, wird aber in partnerschaftlichen Liebesbeziehungen umso virulenter. Viele partnerschaftliche Krisen und Trennungen sind Folge narzisstischer Auffälligkeiten. In der Fachsprache ist dann von einer »narzisstischen Paardynamik«[5] die Rede, man könnte auch sagen: das narzisstische Zusammenspiel innerhalb von Paaren.

Denn die narzisstischen Anteile, von denen wir sprechen, zeigen sich uns oft erst in der partnerschaftlichen Krise, im Streit, im Zerwürfnis, wenn wir verzweifeln, uns am liebsten trennen würden, wir nicht mehr weiterwissen, sich die Streitszenarien endlos wiederholen. Wenn Schmerz, Trauer, Wut, Scham, Ekel oder Verzweiflung dominieren. Dann sind unsere Seelen in Not und wir reagieren aufeinander: sehr empfindlich, explosiv, gereizt, resigniert, mit Rückzug.

Mangelnde Selbstliebe, Scham und Selbstunsicherheit machen unsere Seele verletzlich. Um diese Verletzlichkeit nicht wahrnehmen zu müssen, stellen wir uns über die anderen oder passen wir uns zu sehr an, wir flüchten in ein grandioses Selbst oder in ein angepasstes und dienendes Selbst. Dies sind die beiden Masken des Narzissmus.

Die eigene Verletzlichkeit und Unsicherheit zu spüren, das schmerzt. Doch genau hier liegt der Kern vieler Paarprobleme. Da man diesen Schmerz nicht zulassen will, bekämpft man lieber den Partner, sieht in ihm die Ursache des eigenen Seelenschmerzes.

Mit einem solchen Verhalten verletzen wir den anderen und treffen dessen wunden Punkt. Dieser wehrt sich, ein Teufelskreis entsteht. Um zur Intimität der Liebe zurückzufinden, bedarf es der Enttarnung und Auflösung dieser Masken des Narzissmus.

Erst wenn wir dieses narzisstisch geprägte Zusammenspiel erkennen und verstehen, finden wir den Weg aus der Krise. Erst dann können wir unser Liebespotenzial als Paar voll entfalten und ein schöpferisches Miteinander entstehen lassen.

Wir wissen aus unserer langjährigen Erfahrung in der Begleitung von Paaren, wie schwer es ist, sich genau diesen Empfindungen, Gefühlen und Gedanken zu stellen. Und vor allem, wie schwierig es ist, sich damit seinem Partner / seiner Partnerin zu zeigen, wo doch dieser scheinbar für das eigene Unglück verantwortlich ist. Wie dies gelingen kann, dazu möchten wir Ihnen in diesem Buch Anstöße geben. Mit der tiefen Überzeugung: Es ist möglich, und die Chance, beiderseits daraus zu lernen und Ihre Partnerschaft zu festigen, ist sehr groß.

Intimität, Selbst und Narzissmus sind Schlüsselbegriffe, die in diesem Buch immer wieder auftauchen. Um Liebe leben zu können, halten wir ein Verständnis und Wissen über diese Schlüsselbegriffe für unabdingbar.

Inspiriert zu diesem Buch wurden wir durch verschiedene Quellen, die nicht unerwähnt bleiben sollen. Die erste Quelle ist unsere eigene, mittlerweile über vierzig Jahre dauernde Partnerschaft. Auch in unserer Partnerschaft gab es existenzielle Krisen, in denen jeder von uns schon an Trennung dachte. Doch wir haben es geschafft, mit viel Arbeit an uns selbst, mit therapeutischer Hilfe und mit Unterstützung von Freunden. Die Bewältigung dieser Krisen, ohne die Flucht in die Trennung anzutreten, hat uns immer näher zueinander geführt. Wir haben irgendwann sehr klar verstanden, dass Liebe von Austausch lebt, von einem dialogischen Austausch, in dem sich der eine dem anderen zu erkennen gibt. Im Kern geht es um das Sichtbarmachen eines verletzlichen und unsicheren Selbst, das meist bei beiden Partnern vorhanden ist. Zu diesem Kern vorzustoßen ist nicht einfach, oft mit Scham und Schmerzen verbunden. Dadurch aber, dass wir diesen Prozess gemeinsam, im Miteinander vollzogen haben, geschah gleichzeitig etwas, was unsere Liebe fundamental festigte. Wir erkannten, dass wir im Streit, in der Kränkung, im Rückzug uns immer wieder über diesen inneren Kern verständigen müssen. Dies betrifft – bis heute – alle Bereiche des geteilten Lebens unserer Partnerschaft: Sexualität, Beruf, Familie, Freunde, Freizeit usw.

Die zweite Inspirationsquelle für dieses Buch war unsere Begegnung mit Michael Cöllen und Ulla Holm-Cöllen. Michael Cöllen entwickelte das paar- und sexualtherapeutische Verfahren der Paarsynthese und lehrt dieses seit den 80er-Jahren; seit den 90er-Jahren gemeinsam mit Ulla Holm-Cöllen.

Wir haben unsere paartherapeutische Ausbildung im Verfahren der Paarsynthese bei Michael Cöllen und Ulla Holm-Cöllen durchlaufen und in Assistenzen, Lehrweiterbildungen und Kontrollanalysen unsere Erfahrungen und unser Wissen fundiert. Paarsynthese gründet auf einem Lernmodell Liebe, das uns berührt und überzeugt. Eine Zusammenfassung der wichtigsten Grundannahmen der Paarsynthese finden Sie am Ende dieses Buches.

Die dritte Inspirationsquelle für dieses Buch sind die anhaltenden langjährigen Erfahrungen aus unserer paartherapeutischen Praxis. Hier erleben wir mit Paaren immer wieder Momente tiefer Ergriffenheit. In solchen Augenblicken stellt sich Stille ein, ein Erleben von Wahrhaftigkeit findet statt. Berührungen, Gesten, Blicke, Worte, Bekenntnisse, Vereinbarungen haben dann eines gemeinsam: Liebe wird spürbar. Ernsthaft, authentisch, unverstellt.

Oder – und auch das gehört zu unserer Arbeit – ein Weg wird deutlich und annehmbar, wie sich das Paar im Guten voneinander trennen kann. Jeder Partner übernimmt die Verantwortung für die Anteile, die zur Trennung beigetragen haben. Jeder achtet den anderen auch weiterhin, ist dankbar für das, was es an gemeinsamem Gutem gab, teilt dies dem anderen mit, und so kann eine Trennung in Würde gelingen.

Überwiegend erleben und begleiten wir jedoch Paare, die zusammenbleiben wollen, die Wege aus Krisen oder Stillstand suchen oder einfach ihre Partnerschaft bereichern wollen. Wir treffen auf Paare, die einen Weg aus ihrer Beziehungskrise suchen, auf junge Paare, die vorbeugend lernen wollen, die »Fehler« ihrer Eltern nicht zu wiederholen, und auf langjährige Paare, die ihre Leidenschaft und auch ihre Sexualität weiterhin lebendig erhalten wollen.

Ihnen allen danken wir für die gemeinsamen Erfahrungen und Impulse und wollen mit diesem Buch auch anderen Paaren Hilfe und Orientierung geben.

# 1. Was ist Liebe?

Der Liebe gilt unsere Sehnsucht. Doch was ist eigentlich Liebe? Was bedeutet sie für uns heute zu Beginn des 21. Jahrhunderts? Liebe zu definieren ist nicht einfach. Wer Liebe wirklich verstehen will, muss auch immer wieder ihren geschichtlichen und kulturellen Kontext mit einbeziehen. Insbesondere das Ideal der romantischen Liebe beeinflusst auch heute noch unsere Partnerschaften und unser Verständnis von Liebe.

Der britische Soziologe Anthony Giddens hat in seinem Buch *Wandel der Intimität* (1993) anschaulich beschrieben, wie Demokratie, Rationalität und Individualismus nicht nur moderne Gesellschaften als Ganzes, sondern auch ihre Individuen prägen – in einer von Individualismus und Neoliberalismus geprägten Gesellschaft macht auch der Markt vor unseren persönlichen Beziehungen nicht halt. Heute sind es keineswegs mehr eherne Liebesschwüre oder feste Rollenbilder, die ein Paar zusammenhalten, sondern »ständige Beziehungsarbeit«[6]. Wir sprechen deshalb heute weniger von »romantischer« als von »partnerschaftlicher« Liebe, wie Giddens meint – und diese hat ihren Preis. »Immer wieder befragen beide Partner die Liebe und gleichen sie mit ihren eigenen Bedürfnissen ab, erneuern die Verbindung – oder verwerfen sie, wenn sie in ihr nicht mehr genug Erfüllung finden«, so dazu Spiewak.[7] Werden damit die Regularien der Warenwelt zum Maßstab partnerschaftlicher Liebe?

Gleicht Liebe einem betrieblichen Unternehmen, das den Vorstellungen von Effizienz und Wachstum zu gehorchen hat?

Wenn ja, dann gleicht die Liebe einem betrieblichen Unternehmen, das den Vorstellungen von Effizienz und Wachstum zu gehorchen hat. Die israelische Soziologin Eva Illouz sieht vor diesem Hintergrund in der westlichen Welt ein übergreifendes Leiden an der Liebe, das unser Selbst und unser Begehren beeinflusst und uns verletzlich macht. Die digitalen Partnerschaftsbörsen sowie die damit verbundenen Mechanismen der Partnerwahl stellen unsere Liebesfähigkeit infrage. Sich zu binden, bedeutet Krisen durchleben und Zweifeln und Unsicherheiten widerstehen zu können. Dazu braucht es ein wichtiges Persönlichkeitsmerkmal: Selbstsicherheit. Selbstsicherheit in Beziehungen erwerben wir ab unseren frühesten Kindheitstagen im Bindungserleben mit unseren wichtigsten Bezugspersonen, in der Regel unseren Eltern. Unsicheres Bindungserleben verunsichert uns auch in unserem Selbst. Der digitale Liebesmarkt bietet dafür scheinbar eine sichere Lösung. Die Flüsterstimmen der Partnerschaftsbörsen werben mit der Austauschbarkeit von Beziehungen, richten unser Begehren auf das optimale Profil und den im Warenkorb versteckten passgenauen Partner. Und den gilt es zu finden. So »rauben viele Aspekte der zeitgenössischen Kultur dem Selbst die Fähigkeit, sich auf die volle Erfahrung der Leidenschaft einzulassen und sie zu leben.«[8]

Moderne partnerschaftliche Liebe, so der Berliner Sexualwissenschaftler Christoph Joseph Ahlers, unterliegt im Hinblick auf Sexualität außerdem dem Wertesystem der Leistungsgesellschaft – also Erfolg, Leistungsfähigkeit, Gewinn- und Selbstoptimierung.[9] Diese Werte durchdringen unser soziales und gesellschaftliches Zusammenleben, schon ab dem Kindergarten, der Schule und weiterführenden Ausbildungen bestimmen sie uns bewusst oder unbewusst, als Individuum und später als Paar. Arbeitswelt und elektronische Reizüberflutung auf der einen und die Liebeswelt auf der anderen Seite stehen in starkem Dissens: Existenz- und Leistungsdruck besetzen jene partnerschaftlichen Räume, die für die Lebendigkeit der Liebe unabdingbar notwendig sind.

*Paarbeispiel: Frage nach dem Sinn*[10]

Jana und David sind seit zwölf Jahren zusammen und haben zwei Kinder im Alter von 7 und 4 Jahren. David arbeitet hauptberuflich in verantwortlicher Position in einer Firma. Jana ist stundenweise freiberuflich für ein anderes Unternehmen tätig.

Sie beschreiben ihr Paarproblem folgendermaßen:

David: »Ich habe permanent zu erledigende Aufgaben auf dem Schirm und kann kaum abschalten. Ich treffe oft Entscheidungen allein, fühle mich verantwortlich, vor allem auch als Hauptverdiener der Familie, aber auch in meinem Job im täglichen Kontakt mit sehr vielen Menschen. Ich habe in einer Firma begonnen, die fünf Mitarbeiter hatte. Jetzt, zehn Jahre später, sind es fünfhundert. Ich bin mit meinen Kapazitäten an der Grenze von dem, was ich leisten kann. Ich habe sehr viel Geld verdient und arbeite über sechzig Stunden in der

Woche. Aber ist das der Sinn meines Lebens? Dann wird mir zu Hause alles zu viel, ich bin gestresst, extrem explosiv auch vor den Kindern, bin manchmal regelrecht gemein zu meiner Familie und will nur noch meine Ruhe haben.«

Jana: »Ich habe mich von ihm zurückgezogen. Er ist oft so gestresst und gereizt. Ich traue mich dann nicht, ihn anzusprechen oder wichtige Dinge mit ihm zu bereden. Das tue ich wieder zunehmend mit meiner Mutter (sie war schon immer eine wichtige Gesprächspartnerin) und mit meinen Freundinnen. Ich versuche immer wieder, dass wir etwas Schönes zusammen unternehmen, zusammen essen gehen oder einfach auf dem Sofa sitzen. Aber meistens bekommen wir dann Streit miteinander. Wir sind beide so angespannt – jeder für sich und miteinander.«

Die Arbeitswelt überformt die Liebeswelt zunehmend, ja besetzt und zerstört sie, wie dieses Beispiel zeigt. Stress dominiert das innere Erleben jedes Einzelnen und wirkt auch auf das innere Zusammenspiel der Partner als Paar. David kann seine stressbedingten Impulse kaum stoppen und beeinflusst damit seine Partnerschaft und das Familienleben. Jana zieht sich, aus Angst vor weiterer Eskalation, immer weiter zurück. Beide empfinden eine Daueranspannung und spüren, dass es so nicht weitergehen kann.

Die Arbeitswelt überformt die Liebeswelt.

Schließlich stellt David sich eine ganz entscheidende Frage: Ist dieses alles andere dominierende Arbeitsleben, mit all den damit verbundenen Risiken und schon sichtbar werdenden gravierenden Folgen, der Sinn seines Lebens? Wenn er sich von dieser Frage bewegen lässt, besser noch erschüttern lässt, öffnet sich eventuell der Blick dafür, was ihm wirklich wichtig und bedeutend ist.

Die Frage, die David sich stellt, ist eine zentrale Frage für jede Partnerschaft.

Überlegen auch Sie, wie Sie diese Fragen beantworten würden. Schlagen Sie Ihrem Partner / Ihrer Partnerin vor, die folgenden Fragen gemeinsam zu beantworten. Zuerst jeder für sich, anschließend tauschen Sie sich gemeinsam darüber aus.

- Lebe ich in einer erfüllten Partnerschaft?
- Wie würde mein Partner / meine Partnerin diese Frage beantworten?

- Haben wir uns schon einmal die Frage nach dem Sinn unserer Liebe gestellt?
- Wie lautet die Antwort darauf?
- Was sind unsere gemeinsamen Stärken? Wo gibt es Verbesserungs- oder Entwicklungsbedarf?
- Haben wir uns arrangiert?
- Leben wir eine lebendige und für jeden Einzelnen von uns auch sinnlich belebte Sexualität?
- Möchte ich mit dir alt werden?

Das Gefühl der Liebe ist das höchste Gut des Lebens – laut einer Umfrage von 2016.

»Liebe« hat in der deutschen Bevölkerung eine enorme Akzeptanz. 2016 gab das Wissenschaftszentrum Berlin zusammen mit dem Umfrageinstitut Infas und der Wochenzeitung *Die Zeit* eine Studie zum Thema Liebe, Familie und Partnerschaft in Auftrag.[11] Die zentrale Fragestellung lautete: Was ist den Deutschen so wichtig, dass sie es an die folgende Generation weitergeben möchten?

90 Prozent der Befragten gaben an, dass das Gefühl der Liebe das höchste Gut des Lebens sei. 90 Prozent optierten für die Liebe. Ein beeindruckendes Ergebnis.

## Der Einfluss antiker Liebesvorstellungen

Wovon sprechen wir aber genau, wenn von Liebe die Rede ist? Die Schweizer Psychologin Verena Kast beschreibt, dass in unser Verständnis von Liebe viele Aspekte der abendländischen Kulturgeschichte eingeflossen sind.[12] Diese bestimmen auch heute noch unsere Vorstellungen von Liebesbeziehungen mit. Zum Beispiel die antiken Vorstellungen von Eros, Philia und Agape.

Der *Eros* lebt von der Kraft des Begehrens. Wir begehren, und zwar leidenschaftlich, was wir nicht selbst haben und was wir nicht selbst sind. Platon begründet dies in seinem Werk *Symposion* mit dem Mythos des »Kugelmenschen«. Demnach hatten die Menschen ursprünglich kugelförmige Rümpfe mit vier Händen und Füßen, zwei Gesichtern, die in verschiedene Richtungen schauten und drei (!) Geschlechter. Manche Kugelmenschen waren rein männlich, manche rein weiblich und andere hatten eine weibliche und eine männliche Hälfte. Nachdem diese Kugelmenschen zu übermütig geworden waren, entschied Zeus, sie zu schwächen, indem er sie in zwei Hälften zerschnitt. So kam das leidenschaftliche Begehren in die Welt: der Wunsch nach Vervollkommnung und nach Verschmelzung. Die drei Geschlechter des Kugelmenschen stehen für mögliche unterschiedliche sexuelle Orientierungen der Menschen. Nur die aus den zweigeschlechtlichen Kugelmenschen, den *androgynoi*, entstandenen Menschen sind heterosexuell. Die kulturelle Einordnung von Homosexualität, Heterosexualität und Androgynie ist bis heute ein wesentliches Element für das Verständnis von Liebe und aktueller denn je. Ein Ergebnis der schon erwähnten Studie zum Thema Liebe, Familie und Partnerschaft des Infas-Instituts ist auch, dass 3,3 Prozent der deutschen Bevölkerung sich nicht eindeutig auf ein Geschlecht festlegen lassen. Diese Erkenntnis war lange unbekannt.

Gerade heute werden neue Formen sexueller Identität (Bisexuelle, Transgender, Intersexuelle, Queere) anerkannt und fordern von der Allgemeinheit Akzeptanz.

Aristoteles erweitert das Verständnis von Liebe in seiner *Nikomachischen Ethik* um die *Philia.* Bei ihm steht die freundschaftliche Liebe zwischen den Liebenden im Vordergrund. Liebe besteht auch darin, mit einem anderen Menschen wichtige Erfahrungen zu teilen, gemeinsam etwas zu bewirken, einem geliebten Menschen eine Freude zu machen, ihn oder sie zu überraschen. Verena Kast sieht dies als die wohlwollende Liebe, die sich interessierende Liebe, nicht nur hinsichtlich der Beziehung zu Menschen, sondern auch zu Erfahrungen und Dingen: »Wir lieben auch, was wir tun, wofür wir uns interessieren, und wir genießen auch das. Wo wir lieben, sind wir interessiert. Interesse ist ein Gefühl, das uns anregt, belebt, lebendig macht. Es ist aufregend, erregend.«[13]

Mit dem aufkommenden Christentum wurde noch eine dritte Variante des Verständnisses von Liebe eingeführt: *Agape.* Von den Römern mit *Caritas* übersetzt, ist hier die Nächstenliebe gemeint. Abgeleitet aus der bedingungslosen Liebe Gottes, der schenkenden Güte, wird der Nächste in den Blick genommen und gewürdigt. Die Liebe umfasst den anderen, egal wie fremd, wie schwach, wie krank, wie fehlerhaft. Liebe lebt von der Achtung und Gleichwertigkeit des anderen.

Die Kennzeichen von *Eros, Philia* und *Agape* – das leidenschaftliche und sexuelle Begehren, die sich interessierende Liebe und die

Nächstenliebe – fließen auch heute noch in unsere Vorstellungen von Liebe mit ein. In welchem Umfang und mit welcher Gewichtung variiert sicherlich.

## Das romantische Liebesideal

»Liebe ist das stille Verlangen nach dem Unendlichen«
Friedrich Schlegel[14]

Den größten Einfluss auf unsere heutigen Vorstellungen von Liebe hat sicherlich das Liebesideal der Romantik. Diese kulturgeschichtliche Epoche der Romantik, die am Ende des 18. Jahrhunderts beginnt, heiligt die Liebe des Paares, sie verändert auch das Sprechen über die Liebe. Die Sehnsucht nach der Liebe folgt einem Ideal, das die Aufhebung der Gegensätze, die Versöhnung des Weiblichen mit dem Männlichen fordert. In der Verschmelzung der Liebenden wächst jeder Einzelne über sich hinaus. Die Liebe des Paares wird damit selbst Teil des göttlichen Prinzips. »Mann und Weib und Weib und Mann, reichen an die Gottheit an«, heißt es dazu in Mozarts *Zauberflöte.* Körperliche und spirituelle Sehnsucht verbinden sich. Die Liebe wird zu einer Art »Gegenreligion«[15] und zum Mittelpunkt des Lebens.

Heute spricht man davon, dass durch die Liebesvorstellungen der Romantik auch Codes geschaffen wurden, wie Liebe gelebt und ihre Erfüllung finden sollte. Viele dieser Codes bestimmen auch heute noch unser Denken und Reden über die Liebe.

Anhand der folgenden Aufzählung[16] können Sie selbst prüfen, welche dieser Codes Ihnen vertraut sind, inwieweit Ihre Vorstellungen der Liebe davon beeinflusst sind und welche Sie möglicherweise als überholt ansehen oder ablehnen. Andere hingegen mögen überraschend modern erscheinen.

- Sexuelle Leidenschaft und affektive Zuneigung sind eins. (Das Ideal der Aufklärung im 18. Jahrhundert war noch geprägt von dem Gegensatz zwischen reiner Triebbefriedigung und affektiver Zuneigung.)
- Liebe und Ehe sollten eins sein. (Liebesheirat statt Vernunftheirat)
- Liebende sollten auch Nachwuchs haben, also Eltern sein.

- Die Liebe ist zeitlich unbegrenzt. (Liebe und Treue bilden ein wichtiges Charakteristikum für das romantische Liebesideal.)
- In der Liebesbeziehung verbinden sich zwei einzigartige und unersetzbare Individuen, deren Individualität (Persönlichkeit) grenzenlos steigerbar ist.
- Für Liebende tritt die Umwelt in den Hintergrund, als Folge der Wertschätzung der Individualität sowie der totalen Inanspruchnahme der geliebten Person. Die Liebe wird zum Mittelpunkt des Lebens erhoben. (Die Umweltbezüge beziehen sich hier auf das gesellschaftliche Umfeld und nicht auf die Natur.)
- Liebe kennt keine traditionellen Geschlechterbilder, sondern folgt einem androgynen Idealbild. (Damit ist das Aufbrechen einer hierarchischen Geschlechterstruktur gemeint.)

## Liebe im 21. Jahrhundert

Ein wesentliches Merkmal von Liebe ist ihre Ambivalenz.

Populäre Vorstellungen in Filmen und Romanen verklären oft die Liebe; ein nüchterner Blick ist hier gefragt. Aus psychologischer Sicht sollten wir nie aus den Augen verlieren, dass ein wesentliches Merkmal von Liebe ihre Ambivalenz ist.

Das heißt: Liebe heilt, sie schmerzt, sie beflügelt und sie zerstört gleichermaßen. Liebende bewegen sich im Spannungsfeld zwischen der Sehnsucht nach Zugehörigkeit und dem Streben nach Selbstverwirklichung. Es ist für Paare wichtig zu wissen, dass Liebe auch von Differenzen und von Unverträglichkeiten lebt – und dass gerade darin die große Chance für partnerschaftliches Wachstum und eine lebendige Liebesbeziehung besteht. Durch diese Differenzen und scheinbaren Unverträglichkeiten fordern sich die Partner gegenseitig heraus, sich besser kennenzulernen, sich weiterzuentwickeln, voneinander und miteinander zu lernen.

Weitere Charakteristika von Liebe:

- Liebe ist ein komplexes Geschehen, das auch von Umweltbedingungen und genetischen Faktoren geprägt ist. Bei Problemen in der Liebe beispielsweise zu sagen: »Das liegt alles nur daran, dass dein Vater ein Säufer war«, ist wenig hilfreich. Hier gilt ein Sowohl-als-auch. Eindimensionale Erklärungen führen in die Irre, denn sie verschleiern die Komplexität der jeweiligen Situation: »Vater = Säufer = erklärt alles« – diese einfache Formel ist viel zu kurz gegriffen.

- Liebe ist ein komplexes Gefühl. Es ist hilfreich, Liebe aus einer vielschichtigen Perspektive zu betrachten. Wir leben permanent in einem Geflecht von Beziehungen. Schon im Mutterleib hat eine liebevolle oder schwierige Beziehung der werdenden Mutter zum Kind Einfluss auf unsere Entwicklung. Unsere psychische Entwicklung wird durch die Beziehung zu anderen geprägt. Auch später im Leben ist Liebe ein gegenseitiges aufeinander Angewiesensein, ein Pendeln zwischen Ich und Du. Unsere Sehnsüchte, unsere Bedürfnisse, unser Begehren suchen nach einer Antwort – die Antwort, die wir erhalten, sei sie wohlwollend oder ablehnend, wirkt auf uns zurück, sie stärkt oder schwächt uns. Entziehen können wir uns diesem Prozess nicht.

## Kann man Liebe definieren?

Eigentlich ist Liebe zu komplex, um sie je wirklich definieren zu können.

Wir plädieren für ein ganzheitliches Verständnis von Liebe. Alle körperlichen, geistigen und seelischen Aspekte unseres Menschseins werden durch Liebe berührt. Sie fordert und fördert uns, lässt uns über uns hinauswachsen und kann uns auch zerstören. Der Psychotherapeut Michael Cöllen definiert Liebe als den »Austausch von Körper, Geist und Seele in gegenseitiger Resonanz«[17]. Diese Definition umfasst alle Formen partnerschaftlicher Liebe, die sich lediglich im Ausmaß der Intimität voneinander unterscheiden. Demnach ist der ganzheitliche Austausch zwischen den liebenden Partnern umfassender und weitreichender als der zu Kindern, Eltern und Freunden.

Zu lieben und geliebt zu werden entspricht einer großen menschlichen Sehnsucht. Liebe bereichert beide Seiten, strebt nach Verbindung, beiderseitiger Entfaltung und nicht nach Ausbeutung. Sie bezieht sich auf den anderen, respektiert diesen und sieht nicht auf ihn herab.

Zu lieben hat etwas zutiefst Soziales und Verbindendes. Der liebende Blick auf meinen Partner, meine Partnerin fördert dessen/deren Potenziale und bringt sie zur Entfaltung. Dazu die bekannte

Psychotherapeutin Verena Kast: »Vielleicht entsteht Liebe nur dann, wenn wir in einem geliebten Menschen seine besten Möglichkeiten erkennen und diese dann im Laufe der Beziehung aus ihm, aus ihr, auch herauslieben können.«[18]

Das Optimum aus dem anderen herauslieben können! Ein inspirierender Gedanke. Er verweist auf eine Kraft, die in der Liebe tatsächlich angelegt ist. Meinen Partner, meine Partnerin so zu lieben, dass ich ihm bzw. ihr intuitiv dabei helfe, die noch verborgenen Talente zu entwickeln oder erst zu entdecken. In der Phase der Verliebtheit kennen wir das. Hier wird das gesamte Potenzial der in uns schlummernden Fähigkeiten eruptiv deutlich. Hier vertrauen wir auf diese Kraft, uns mit unseren Fähigkeiten zu zeigen und uns gegenseitig liebevoll und herausfordernd zu spiegeln. Mit meiner Liebe helfe ich dir, deine in dir schlummernden Möglichkeiten lebendig werden zu lassen. Liebende werden auf diese Weise zu gegenseitigen Entwicklungshelfern, wie es auch die Paar- und Familientherapeutin Felicitas Römer beschreibt:

> »Ein liebender Partner erspürt beim anderen also etwas, das dieser bei sich selbst noch nicht bewusst wahrgenommen hat. Das kann eine besondere Eigenschaft, ein Wesenszug oder eine Begabung sein. Wenn der eine Partner dem anderen diesen Wesenszug positiv spiegelt, also ihn als besonders liebenswertes Merkmal der Person erkennt und mitteilt, kann der Betroffene dann diesen bei sich selber erkennen und als wichtigen Teil seiner selbst schätzen lernen. So liebt einer etwas aus dem anderen heraus.«[19]

### Das moderne Ideal der partnerschaftlichen Liebe

Im Folgenden versuchen wir zusammenzufassen, was aus unserer Sicht Liebe heute im 21. Jahrhundert kennzeichnet. Erschrecken Sie nicht über die Vielzahl der Aufzählungspunkte. Schon ein einziges Ja zu einem der folgenden Aspekte bereichert Ihre Partnerschaft. Denn darum soll es gehen – Sie aufmerksam zu machen, Ihnen Anstöße und Anregungen zu geben, Neugier und Lernbereitschaft zu wecken.

- *Liebe erfordert Mut.* In Beziehungskrisen nicht gleich aufzugeben und die Beziehung zu beenden, sondern sich die Probleme genauer anzusehen, erfordert Mut. Solche Krisen sind vielfältig: Außenbeziehungen, Störungen in der Sexualität, anhaltender Streit,

Erkrankungen, Süchte (Alkohol, Medikamente, Internet), Sprachlosigkeit. Es erfordert auch Mut, sich einzugestehen, dass wir unsere partnerschaftlichen Probleme nicht mehr alleine lösen können und Hilfe von außen erforderlich ist.

- *Liebe erfordert die Fähigkeit zur Selbstkritik.* Lieben bedeutet auch, in Krisen die Verantwortung zu übernehmen; nicht nur bei meinem Partner / meiner Partnerin den Fehler zu suchen, sondern auch bereit zu sein, sich selbst kritisch in den Blick zu nehmen.
- *Liebe erfordert den klaren Blick auf gegenseitige Verletzungen.* An einem Streit sind immer beide Partner beteiligt. Im Streit schützen wir reflexhaft erst einmal das eigene Selbst und wehren uns gegen den anderen. Es gilt zu hinterfragen: Was genau schütze ich bei mir? Und wie verletze ich dich damit?
- *Liebe erfordert die Fähigkeit zu verzeihen.* Liebe braucht die Fähigkeit, um Verzeihung zu bitten, und auch die Bereitschaft zu verzeihen. Dies ist die Voraussetzung zu Versöhnung und Wiedergutmachung. Um Verzeihung zu bitten und Verzeihung gewähren zu können, konfrontiert uns mit unserer eigenen Fehlerhaftigkeit.
- *Liebe erfordert den ehrlichen Blick auf sich selbst – im Spiegel des anderen.* Der mutige Blick in den Spiegel – ein weiteres Geheimnis der Liebe. Damit ist natürlich nicht der Spiegel an der Wand gemeint, sondern der Spiegel, den mein Partner, meine Partnerin mir vorhält. Mithilfe des Partners kann es mir gelingen, mich selbst besser zu verstehen – meine verletzliche Seite, mein grandioses Selbst oder mein eher defensives Selbst. Hier geht es im Kern um unsere Fähigkeit zur Selbstliebe und unseren Selbstwert.
- *Liebe erfordert Intimität.* Unter Intimität verstehen wir die Bereitschaft, sich unserem Partner / unserer Partnerin gegenüber zu öffnen, Einblick zu gewähren in das, was wir schützen, schamvoll zurückhalten oder uns selbst gegenüber nur schwer eingestehen können. Dies passiert beidseitig und gleichwertig. Intimität öffnet einen gemeinsamen Raum, in dem unsere Schutzgrenzen gegenüber außen aufgeweicht sind und wir gegenseitig den Blick auf unser »wahres« Selbst zulassen.

Tauschen Sie sich mit Ihrem Partner / Ihrer Partnerin über diese Aufzählung aus. Wo gibt es bei Ihnen Ablehnung oder Widerstand, wo gibt es Zustimmung?

# 2. Warum Liebe Mut erfordert

Das Geheimnis der Liebe enthüllt sich nur denjenigen, die erkennen, dass eine auf Dauer angelegte Partnerschaft eine ständige Herausforderung ist. Liebe zu leben und zu erhalten erfordert »Arbeit«, die sogenannte Liebesarbeit. Um diese kommt niemand herum. Liebe fordert uns permanent heraus. Wir können Problemen nicht ausweichen und darauf hoffen, dass die Liebe sich von alleine wieder einstellen wird. Liebe erfordert den Mut, sich mit sich selbst konfrontieren zu lassen, bereit zu sein, die Tiefe der eigenen Persönlichkeit auszuloten, den Ort, an dem unsere Sehnsüchte und unser Begehren, unsere Potenziale, aber auch unsere seelischen Verletzungen und Wunden schlummern.

*Paarbeispiel: Der Schluck aus der Flasche*
Karola und Tim sind seit drei Jahren ein Paar. Beide haben jeweils ein Kind aus einer früheren Beziehung. Karolas fünfjährige Tochter lebt bei ihnen; Tims zehnjähriger Sohn abwechselnd bei ihnen und seiner leiblichen Mutter. Karola und Tim haben in letzter Zeit viel Streit miteinander. Doch sie haben auch vieles, was sie verbindet und sie immer wieder zusammenführt: Beide sind beruflich engagiert, sie musizieren zusammen und reisen gerne und viel. Karola beschreibt in einer Mail an uns einen aktuellen Streit:

*Ausgelöst wurde alles durch eine dumme Situation am Mittwoch, ich kam zu spät nach Hause. Wir waren bei einem Freund von Tim zum Geburtstag eingeladen und wollten dort etwas singen. Allerdings hatten wir noch nicht geprobt. Zeit blieb eigentlich keine mehr, da zu dem Zeitpunkt die Feier schon beginnen sollte. Tim kam mit der Gitarre in unser Wohnzimmer. Ich musste aber erst einmal etwas trinken. Das tat ich in großen Schlucken aus einer Wasserflasche, wohl relativ geräuschvoll, dabei erklärte ich noch Tim, warum es bei mir so lange gedauert hatte. Nach ein paar Schlucken aus der Flasche brach es plötzlich aus Tim heraus, dass dies eklig sei. Er ging ein paar Schritte von mir weg und wandte sich ab.*

*Ich bin dann erst einmal auf die Toilette und habe dort gemerkt, wie sehr mich seine heftige Reaktion verletzt hat (das sage ich jetzt). In dem Moment hatte ich einfach nur die Nase voll. Ich merkte, dass sich mein Ärger schon über zwei Tage aufgebaut hatte. Ihn hatte mein Essen von Rohkost gestört, und ich hatte nicht versucht, genügend Abstand von ihm zu halten.*

*Sagen konnte ich dann nur, dass ich jetzt keine Lust mehr hätte, mit ihm auf den Geburtstag zu gehen. Er solle besser alleine gehen, was dann einen großen Eklat zur Folge hatte. Am nächsten Morgen sind wir nicht zusammen aufgestanden. Ich habe ihm später eine Mail geschrieben und mich dafür entschuldigt, dass ich so empfindlich reagiert habe. Im Nachhinein merke ich, dass ich eigentlich nur versuchen wollte, wieder in Kontakt mit ihm zu kommen, statt auf ihn zu warten und zu schmollen. Im Grunde habe ich mir auch eine Entschuldigung von ihm gewünscht. Die kam aber nicht. Er vermittelte mir eher das Gefühl, dass ich schuld sei. Es gab zwar wieder mehr Nähe und etwas Entspannung, aber richtig frei fühlte ich mich nicht.*

*Heute wollte ich uns einen schönen Start ins Wochenende bereiten, habe einen Tisch in einem unserer Lieblingsrestaurants bestellt und Kinokarten besorgt (nachdem ich abgecheckt hatte, ob er auch Lust dazu habe). Das hat alles gut geklappt, bis wir nach Hause kamen und ich wieder neben ihm anfing, Wasser aus der Flasche zu trinken. Mir war gar nicht bewusst, dass es eben wieder dieser Trigger war (weil es für mich was ganz Normales ist), und er konnte es überhaupt nicht fassen, dass ich das schon wieder mache. Wieder Streit. Ich habe dann noch versucht, nicht abzuhauen, sondern mich dem Konflikt zu stellen, was aber nicht gut gelungen ist, da er gegangen ist. Jetzt will ich auch keinen Kontakt mehr. Wieder getrennt ins Bett. Da stehen wir gerade. Ich bin verletzt, er ist verletzt. Der Abgrund ist wieder da.*

Dieses Beispiel steht sicherlich für viele Paarkrisen, in der eine simple Banalität, wie hier das Trinken aus einer Flasche, sich zu einem massiven Konflikt entwickelt. Karola schreibt richtig, dass beide verletzt seien und sich ein Abgrund zwischen ihnen auftue. Von außen betrachtet könnte man jetzt einwenden, Karola solle einfach in Anwesenheit von Tim nicht mehr aus der Flasche trinken und Tim solle etwas toleranter werden, dann sei alles wieder gut. Das würde allerdings nicht erklären, warum Tim Karolas wiederholtes Trinken aus der Flasche wie eine persönliche Kränkung auffasst und seinerseits so verletzend darauf reagiert. Die vorgeschlagene Lösung wäre nur eine scheinbare Befriedung. In der Tiefe wäre der Konflikt damit nicht gelöst. Im Gegenteil: In beiden wirken diese Streitszenarien nach, beide fühlen sich nicht richtig gesehen und beobachten sich gegenseitig noch genauer. So schwelt das Ganze weiter und kann sich jederzeit neu entzünden. Karola schreibt in einer Mail, dass sowohl sie als auch Tim hochempfindlich seien und sich immer wieder, nicht nur wegen der Wasserflasche, streiten würden. Beide entfernen sich zunehmend voneinander.

Erlebte Kränkung und Kränkungsreaktionen entflammen oft sekundenschnell zwischen Paaren und entwickeln eine Dynamik, die nicht immer einfach zu stoppen ist.

Was steckt hinter dem Streit um das Trinken aus der Wasserflasche? Welche Aspekte ihrer Persönlichkeit kommen in dieser Krise ins Spiel, die beide ratlos und hilflos zurücklässt?

Bevor wir das Streitverhalten dieser beiden Partner ausführlicher beschreiben, möchten wir anhand des antiken Mythos von *Amor und Psyche* aufzeigen, welchen Anforderungen und Aufgaben sich Paare bis heute im Ringen um die Liebe stellen müssen.

## Die Geschichte von *Amor und Psyche*

Aus dem Werk *Der goldene Esel* von Apuleius aus dem Jahr 170 n. Chr. ist die Liebesgeschichte von Amor und Psyche überliefert. Hier kurz die Geschichte:[20]

Psyche wächst mit ihren beiden älteren Schwestern am Hofe ihrer königlichen Eltern auf. Sie erfährt in allen Landen durch ihre Schönheit und Güte viel Aufmerksamkeit, wird bewundert und verehrt. Diese Kunde dringt auch zu Venus und ruft den Zorn der Göttin hervor. Da diese in der jungen Frau eine Rivalin heranwachsen sieht, bittet sie ihren Sohn Amor, mithilfe seiner Künste des Bogenschießens das Mädchen in einen unedlen, hässlichen Mann verliebt zu machen. Gleichzeitig wendet sich der Vater von Psyche hilfesuchend an das Orakel des Gottes Apoll, weil trotz ihrer Schönheit kein Mann sich Psyche nähern wolle. Hier bekommt er die Antwort, Psyche auf den Gipfel eines Berges zu führen, da ihr als Ehemann kein Sterblicher, sondern ein Ungeheuer vorbestimmt sei.

Amor wiederum widersetzt sich dem Auftrag der Mutter, da er sich in Psyche verliebt. Der Gott der Winde, Zephyr, von Amor beauftragt, umfängt Psyche, die von ihren Eltern und deren Gefolge allein auf einem Berggipfel zurückgelassen worden ist, hebt sie sanft empor und legt sie auf einer Wiese ab. Von dort aus gelangt Psyche in ein Schloss, in dem Amor seiner Geliebten alle erdenklichen Annehmlichkeiten bereitet.

Allerdings mit einer Bedingung: Amor besucht sie immer nur in der Dunkelheit der Nacht, sodass Psyche ihren Geliebten nie zu sehen bekommt. Die von Neid zerfressenen Schwestern von Psyche reden ihr ein, dass in Wahrheit jede Nacht ein grässliches Ungeheuer in ihr Bett käme, das sie demnächst töten werde. Psyche, beeinflusst durch ihre Schwestern, folgt deren Rat, endlich Licht in diese Ungewissheit zu bringen. Sie ist bereit, sich dem auftauchenden Ungeheuer zu stellen und dieses zu töten. Vollkommen überrascht erblickt sie im Schein der Lampe die Gestalt von Amor – ist bezaubert von diesem Anblick und entflammt augenblicklich in Liebe zu ihm. In diesem Moment fällt ein Tropfen heißen Öls aus der Lampe auf den schlafenden Amor und versengt seine Haut. Er erwacht, sieht das bisherige Band der Liebe zerstört und zieht sich wütend und verletzt in den Olymp zu seiner Mutter zurück.

Venus ist außer sich vor Zorn über den Ungehorsam des Sohnes. Sie versucht nun mit allen Mitteln, Psyche zu demütigen, zu erniedrigen, zu zerstören. Psyche gibt aber nicht auf, macht sich auf die Suche nach ihrem Geliebten und hat auf diesem Weg schwierige, kaum zu bewältigende Aufgaben zu bestehen. Amor, von Venus eingesperrt, gesundet allmählich und ist voller Sehnsucht nach Psyche.

Er kann dem mütterlichen Gefängnis entfliehen und findet schließlich Psyche. In seiner Not wendet er sich an Jupiter, seinen Vater. Dieser beruft eine Götterversammlung ein und gibt, nachdem er seinen Sohn ins Gebet genommen hat, dieser Beziehung seinen Segen. Psyche wird in den Reigen der Götterversammlung aufgenommen, darf aus einem Kelch den Göttertrank Ambrosia trinken und wird dadurch unsterblich. Das Kind der beiden, das bald darauf geboren wird, erhält den Namen »Volupta« (lat. »Vergnügen, Lust«).

Eine Geschichte, wie viele Geschichten mit einem guten Ende. Doch wie geht es weiter? Über den Alltag der Liebe von Amor und Psyche erfahren wir nichts. Die beiden haben mit »göttlichem Beistand« zueinandergefunden. Heute heißt es für Paare, eigenständig und selbstverantwortlich ihren Weg der Liebe zu finden und zu gestalten.

Und doch lassen sich aus der mythischen Liebesgeschichte von Apuleius einige Gesetzmäßigkeiten der Liebe ableiten, die unserer Meinung nach immer noch Bedeutung haben.

### Altlasten der Liebe

Amor und Psyche tragen hinsichtlich ihrer Fähigkeit zu lieben eine schwere Hypothek mit sich: Es sind die sogenannten »Altlasten der Liebe«[21], die auf frühkindliche Liebeserfahrungen verweisen.

Amor bietet Psyche einen Palast mit allen nur erdenklichen Annehmlichkeiten. In seiner Verliebtheit baut er ihr ein Schloss, lässt sie darin leben und vertraut darauf, dass dieses Paradies den Zauber der Verliebtheit auf ewig erhält.

Diesen Zauber kennen verliebte Paare. Entrückt der Welt schaffen sie sich einen Liebesort, der mit der Sehnsucht verbunden ist, er möge lange Bestand haben und sie vor den Unbilden des Alltags schützen. Doch die »Altlasten der Liebe«, all jene Erfahrungen aus den früheren Lebensjahren, machen sich, ob wir es wollen oder nicht, im Alltag der Liebe bemerkbar.

Im Fall von Amor und Psyche sieht das so aus: Amor steht vollkommen im Bann seiner Mutter. Er verhält sich wie ein adoleszenter Jüngling. Er verliebt sich in Psyche und befindet sich plötzlich in einem inneren Konflikt: Er liebt Psyche und er liebt seine Mutter. Doch seine Mutter hasst Psyche. Sie sieht in ihr eine Rivalin und macht all ihren (Liebes-)Einfluss auf Amor geltend, um Psyche zu vernichten.

Sie bindet Amor an sich, indem sie Gehorsam verlangt. Amor hat noch nicht die Reife, den Mut und die Eigenständigkeit, seiner Mutter gegenüberzutreten und ihr mitzuteilen, dass er Psyche liebt und zu seiner Liebespartnerin auserkoren hat. So agiert er im Verborgenen – hinter dem Rücken der Mutter, im Dunkeln, und so auch für Psyche nicht sichtbar. Dieser seelische Liebeskonflikt, die Gebundenheit in der Liebe und im Gehorsam zu seiner Mutter, hält Amor in einem adoleszenten Status gefangen und verbaut den Weg zu einer offenen und eigenständigen Liebesbeziehung zu Psyche. Amor ist es nicht möglich, diesen Konflikt aus eigenen Kräften zu lösen. Er versucht, den Status quo aufrechtzuerhalten, schenkt Psyche aber ein Paradies mit ihm als nächtlichen unsichtbaren Liebhaber. Amor fordert die blinde Liebe. Mehr noch, er übernimmt das Liebesmuster seiner Mutter und fordert von Psyche Gehorsam. Sie soll das nächtliche unsichtbare Liebesversprechen nicht verändern. Es ist Psyche, die diesen Pakt löst, den Konflikt offenlegt und damit einen nächsten Entwicklungsschritt einleitet.

Psyche wiederum ist die Lieblingstochter ihrer Eltern. Für deren übergroße Fürsorge und Liebe ist sie sogar bereit zu sterben, wie es das Orakel prophezeit hat. Doch statt im Tode mit einem »Ungeheuer voll Schrecken, in Schlangengestalt«[22], wie vorausgesagt, vermählt zu werden, wird sie von Zephyr auf eine Lichtung getragen, in deren Nähe sich Amors Palast befindet.

Hier wird schon deutlich, welchen emanzipatorischen Weg der Liebe Psyche zu bewältigen hat. Gebunden an den Gehorsam zu den Eltern, wählt nicht sie selbst ihren Partner, sondern die Eltern. Mit Amor gerät sie nun aber erneut in eine ähnliche Situation. Nun ist er es, der für die Aufrechterhaltung der Liebe Gehorsam von ihr verlangt. Doch allmählich erwacht in ihr Neugier, sie beginnt, die eigene Situation zu überdenken. Brav und zunächst sehr angepasst spürt Psyche, dass an dem insistierenden Geschwätz ihrer Schwestern in Bezug auf ihren Liebhaber doch etwas dran ist. Weshalb darf sie ihm nur im Dunkeln begegnen? Weshalb darf sie ihm nicht in die Augen blicken und ihm ihre Liebe zeigen? Die Sehnsucht und der Wunsch, die Liebe auf »Augenhöhe« zu bringen, ihrem Geliebten als gleichwertig von Angesicht zu Angesicht zu begegnen, lässt sie den mutigen Schritt wagen. Sie ist bereit, einem »Ungeheuer« in die Augen zu blicken. Der Schritt ist tatsächlich *ungeheuerlich*: Sie löst ein tradiertes Band und weiß nicht, welche Folgen das Ganze haben wird.

Die Altlast der Liebe für Psyche heißt: unbedingter Gehorsam, brav und angepasst zu sein, bis zur Selbstaufgabe. Die vereinnahmende Liebe der Eltern zu ihrer Tochter war so groß, dass Psyche verinnerlicht hat: Ich darf meine Eltern nicht enttäuschen. Sie machen so viel für mich, sie zeigen mir immer wieder, wie lieb sie mich haben, so viel an Liebe kann ich gar nicht zurückgeben. Das Einzige, was ich ihnen zurückgeben kann, ist, dass ich brav und gehorsam alles mache, was sie von mir verlangen. So wird sie die Vorzeigetochter, das Bild ihrer Eltern. Psyche ist wie Amor noch elterlich gebunden. Der innere Konflikt ist dadurch bestimmt, dass alle aggressiven Impulse zur Verselbstständigung, zum Erwachsenwerden, durch die elterliche Botschaft, brav und angepasst zu sein, abgewehrt werden.

Doch Psyche spürt: Irgendetwas in ihrer Liebesbeziehung mit Amor stimmt nicht. Obwohl es ihr an nichts mangelt, fühlt sich alles an wie Stillstand. Sie lebt im Wohlstand, ist mit materiellem Reichtum gesegnet. Dafür ist sie dankbar. In sich spürt sie aber einen Stachel, der sich immer deutlicher bemerkbar macht. Derjenige, den sie liebt und der jede Nacht zu ihr kommt, bleibt ihr verborgen. Weshalb gibt er sich nicht zu erkennen? Was verbirgt er vor ihr? Kann das so weitergehen? Will sie, dass dies immer so bleibt?

Statt sich mit dem Status quo zu arrangieren, wagt Psyche einen neuen, mutigen Schritt.

Welche Gestalt ihres Liebhabers wird sichtbar werden? Psyche hat Angst und bereitet sich auf den Anblick eines Ungeheuers vor. Doch es kommt anders, als sie erwartet: Statt eines Ungeheuers entdeckt sie eine Person, in die sie sich erneut verliebt. Das Ungeheuer entpuppt sich als ein Mann, der sich bisher nicht traute, sich sichtbar zu machen.

Ungeheuerlich ist allerdings das, was im Anschluss an die Enthüllung passiert. Die Situation eskaliert. Darauf war Psyche nicht vorbereitet. Mit ihrer Entscheidung, Licht ins Dunkel zu bringen, wird etwas in Gang gesetzt, das sie zunächst nicht regulieren kann. Der Lichtkegel fällt nicht nur auf die Gestalt von Amor, sondern auch auf seine Seele. Psyche lüftet die Maske des »Helden«. Zum Vorschein kommt ein gekränktes Mamasöhnchen. Sekundenschnell erlebt Psyche die Kränkungsreaktion Amors. Er flieht, zieht sich beleidigt zurück. Wohin? Zu Mutter Venus.

Verlassen wir vorerst einmal den Mythos und fragen, was das mit uns heute zu tun hat. Im Folgenden einige Beispiele, die verblüffende Parallelen sichtbar machen.

## Der neue, mutige Schritt ins Leben – sich der Vergangenheit stellen

*Paarbeispiel: Das Kindergartenfest*

Emma und Valentin haben sich vor zwölf Jahren kennengelernt. Es war zu Beginn eine stürmische und starke Liebe. Sie sind nach zwei Jahren zusammengezogen und haben nach zweieinhalb Jahren ihr erstes Kind bekommen. Der Junge ist jetzt fünf Jahre alt.

Seit ca. vier Jahren liegen Emma und Valentin in ständigem Kampf miteinander. Valentin fühlt sich schon getroffen und nicht wertgeschätzt, wenn er abends nach Hause kommt und seine Frau mit dem Kind im Wohnzimmer in ein Spiel vertieft ist. Es sei doch ausgemacht gewesen, dass immer abends um sieben Uhr zusammen gegessen werde. Warum denn der Tisch noch nicht gedeckt sei? Er schreit sie an: »Wie ernst nimmst du eigentlich unsere Vereinbarungen?!«

So endete zum Beispiel ein Kindergartenfest, das für den kleinen Finn ein schöner Tag werden sollte, in einem Fiasko. Es war vereinbart, dass Valentin seinen Sohn zum Fest begleiten solle, damit Emma in ihre Yogastunde gehen könne. Da Valentin erst kurz vor Beginn des Festes von seiner Arbeit wegkommt, steht Emma mit dem Sohn schon am Kindergarten und sie warten auf den Vater. Als Valentin kommt, beginnt die Feier und Emma geht mit hinein. Nach einer Weile fragt Valentin, bereits in gereiztem Ton, warum sie immer noch da sei. Emma antwortet, nicht weniger gereizt, sie dürfe ja wohl auch mitfeiern … So geht es eine Weile hin und her, bis Valentin wutentbrannt das Fest verlässt. Der kleine Finn bleibt stumm und mit eingezogenen Schultern neben der Mutter stehen.

Was bisher geschah: Emma hat sich gegenüber den Angriffen von Valentin reflexhaft verteidigt. »Wir haben uns halt so ins Spielen vertieft und deshalb das Abendessen vergessen.« Oder: »Ich darf doch wohl auch mit meinem Sohn auf dem Fest bleiben.«

Das hat Valentin in den akuten Streitsituationen immer wütender gemacht. Er begann zu toben. Manchmal hat er sogar gegen Türen getreten oder Gegenstände nach Emma geworfen. Sie wollte dann immer weiter mit ihm reden, ist ihm hinterhergelaufen, hat an Türen gehämmert, die er vor ihr verschlossen hat. Manchmal hat sie sich sogar vor ihn gekauert und an sein Bein geklammert, wenn er weglaufen wollte. Was Valentin nur noch rasender machte.

Und immer wieder habe sie versucht, alles richtig zu machen, genau darauf zu achten, was Valentin einfordere, sich dabei aber immer mehr verkrampft, überfordert und in der Folge innerlich von ihrem Partner entfernt. Wie ging es weiter?

Emma will Licht in das Dunkel ihrer Situation bringen, die mittlerweile ihre Beziehung ernsthaft in Gefahr gebracht hat. Sie will verstehen, was mit Valentin los ist. Warum er so oft Wutanfälle bekommt und Macht demonstrieren muss. Und sie will verstehen, warum sie selbst sich einerseits so abhängig und kleingemacht hat und andererseits stur rechtfertigt und verteidigt. Sie schlägt eine Paartherapie vor und Valentin lässt sich darauf ein.

Schon zu Beginn konfrontiert sie Valentin: »Ich glaube, du hast eine Riesenangst, die Wunden deiner Vergangenheit anzugehen. Weil der Schmerz zu groß ist. Du bekämpfst den Schmerz mit Arbeit, Sport, Fernsehen, Alkohol und Mich-nieder-Machen.«

Valentin kontert: »Und du verteidigst dich dauernd. Ich kann gar nichts Kritisches zu dir sagen. Du musst immer beweisen, dass du recht hast.«

Der paartherapeutische Weg führt beide in ihrer Lebensgeschichte weit zurück, zu den Wurzeln ihrer Liebesfähigkeit und Liebeskompetenz. Für beide beginnt so eine Abenteuerreise, die sie mit Erfahrungen konfrontiert, die sie für längst abgeschlossen hielten.

Als Valentin von seiner Kindheit erzählt, wird deutlich: Er war oft Opfer von Mutter und Schwester gleichzeitig, sie haben sich gegen ihn verbündet. Das tun sie auch heute noch. Der Vater war nie korrigierend eingeschritten. Die Mutter spiegelte Valentin selten positiv. Sie hatte immer etwas auszusetzen, verglich ihn schon als kleinen Jungen mit anderen Kindern, mit seiner Schwester, die alles besser konnte, braver war, schöner malen konnte und nicht so anstrengend war wie er.

Emma unterstützt die Erzählung seiner Geschichte: »Auch ich wurde früher von Valentins Mutter und Schwester in die Mangel genommen und es hat mich fast wahnsinnig gemacht. Jedes Mal, wenn ich mit Finn zu Besuch kam, hatte sie etwas auszusetzen: ›Der Junge ist ja viel zu warm angezogen!‹ Unvorstellbar, was Valentin da durchgemacht hat. Er war immer an allem schuld. Als ich ihn kennenlernte, sagte seine Schwester zu mir, wie schwierig er sei. Und weiter sogar: ›Ich hätte ihn mir an deiner Stelle nicht ausgesucht.‹«

Emma wiederum war mit einer älteren Schwester groß geworden. Aus für sie bis heute unerklärlichen Gründen bevorzugte der Vater aber von Anfang an ihre Schwester; die beiden hatten einen nach ihren Schilderungen innigen Kontakt miteinander. Zugleich entbrannte eine jahrzehntelange Konkurrenz unter den Schwestern, die bis heute andauert und schließlich zu einem jahrelangen Beziehungsabbruch führte. Emma fühlte sich oft weniger schön, weniger intelligent, weniger liebenswert, was sich in der Pubertät in einer Essstörung manifestierte. Diese konnte sie mithilfe einer Psychotherapie überwinden. Doch ihr negatives Selbstbild trägt sie bis heute in sich.

So werden im aktuellen Streit bei Valentin wie auch bei Emma alte Wunden aktiviert: Wenn Valentin nach Hause kommt und das Abendessen ist nicht vorbereitet, wird in ihm eine alte Erfahrung abgerufen, die sich tief in sein Selbst eingegraben hat. Er fühlt sich wieder genauso missachtet, ignoriert wie in seiner Kindheit – durch seine Mutter und seine Schwester. Wenn Valentin gegenüber Emma aggressiv wird, fühlt sie wiederum sich abgewertet und in ihrem negativen Selbstbild bestärkt. Ihre Reaktion gleicht dem Muster des früheren Geschwisterstreits. Die Streitspirale beginnt sich zu drehen.

Solche Zusammenhänge zu erkennen ist ein erster Schritt zur Klärung des Streitgeschehens. Er entlastet das Paar. Beide erkennen, dass es hinter ihrem Streit eine tiefere innere Verbundenheit gibt. Im Streit geraten beide in Not. Beide reagieren mit ihren erlernten und bisher gut funktionierenden Schutzmechanismen:

Deshalb bist du so schnell wütend, erkennt Emma in Bezug auf Valentin.

Deshalb verteidigst und rechtfertigst du dich so vehement, erkennt Valentin in Bezug auf Emma.

Valentin und Emma beginnen zu verstehen, dass ihr Streit in seiner Zuspitzung mit dem jeweiligen biografischen Hintergrund zu tun hat. Um dies für sie deutlich erkennbar zu machen und das Paar zu entlasten, bitten wir beide Partner, in unseren Therapiesitzungen und Seminaren jeweils einen Brief an Vater oder Mutter (oder an beide oder eine weitere frühe Bezugsperson) zu schreiben.

### Briefe an die Eltern

Inhalt des Briefes ist die Frage an Vater oder Mutter: Wie habe ich durch dich die Liebe kennengelernt? Deutlich werden soll, welche Einflüsse, Atmosphären, Situationen das Kind nachhaltig geprägt haben. Da wir es als Therapeuten überwiegend mit Paaren in konfliktbeladenen Situationen zu tun haben, werden in diesen Briefen die Verletzungen und Wunden betont, die bis heute das jeweilige Selbst beeinflussen und zu Reaktionsweisen führen, die den Streit des Paares prägen – kurz: die Altlasten der Liebe.

Diese Briefe werden in unseren Paarsitzungen und Seminaren in Anwesenheit des Partners vorgelesen und bearbeitet. Es ist nicht daran gedacht, diese Briefe an die Adressaten zu schicken. Sinn und Zweck der Übung ist das Offenlegen all dessen, was gesagt werden muss. Die vielfältigen Anklagen, die in den Briefen erscheinen, lasten auf der Seele der »erwachsenen Kinder«.

Beispielhaft veröffentlichen wir einige Briefe an dieser Stelle. Wir wollen damit auf die Vielfältigkeit der Einflüsse aus der Kindheit verweisen, die die Entwicklung der Liebesfähigkeit eines Erwachsenen beeinflussen und in dessen Erleben von Liebe wieder zutage treten.

*Peter (47): Brief an die Mutter*

*Liebe Mutter,*

*was hat Dich eigentlich bewogen, diesem alkoholisierten Scheusal standzuhalten und zu leiden? Warum hast Du nicht den Mut gefunden zu gehen? Weshalb bist Du nie zu einem Anwalt gegangen und hast Dich beraten lassen? War die Scham einer zerbrochenen Ehe zu groß? Hast du jemals mit einer vertrauten Person gesprochen, was hat sie Dir geraten und gesagt? Wo war Dein Mut, Dein Kampfgeist?*

*Deinen Kampfgeist, den hab ich nur gesehen, wenn Ihr beide besoffen wart. Dann habt Ihr Euch bekriegt. Da konntet Ihr Euch schlagen.*

*Weißt Du, was dies mitzuerleben aus mir gemacht hat? Ich bin ein erbärmlicher Feigling geworden, konfliktunfähig, jedem Streit aus dem Wege gehend, sich verschließend, angstvoll stets auf Rückzug, nicht für sich einstehend. Auf der anderen Seite reagiere ich sehr schnell übermäßig stark, um so alles von mir fernzuhalten. Ich ertrage keine Spannungen. Du kannst Dir nicht vorstellen, was all die Jahre in mir bewirkt haben, in denen ich Dich bei Deinem Alkoholmissbrauch unterstützte. Ich bin indirekt mit abhängig geworden. Du hast so viel Aufmerksamkeit beansprucht und die Auswirkungen zeigen sich heute in vielfacher Weise. Wie häufig habe ich versucht, Dich mit all den Kleinigkeiten, wie Fenster streichen, Dinge reparieren, einkaufen, Essen kochen, zu erfreuen. Wie oft hast Du es nicht annehmen können und es unter Alkoholeinfluss nicht anerkannt. Ja, es hat mich schnell erwachsen werden lassen. Jetzt erkenne ich, wie groß die Scham für mich war, das für Dich zu tun, ich wollte es nie wirklich. Eigentlich müsste es so sein, das ich zuerst mich im Blick habe, meine Bedürfnisse und Gefühle beachte. Doch bevor ich zuallererst bei mir schaue, wie es mir in Situationen geht, schaue ich vorrangig bei anderen, wie es denen geht und was sie brauchen. Weißt Du, wie beschissen sich das anfühlt, wenn man sich selbst immer zurückstellt und zuerst dem anderen den Vorzug gibt? Es ist so anstrengend und es überfordert mich allzu oft. Wem gebe ich Vorrang, wo setze ich Prioritäten?*

*Es hat auch dazu geführt, dass ich zweimal in einer psychosomatischen Klinik war. Wenn ich zurückblicke, waren das Momente, in denen ich frei von allem Druck sein durfte. Doch Deine Fesseln sind stark, und ich werde im Alltag wie von Geisterhand zurück in diese alten Muster gezogen. Es ist wirklich seltsam, wie das Erleben Eurer Ehe mich beeinflusst hat. Ich spreche zum Beispiel von meinem Männerbild, um das ich immer wieder ringe. Sicherlich hat Dein Ehemann einen großen Anteil daran. Aber es gibt manches dabei, was eindeutig aus der Beziehung zu Dir stammt, wie die Einstellung »Ich muss Frauen immer alles recht machen, darf sie bloß nicht zu hart anfassen, damit sie (Du) nicht noch mehr leiden müssen«.*

*Ich bin somit zum Frauenversteher ohne männliche Identität und Ideen geworden. Noch heute suche ich in Frauen das Mütterliche, das Warme, an das sich der kleine Junge anschmiegen kann. Ich suche Momente, in denen ich gehalten und gestreichelt werde. Ich wollte mich bei Dir anlehnen, wenn die anderen Jungen mich geärgert haben.*

*Ich suchte und suche bis heute Trost. Dank Deines/Eures egoistischen Verhaltens konnte ich mich nur kleinmachen. Ich habe bis heute Schwierigkeiten, mich selbst zu halten, mich selbst zu streicheln, mir meiner selbst bewusst zu werden.*

*Es hat mich sehr geschmerzt, Dich am Ende Deiner Krankheit so dahinsiechen zu sehen. Ich hab es zum Schluss nicht mehr ausgehalten, Du hast immer schlechter ausgesehen. Je älter ich wurde, desto häufiger habe ich, wenn es möglich war, die Flucht angetreten. Heute wird mir klar, damals wollte ich Dich retten. Doch das stand nicht in meiner Macht. Trost und Unterstützung bekam ich bei Sabrina, meiner Frau. Sie hat mir in all den Jahren das gegeben, was du mir zu wenig gabst oder tatest. Vieles von dem, was ich erlebt habe, beeinflusst unsere Ehe jetzt noch oder hat sich übertragen. Das wird, je älter ich werde, zum Problem.*

*Nur selten übernehme ich Verantwortung, aus Angst, Sabrina entzieht mir ihre Liebe. Es zeigt sich in Streitigkeiten mit Sabrina, wo es schwierig für mich ist, diesen Streit zu ertragen und auszuhalten. Statt meine Anteile zu sehen, schiebe ich diese möglichst schnell auf sie und andere ab. Ich beziehe nur selten Stellung in Diskussionen, aus Angst, ich könnte etwas Falsches sagen. Statt Sex zu genießen, in ein wirkliches Gefühl von Ekstase und tiefer Verschmelzung zu gehen, verschließe ich mich und lasse eine Ejakulation geschehen, damit alles möglichst schnell vorbei ist. Statt tief zu lieben, schweife ich in Gedanken ab, bin oft nicht bei der Sache. Diese Mechanismen dienen nur meinem eigenen Schutz. Damit ich Gefühle von Schönem, Wahrhaftigkeit, Aufrichtigkeit, intensiver Begegnung und Austausch nicht erleben muss. Denn das könnte bedeuten, dass ich wieder verletzt, zurückgestoßen werde. Du hast mich mit Deinen Ansprüchen zu einem verweichlichten, selbstzweifelnden, depressiven Muttersöhnchen gemacht.*

*Peter*

*Liam (51): Brief an den Vater*

*Lieber Vater,*

*ich möchte Dir heute schreiben, wie ich Dich als Kind erlebt habe. Leider haben wir uns nie die Zeit genommen, darüber ausführlich zu reden.*

*Ich habe mich bei Dir immer geborgen gefühlt. Du hast schon immer dafür gesorgt (auch unter Entbehrungen), dass ich eine gute Ausbildung bekam. Ich kann mich noch erinnern, dass Du mir bereits mit zehn Jahren einen Schreibmaschinenkurs, der sehr teuer gewesen sein muss, gezahlt hast. Du hast mich damit dann aber auch alleingelassen. Ich musste mich ganz alleine um die Übungen kümmern und habe von Dir keine Unterstützung bekommen. Du hattest Deine »Pflicht« getan. Du hast mir den Besuch des Gymnasiums ermöglicht, aber ich hatte nie das Gefühl, dass Du Dich wirklich dafür interessierst. Ich glaube, Du warst kein einziges Mal bei einem Elternabend oder einer Lehrersprechstunde – warum auch, »es war ja alles in Ordnung«.*

*Ich habe Dich als einen sehr liebevollen Vater in Erinnerung, dem Harmonie über alles ging. Du hast mir einmal erzählt, dass Du und Mutti Euch am Hochzeitstag geschworen habt, nie zu streiten. Heute weiß ich, dass dadurch viele Dinge zwischen uns einfach nicht ausgesprochen wurden bzw. schnell zur Seite gelegt wurden. Und manches Problem hast Du mit einer Ohrfeige »gelöst«. Danach hast Du mich immer gleich in den Arm genommen mit den Worten »Jetzt ist alles wieder gut«. Da war für mich gar nichts gut. Ich hatte ja gar keine Gelegenheit bekommen, wütend, traurig und verletzt zu sein.*

*Ich spüre, dass mir die Reibung und Auseinandersetzung mit Dir heute noch fehlt. Ich habe nicht gelernt, klare Standpunkte, auch gegen Widerstände, einzunehmen. Konflikte anzusprechen, Streit auszuhalten – das muss ich mir immer noch mühsam erarbeiten und dies wirkt sich sehr negativ auf meine Beziehung zu Eva aus.*

*In Liebe*

*Dein Liam*

*Kati (42): Brief an den Vater*

*Papa!*

*Meine erste Liebesbeziehung zu einem Mann! Du kamst meistens gestresst von der Arbeit nach Hause. Wir (meine große Schwester und ich) sollten Dich möglichst nicht stören, keine Unannehmlichkeiten bereiten. Du bist lieber auf die Jagd gegangen, als mit uns zusammen zu sein. So kam und kommt's mir vor. Untereinander streiten durften wir gar nicht. Du warst der Einzige, der schreien »durfte«. Noch schlimmer war es, eine eigene Meinung zu haben, geschweige denn sie zu äußern. Also habe ich gelernt, dass ich so, wie ich in meinem ganzen Wesen bin, falsch, zu viel, nicht willkommen bin. Das schleppe ich bis heute mit mir rum, auch wenn's besser wird. Aber einfach so zu sein, wie ich bin, mit all meinen Seiten willkommen zu sein, kann ich immer noch nicht ganz. Da hast Du mich durch Deine Art in meinen Grundfesten verunsichert – oder ich konnte gar nicht erst eine »Grundfestigkeit« entwickeln.*

*Du hast weggeschaut. Weiblichkeit war ein Tabu. Und mit 16 oder 17 hast Du mich mal als Flittchen bezeichnet und gesagt, das ganze Dorf würde über mich schlecht reden. Dabei war ich nicht mal mit einem Jungen zusammen. Geschweige denn, dass ich Sex gehabt hätte. Mein Frauwerden hast du ignoriert.*

*Genauso wie Du und Mama aus meiner Sicht vollkommen asexuell nebeneinander funktioniert habt. So eine Beziehung zu einem Mann wollte ich nie. Und jetzt wiederhole ich so viel davon … ätzend!*

*Ich weiß, Du kannst nichts dafür. Du konntest nicht anders. Woher auch. Bei deiner Geschichte.*

*Du hast immer gesagt, dass Du froh bist, dass Du zwei Töchter hast, und nie Söhne wolltest. Warum hast Du gleichzeitig keinen Zugang zu uns als Mädchen gefunden? Ich bin mir bis heute nicht sicher, ob Du nicht doch lieber einen Sohn gehabt hättest.*

*Und jetzt. Jetzt bist Du schon seit sechs Jahren tot.*

*Irgendwie habe ich gedacht, das hätte ich »durch«. Aber wenn ich wirklich »reingehe« in das Thema, dann bist Du bis zu Deinem Tod Deinem Muster treu geblieben – dass Du der Nabel der Welt bist.*

*Ich weiß, das klingt wie eine Generalabrechnung. Ist es auch. Brauche ich grade. Ich hoffe, dass Deine Seele Frieden gefunden hat. Wo auch immer Du jetzt bist.*

*Kati*

## Übung: Liebesvorbilder aus der Kindheit[23]

Ein Einwand, der uns häufig begegnet lautet: Wieso soll ich mich immer wieder mit meiner Kindheit beschäftigen? Das liegt doch lange zurück, ist vergangen und abgeschlossen.

Dem ist leider nicht so. Die Spuren seelischer Verletzungen tragen wir in uns und sie wirken fort, insbesondere auf die Paarbeziehung. Als Erwachsene reagieren wir, vor allem in der Intimität unserer Partnerschaft, häufig so, dass wir für die partnerschaftlichen Störungen jeweils den anderen verantwortlich machen. Die Eigenanteile, all das, wofür wir mit unserer eigenen Geschichte verantwortlich sind, wird ausgeblendet. Der Splitter im Auge des Partners wird deutlicher gesehen als der Balken im eigenen Auge.

Verabreden Sie sich mit Ihrem Partner / Ihrer Partnerin, um über Ihre jeweilige Lebensgeschichte miteinander ins Gespräch zu kommen. Auch wenn Sie diese schon voneinander kennen, hilft es, sich erneut darüber auszutauschen. Erzählen Sie einander von den Kindern, die Sie einmal waren, und suchen Sie gemeinsam nach sogenannten Schlüsselerlebnissen.

- Welche Erfahrungen habe ich mit Mutter und Vater gemacht?
- Wie sind sie mit mir umgegangen?
- Wie sind sie miteinander umgegangen, wie war ihre Paarbeziehung?
- Wie war das Verhältnis zu meinen Geschwistern?
- Was war schön in meiner Kindheit, was war schlimm?

Sie können für solch eine Forschungsreise auch gemeinsam Fotoalben oder alte Videos anschauen. Der Partner / die Partnerin sollte dabei interessiert und unterstützend und, falls schmerzhafte Erinnerungen zutage treten, tröstend begleiten. Er oder sie kann bei dieser Reise ein wichtiges Korrektiv werden, insbesondere da, wo Sie versuchen, erlebte Verletzungen oder Missstände zu verharmlosen.

Sie können die Eltern selbst befragen oder Geschwister und weitere Verwandte. Vielleicht gibt es noch Tagebücher, die Sie einmal geschrieben haben, oder Kinderbilder, die Sie gemalt haben.

## Erkenne dich selbst – unsere schwelende Kränkbarkeit

Kehren wir für einen Moment nochmals zu *Amor und Psyche* zurück. Als das heiße Öl Amors Haut versengt, verspürt er nicht nur körperlichen, sondern auch seelischen Schmerz. Er sieht sich verraten und reagiert gekränkt. Verstärkte Kränkbarkeit ist ein typisches Merkmal von Narzissmus.

Wir erinnern uns: Psyche hat die Regel, Amor nur in der Dunkelheit der Nacht zu empfangen, gebrochen. Aus seiner Sicht, ist auf sie kein Verlass. Das ist ein Beweis dafür, dass sie ihn nicht wirklich liebt, so die Vorstellung Amors. Amor hingegen ist von sich und seinen Qualitäten vollkommen überzeugt. Er hat seiner Geliebten ein wunderschönes Haus gebaut, mit Garten, Teich und allen erdenklichen Annehmlichkeiten. Zudem ist er ein hervorragender Liebhaber, der es sich leisten kann, den ganzen Tag unterwegs zu sein, spät in der Nacht »einzufliegen«, um seine Frau im Dunkeln zu beglücken. Was braucht es mehr? Dass Psyche dieses bestens eingerichtete Liebesarrangement auflöst, kränkt und verletzt ihn. Er verlässt sie und zieht sich schmollend zurück, zurück »nach Hause«, zu seiner Mutter. Er ist gekränkt.

Kränkungen hängen eng mit unserem Selbstwert, unserer Selbstsicherheit, unserer Selbstliebe zusammen. Je vertrauter wir mit unseren »Kränkungsmechanismen« und den dahinterliegenden seelischen Verletzlichkeiten sind, desto geringer ist unsere Anfälligkeit für Kränkungen. Eine schwelende Kränkbarkeit beider Partner in Paarbeziehungen kann auf narzisstische Persönlichkeitsanteile hinweisen.[24] Menschen mit narzisstischen Persönlichkeitsanteilen brauchen den anderen, um sich selbst wertschätzen zu können. Sie benötigen in übersteigertem Maße Anerkennung und Bestätigung. In der Partnerschaft wird dies ganz existenziell. Der Partner wird für die notwendige Selbstbestätigung zuständig gemacht, er soll dafür verantwortlich sein. Diese Menschen hungern und lechzen nach Anerkennung. Bekommen sie diese nicht, fühlen sie sich zurückgewiesen und reagieren gekränkt.

So entwickelt sich bei einer solchen narzisstischen Paarkonstellation eine Streitdynamik, die zwischen den Partnern zunehmend an existenzieller Schärfe gewinnt. Plötzlich scheint es bei jedem Streit um alles oder nichts zu gehen.

Wir nähern uns in solchen Paarkonstellationen einer ganz entscheidenden Weggabelung. Besteht die Bereitschaft, die eigene Kränkbarkeit zu entlarven? Was passiert, wenn wir den anderen hinter unsere Maske blicken lassen?

Kann der Gekränkte erkennen, wenn seine Reaktion viel zu stark ist? Warum macht er für seine heftige Reaktion immer nur den Partner verantwortlich? Wie reagiert dieser wiederum auf die Kränkungsreaktion? Kann er den verletzenden Partner darauf hinweisen, dass ihn seine überzogene Reaktion trifft, dass dies »wehtut«, ohne selbst einen Gegenangriff zu starten? Kann der Verursacher sich zu seiner Tat bekennen und sehen, dass er seinen Partner / seine Partnerin durch sein Verhalten gekränkt und vielleicht sogar verletzt hat? Kann er um Verzeihung bitten? Oder wird die Kränkung verharmlost, bagatellisiert, negiert?

Erinnern Sie sich an das Beispiel von Karola und Tim und den Streit um die Trinkflasche. Da Karola ein zweites Mal aus der Trinkflasche trank, obwohl Tim sich daran störte, entbrannte ein heftiger Streit, der tagelang andauerte und immer wieder neu entflammte.

Solche sich an Kränkungen anschließenden Reaktionsketten sind nicht leicht zu durchschauen. Um zu lernen, damit in einem konstruktiven und liebevollen Sinne umzugehen, braucht es ein Wissen um unsere jeweilige Kränkbarkeit, um die Schwachstellen in unserem Selbst.

*Paarbeispiel: Der 45. Geburtstag*

Nils beschließt zusammen mit Fiona, seinen 45. Geburtstag zu feiern. Er lädt seine Freunde und seine Familie in ihrer beider Namen ein.

An einem Abend, ungefähr zwei Wochen vor dem Geburtstagsfest, beginnt Fiona über die anstehende Feier zu sprechen. Sie würde sich für den Ablauf der Feier verantwortlich fühlen, weil sie ja beide auf der Einladungskarte unterschrieben hätten. Sie müssten jetzt vor allem darüber sprechen, was noch alles vorzubereiten sei. Die Stühle ihrer kleinen Wohnung würden nicht ausreichen, es müssten weitere ausgeliehen werden. Der Gartentisch, den sie zum Küchentisch dazustellen wollten, habe viele beschädigte Stellen. Zudem müssten passende Tischdecken ausprobiert werden usw.

Nils wird in diesem Gespräch immer einsilbiger und sagt mit der Zeit gar nichts mehr. Fiona wird zunehmend wütender und versteht nicht, warum er dazu nichts sagen würde, da doch all diese Dinge besprochen werden müssten. Nils entgegnet, dass er nicht unbedingt ein Planer sei. Man könne auch vieles kurzfristig entscheiden oder am Festtag noch improvisieren. Daraufhin streiten die beiden darüber, ob ein Fest gut vorbereitet sein müsse oder nicht. Fiona wütet, dass es keine Freude machen würde, mit ihm ein Fest zu feiern und dass sie bald die Lust daran verlieren würde.

Am anderen Tag herrscht weiterhin schlechte Stimmung. Schweigend beginnen sie einen langen Sonntagsspaziergang. Schließlich bricht Nils das Schweigen. Er hat sich lange in der Nacht Gedanken darüber gemacht, weshalb sie in so einen heftigen Streit geraten seien. »Ich habe mir überlegt, warum mich all deine Gedanken zu unserer Festvorbereitung so genervt haben. Diese Geburtstagsfeier löst bei mir sehr ambivalente Gefühle aus. Meine Geburtstage habe ich bisher nie groß gefeiert, weil es mir sehr schwerfällt, im Mittelpunkt zu stehen. Ich kann das kaum aushalten. Ich fühle mich dann auch so verantwortlich für das gesamte Gelingen, verkrampfe mich und fühle mich im Grunde überfordert.«

Als Fiona dies hört, ist sie berührt von seiner Offenheit und nimmt ihn in den Arm. Sie sagt: »Jetzt kann ich unseren verkorksten Abend viel besser verstehen. Ich kenne solche Gefühle auch, weniger, wenn es darum geht, meine Geburtstagsfeste zu feiern. Aber immer wenn ich berufsbedingt in meinem Leben vor Menschen sprechen muss, erlebe ich den gleichen Druck und fühle mich überfordert.« Sie sagt weiter: »Ich bin an deiner Seite. Wir schaffen das! Wir sind zu zweit und wir werden ein schönes Fest feiern.«

Diesem Paar ist es gelungen, ihre jeweiligen Kränkungen zu erkennen und zu befrieden. Fiona fühlte sich gekränkt, weil sie mit Nils nicht über die Festvorbereitung sprechen konnte. Sie hatte das

Gefühl, mit ihren Ideen bei ihm nicht anzukommen, weil sie nicht von ihm »beantwortet« wurde. Darauf reagierte sie wütend, gereizt und vorwurfsvoll. Nils wiederum hatte sich im Laufe dieses konflikthaften Gespräches unfähig gefühlt, auf Fionas Vorschläge zu seinem Geburtstagsfest einzugehen. Er fühlte sich von ihr bedrängt. Zudem fürchtete er, dass er ihren Anforderungen nicht genügen konnte.

»Den Anforderungen nicht zu entsprechen«, dieses Thema kennt er aus seiner Lebensgeschichte. Und er reagiert zunächst mit dem ihm vertrauten und geübten Bewältigungsmuster: mit innerem Rückzug und Schweigen.

Die Psychotherapeutin Bärbel Wardetzki vergleicht Menschen mit narzisstischen Anteilen mit Bäumen, denen das feste Wurzelwerk fehlt. Damit erklärt sie die besondere Anfälligkeit der Betreffenden für Kränkung: »Statt in die Tiefe gehen diese Menschen in die Breite, werden zu Oberflächengestalten. Jeder Wind, jeder Sturm, d. h. jede Kritik, Zurückweisung oder Ablehnung rührt an diese Unsicherheit und droht den Baum umzustürzen.«[25]

Frank Staemmler verweist noch auf einen weiteren Aspekt von Kränkung: Kränkung entstehe durch eine »Diskrepanz zwischen der eigenen und der externen Bewertung, der Selbstwert wird in Frage gestellt«[26]. Beispielsweise hatte Nils sich bisher für einen guten Gastgeber gehalten. Durch Fionas Verhalten wurde seine Selbstbewertung infrage gestellt – die externe Bewertung berührt seine in seinem Selbst schlummernde Unsicherheit, in Ordnung und liebenswert zu sein. Ebenso bei Fiona: Auch sie verfügt über ein Selbstbild, eine tolle Gastgeberin zu sein, und fühlt sich damit von Nils nicht gespiegelt. Entsprechend reagiert auch sie gekränkt.

Die narzisstische Kränkungsreaktion bei beiden ist jedoch unterschiedlich. Fiona reagiert offensiv, Nils defensiv. Der offensive Narzisst bleibt bei seiner Selbstbewertung und weist die externe Bewertung zurück. Der defensive Narzisst reagiert umgekehrt. Er akzeptiert die externe Bewertung. Fiona reagiert offensiv mit Wut und Vorwürfen. Nils reagiert defensiv mit Einsilbigkeit und zunehmendem Rückzug.

Grundsätzlich können wir sagen, dass Kränkungen in Paarbeziehungen etwas mit der Intensität der Gefühle und Gedanken zu tun haben, die Äußerungen oder Handlungen des Partners in einem auslösen. Hinzu kommt, dass ich meinen Partner für die starken Reaktionen in mir verantwortlich mache und ich mich dadurch berechtigt fühle, diesen im Gegenzug anzugreifen. So kommt es zu folgenden Kränkungsmechanismen: Die Verantwortung für die eigene Reaktion wird aus der unterstellten negativen Absicht des Kränkenden abgeleitet und durch diese legitimiert.

Äußerungen wie die folgenden illustrieren dies:

- »Ich habe ja nur den Salzstreuer an die Wand geworfen, weil du mich so provoziert hast.«
- »Ich habe zwei Tage nicht mit dir geredet, weil du wieder vor mir aus der Flasche getrunken hast, obwohl ich dir schon so oft gesagt habe, dass ich das nicht ertragen kann.«
- »Ich habe dich nur angebrüllt, weil du mich einfach nicht ausreden lässt.«
- »Ich schlafe nicht mehr mit dir, weil du mich so unter Druck setzt.«

Dabei unterliegen Gekränkte häufig folgenden Irrtümern[27]:

1. Wenn ich den Schmerz einer Kränkung empfinde, ist die Ursache meines Leids einzig und allein das Verhalten desjenigen, der es ausgelöst hat.
2. Als Verursacher, muss er/sie es auch so gewollt haben.
3. Je intensiver der Schmerz, desto übler die Absicht.

Wie lässt sich aus diesen Kränkungsmechanismen aussteigen? Der mühsame erste Schritt besteht darin, selbst Verantwortung für die erlebte Kränkung und die damit verbundenen heftigen Gefühle zu übernehmen. Die Maxime lautet: *Ich* trage Verantwortung für mein Fühlen, Denken und Handeln, und *ich* entscheide, wie und ob ich auf dein Fühlen, Denken und Handeln reagiere.

Auf diese Weise verbindet sich Selbsterkenntnis mit der Fähigkeit zur Selbstregulation. Dies gilt für beide Partner. Die Kränkungsspirale kann unterbrochen werden,

- wenn dieses Einüben von Verantwortungsübernahme gelingt,
- wenn die Partner sich einander damit gegenseitig anvertrauen,
- wenn sie gegenseitig erkennen, wie das jeweilige Verhalten in der Streiteskalation den Partner trifft und verletzt.

Dies beruhigt und befriedet die Streiteskalation. Und bereitet den Boden für ein gegenseitiges Verzeihen und Versöhnen.

## Kränkbarkeit und Sexualität

Brennpunktartig können sich Kränkungen in der Sexualität zeigen. Die Folgen: Störungen und Irritationen in der Sexualität, eingeschlafene Sexualität, verweigerte Sexualität, Außenbeziehungen, einseitige, fast als überlebensnotwendig eingeforderte Sexualität.

Diese Krisen äußern sich manchmal still und leise, die wie in einem Kokon schlummernden seelischen Verletzungen treten nicht bewusst zutage, oder eben auch laut und eruptiv. Die Folge sind Gefühlsausbrüche, Kämpfe, bei denen der Eindruck entsteht, dass ein Partner oder beide wie Ertrinkende um ihr Leben ringen.

Wenn wir noch einmal zu *Amor und Psyche* zurückkehren, so spielt auch hier die Sexualität des Liebespaares eine entscheidende Rolle. Die sexuelle Begegnung ist zu Beginn leidenschaftlich und lustvoll, sie findet regelmäßig nachts und im Dunkeln statt. Doch mit der Zeit stumpft diese in der Monotonie der Wiederholung ab, wird langweilig, verlangt nach neuen Formen der Begegnung.

Dieser Impuls geht von Psyche aus. Sie möchte ihren Liebhaber sehen. Sie möchte die sinnlichen Qualitäten ihres Liebesspiels erweitern. Sie möchte wissen, mit wem sie es zu tun hat, ihren Geliebten umfassender kennenlernen. Im Inneren stimmt es sie unzufrieden, dass ihr Partner sie so vehement nur an diese eine Form der sexuellen Begegnung bindet. Als sie die Initiative ergreift und buchstäblich Licht ins Dunkel bringt, zieht Amor sich gekränkt zurück.

Mit der Trennung des Paares, die darauf folgt, ist das alte Band der Liebe zerrissen. Psyche muss sich nun entscheiden: Will sie aufgeben oder etwas für die Liebe riskieren? Sie folgt ihrer Sehnsucht nach Amor und macht sich auf den Weg. Sie ist bereit, für ihre Liebe zu kämpfen, und stellt sich den Schwierigkeiten, die es zu überwinden gilt.

Amor wiederum wählt einen anderen Weg. Statt zu glauben, »das schaff ich allein«, »da muss ich durch« oder »selbst ist der Mann«, wendet er sich nach außen. In Jupiter findet er einen mächtigen Fürsprecher. Doch in diesem Fall geht es weniger darum, dass er die väterliche Entscheidung sucht, sondern um das Eingeständnis seiner eigenen Hilflosigkeit und Verzweiflung. Auch er spürt die Liebe zu Psyche und möchte diese Liebe mit ihr leben. In seiner Not weiß er nicht mehr weiter. Er sucht sich Hilfe.

## Lernen durch den anderen

Krisen bieten eine Entwicklungschance. Stellen wir uns diesen Krisen in der Partnerschaft, können wir viel über uns selbst erfahren. Die Partnerschaft mit ihrer Intimität offenbart alle Facetten unserer Persönlichkeit, ja entlarvt sie regelrecht. Die Masken, die ich schützend vor mein Selbst gestellt habe, werden enttarnt. Partnerschaftliche Liebe bietet die Chance, mich selbst und uns als Paar besser und tiefer zu verstehen. Sie bietet die Chance zur Veränderung, zum Lernen, zur Verwandlung, zur Bereicherung. Durch dich finde ich zu mir – das heißt, dass ich erkenne und verstehe, dass ich durch den anderen lernen kann. Dass mein Partner mir »Entwicklungshelfer«[28] sein kann. Dass dieser »den Balken vor meinem Auge« besser sehen kann als ich selbst, dass mein Partner mich auf meine Fehler hinweisen möchte – nicht um mich zu vernichten, sondern um mich in meiner Persönlichkeitsentwicklung zu unterstützen. Dieser gemeinsame Prozess kann gelingen, wenn wir die Verstrickungen durchschauen und die eigenen, oft narzisstisch begründeten Anteile daran erkennen und schließlich auch um Verzeihung bitten lernen.

Gelingen diese Schritte, ist dies mit einem für die Partner deutlich spürbaren Entwicklungsschub verbunden. Selbstwirksamkeit und Paarwirksamkeit verbinden sich.

Dazu greifen wir noch einmal das Beispiel von Emma und Valentin (Das Kindergartenfest) auf.

So schreibt Valentin, ein paar Tage nach dem Streit beim Kindergartenfest:

*Es ist für mich erstaunlich zu sehen, wie viel es bei mir um ›Nicht gesehen werden‹ geht. Die Aggression muss auch immer dazu dienen, dieses Gefühl zu überwinden, gleichzeitig verunmöglicht sie, dass ich gehört werden kann.*

In einem Brief an seine Frau bittet er sie um Verzeihung:

*Liebe Emma, es tut mir leid, dass wir wieder einen verletzenden Streit hatten. Wenn ich auf mich schaue, sehe ich meine Verantwortung dafür, dass ich weggelaufen bin vom Fest und Dich und unseren Sohn damit erschreckt und verletzt habe. Es gibt auch den Teil, wo ich mich hilflos fühle, auszudrücken, was ich wirklich empfinde. Ich habe Angst, nicht verstanden zu werden. Weißt Du, ich hatte mich so bemüht pünktlich zu sein, damit Du in Deine Yogastunde gehen kannst. Und dann bist Du einfach beim Kindergartenfest geblieben. Das hat mir wieder das Gefühl gegeben, in meinen Bemühungen von Dir nicht gesehen zu werden.*

Valentin muss schmerzlich erfahren, wie seine wütenden Ausbrüche Emma verletzen und ihr Angst machen. Da Valentin erkannt hat, dass hinter seiner Impulsivität ein ganz anderes Gefühl schlummert, nämlich Verletztheit und Hilflosigkeit, entscheidet er sich dafür, sich mit diesem Teil seiner Persönlichkeit zu befassen. Anstoß dazu gibt ihm seine Liebe zu Emma. Er will sie nicht verlieren. Er ist bereit, gemeinsam mit Emma einen Weg zu suchen, wie er diesen aggressiven Teil seiner Persönlichkeit befrieden kann. Der Brief an Emma ist ein erster Schritt.

Folgende Fragen unterstützen die Partner in diesem Prozess (s. auch die Übung: »Durch dich lerne ich« in Kapitel 4):

- Wozu hat das Leben gerade dich zu mir geführt?
- Was ist der Sinn unserer Liebe – auch ohne Kinder und Existenzbewältigung?
- Was soll ich durch dich lernen?
- Was ist unsere gemeinsame Aufgabe im Leben?
- Deine und meine Fehler – wozu sind sie gut?
- Wozu dient unser Streit?

So wie Kinder in ihrer Entwicklung liebevolle und manchmal auch strenge und konsequente Unterstützung im Umgang mit ihren Fehlern brauchen, gilt Gleiches für Partnerschaften. Rückfälle gehören dazu. Keiner wird gleich durch erste Einsichten, Bekenntnisse und Veränderungsschritte ein anderer Mensch. Was zählt, ist die Bereitschaft, sich auf den anderen einzulassen, ihm zu gestatten, mich auf meine Fehler hinzuweisen, und die innere Bereitschaft und Entschlossenheit, neue Entwicklungsschritte zu riskieren.

# 3. Das verletzte innere Kind in der Beziehung

Was macht unsere Persönlichkeit aus, was ist eigentlich unser Selbst, von dem hier die Rede ist? Das Selbst bildet den Kern unserer Persönlichkeit und steht im Wesentlichen für die Wahrnehmung und das Bewusstsein um die eigene Person – also, sich im Klaren zu sein über persönliche Eigenschaften, Fähigkeiten, Vorlieben, Gefühle und Verhalten[29] – im positiven wie im negativen Sinn. Sind wir uns in dieser Wahrnehmung und diesem Bewusstsein um uns selbst sicher und akzeptieren wir uns mit diesen guten und schwierigen Eigenschaften, sprechen wir von einem stabilen und sicheren Selbst.

Die Entwicklung und Ausgestaltung unseres Selbst unterliegt vielfältigsten Einflüssen. Genetik und Umwelt tragen dazu bei. Was uns aber am meisten beeinflusst, sind die Zuwendungen, die uns von unseren allerersten Bezugspersonen zuteilwerden. Sie prägen wesentlich die spätere Liebesfähigkeit und Liebeskompetenz des Selbst, und damit die Kraft der Eigen- und Partnerliebe. Um dieser Gesetzmäßigkeit auf die Spur zu kommen, müssen wir erkennen lernen, wie unser Selbst – die Summe all unserer Erfahrungen –, sich in der Liebesbegegnung verhält. Das Selbst formt sich erst in der Beziehung zu anderen heraus, in der konkreten Berührung und Begegnung.

## Alte Muster erkennen und verändern

Wir sind sehr lernfähig, das ist eine wesentliche Komponente, die unser Selbst auszeichnet. Bei allen Störungen, Defiziten, Blockaden, die das Selbst in seiner Entwicklung beeinflussen und prägen, bleibt unsere Veränderbarkeit und damit Lernfähigkeit immer erhalten.

Unser Selbst ist kein hermetisch abgegrenzter Persönlichkeitsanteil, sondern ist zur Umwelt und damit zum anderen hin offen. Es gestaltet sich im Spiegel der Umwelt, von Kindheitstagen an, ein Leben lang. Die Lernfähigkeit unseres Selbst ermöglicht es uns, auch im Erwachsenenalter die Wahrnehmung und das Wissen um unser Selbst nachhaltig zu verändern. Wir können uns verändern, uns übend korrigieren und zum Beispiel unsere Selbstunsicherheit in Selbstsicherheit verwandeln.

*Paarbeispiel: Das neue Kleid*
Eine Alltagssituation. Marcel und Ria, seit neunzehn Jahren ein Paar, treffen sich an einem Freitagabend in einem Restaurant. Das machen sie häufiger. Zum Beginn des Wochenendes. Beide kommen von der Arbeit, nach einer anstrengenden Arbeitswoche. Beide lieben dieses Ritual und freuen sich darauf. Doch an diesem Abend ist etwas anders als sonst. Das Gespräch ist flau, ohne Spannung. Sie finden keinen Draht zueinander.

Am kommenden Tag reden sie darüber. Folgendes war geschehen: Marcel wusste, dass Ria sehr erschöpft war, eine sehr anstrengende Woche hinter sich hatte, besonders der hinter ihr liegende Arbeitstag war mit herausfordernden Aufgaben verbunden. So begegnet er ihr im Restaurant mit sorgenvollem, fast mitleidigem Blick, um zu erspüren, wie es ihr geht. Sie hatte sich extra etwas Neues zum Anziehen gekauft, das sie voller Stolz trägt. Sie erwartet den Blick auf ihr neues Outfit und ein paar Worte von seiner Seite, ob es ihr stehe und ihm gefalle. Sein insistierendes Abscannen ihrer Befindlichkeit fällt ihr auf und stört sie.

Sie spürt, wie ihre Enttäuschung wächst, fühlt sich in ihrem neuen Outfit nicht gesehen und anerkannt. Gleichzeitig steigt innerlich ihre Wut und Ablehnung gegenüber diesem Mann, der so wenige Worte für ihre Kleidung, ihren Haarschnitt, für ihre Schönheit hat. Doch all das bringt sie nicht nach außen. All dies spielt sich innerlich ab. Nach außen plänkelt das Gespräch vor sich hin. Er spürt ihre Distanz zu ihm, findet dafür aber ebenfalls keine Worte. So fahren beide schweigend nach Hause.

Was war passiert? Weshalb ist es ihm nicht gelungen zu sagen: »Hey, was ist los? Du wirkst so abwesend.« Und weshalb ist es ihr nicht gelungen zu sagen: »Schau mich nicht so mitleidig an, sondern sag etwas zu meinem neuen Kleid. Gefällt es dir?« Nein, im Gegenteil. Beide reagieren stattdessen mit einem Muster, das sie sehr gut kennen und das ihr Beziehungsleben oft bestimmt.

Muster entstehen durch unzählige Wiederholungen bestimmter Reaktionsweisen unseres Selbst. Geraten wir in eine Überforderungs- oder Bedrohungssituation oder fühlen wir uns nicht ausreichend beachtet und anerkannt (und damit in unserem Selbst nicht bestätigt), reagieren wir mit diesen erlernten Mustern: zum Beispiel zu verstummen, wütend zu werden oder die Flucht zu ergreifen. Dabei handelt es sich zunächst um instinktive Schutzreaktionen unseres sich entwickelnden frühkindlichen Selbst, um die (aus Sicht des Kindes) wahrgenommene Überforderungs- oder Bedrohungssituation bewältigen zu können. Für ein kleines Kind entspricht beispielsweise Nichtbeachtung vonseiten einer Bezugsperson tatsächlich einer existenziellen Bedrohung, da es biologisch vollständig von dem/der Betreffenden abhängig ist. Es wird also mit aller Kraft und allen ihm zur Verfügung stehenden Mitteln versuchen, die (lebens-) notwendige Aufmerksamkeit der Bezugsperson zurückzugewinnen.

Haben sich diese Schutzreaktionen (wiederum aus Sicht des Kindes) bewährt, werden sie immer wieder angewandt und verfestigen sich dadurch zu *erlernten Mustern*. Was für Kinder zum Teil überlebenswichtig war, stellt Erwachsene, insbesondere in der Intimität der Partnerschaft, vor die Aufgabe, diese erlernten Muster zu erkennen, zu überprüfen und neu zu gestalten. Fühlen wir uns durch den Partner in der erwachsenen Liebe bedroht, können diese *kindlichen* und entsprechend unreifen Bewältigungsstrategien, die das kindliche Selbst aus einer Not heraus und Ermangelung einer besseren, konstruktiveren Alternative angewandt hat, sekundenschnell aktiv werden. Ist für einen Säugling oder ein Kleinkind zum Beispiel Weinen und Schreien noch die einzige Möglichkeit, auf seine Not aufmerksam zu machen, stellt diese Reaktionsweise für einen erwachsenen Menschen eine wenig hilfreiche, sondern vielmehr destruktive Verhaltensweise dar.

Unser Selbst entwickelt sich seit unseren ersten Lebenstagen, nämlich sobald wir mit unseren Eltern oder anderen wichtigen Bezugspersonen in Beziehung treten. Und durch die Art und Weise, wie diese zu uns Beziehung aufnehmen, auf uns antworten, auf uns reagieren. In diesem Beziehungs- und Bindungsgefüge wächst, formt und bildet sich unser Selbst heraus und ist wesentlich dafür verantwortlich, welchen Bezug wir zu uns als Person und zu anderen Menschen haben. Die Fähigkeit, intime Beziehungen gesund und erfüllend leben zu können, hängt damit zusammen, wie liebevoll, wertschätzend und fördernd uns begegnet wurde. Diese frühen Beziehungserfahrungen formen unsere Liebeskompetenz.

Um das Verhalten des Paares in der oben geschilderten Situation zu verstehen, müssen wir in der Lebensgeschichte der beiden ein Stück zurückgehen.

*Marcels Geschichte:*
Als Marcel zwölf Jahre alt war, verließ der Vater von einem Tag auf den anderen die Familie. Ohne große Ankündigung. Dies war für den Rest der Familie (er hat noch einen Bruder und eine Schwester) ein Schock. Hintergrund der Trennungssituation war eine jüngere Frau, mit der der Vater nun zusammenlebte. Den Kontakt zu seiner Frau und den Kindern brach er ab. Die Mutter war mit dieser Situation vollkommen überfordert und versuchte alles, um ihre Kinder vor den Folgen dieser Trennung zu schützen. Ihr Hilfsmittel: Das plötzliche Verschwinden des Vaters wurde tabuisiert. Ihr Lebensprinzip wurde: Alles ist gut, alles muss gut sein. Auseinandersetzung mit dem erlebten Schock war nicht erlaubt und somit nicht möglich. Es durfte nie darüber gesprochen werden. Die Mutter war ab diesem Moment voller Angst, dass so etwas, wie ein erneutes plötzliches Verlassenwerden, noch einmal passieren könnte. Sie beobachtete ihre Kinder stets mit Argusaugen. Allen musste es gut gehen. Damit ja kein neues Unheil aufziehen könne.

Dieses dominierende Lebensprinzip der Mutter hat Marcel (unbewusst) als Leitmotiv für sein eigenes Leben und somit auch für die Liebe übernommen. Alles muss gut sein. Immer. Und so begegnet er an diesem Freitagabend seiner Frau. Mit sorgenvollem Blick, ihr Gesicht scannend, ob alles gut und in Ordnung sei. Ein solches Verhalten ist ihm zu einem Automatismus geworden.

*Rias Geschichte:*
Ria hingegen ist mit einer Mutter aufgewachsen (der Vater starb früh), die ein Geschäft führte. Das gesamte Leben war darauf ausgerichtet, sie wurde als Tochter diesem Betrieb einverleibt. Sie musste sich oft anhören, sie sei zu dünn, die Schuhe nicht hoch genug, die Miene zu angestrengt. Wichtig war die Außenwirkung in der Kleinstadt. Nicht die Seele des heranwachsenden Kindes wurde gespiegelt, sondern der geschäftsmäßige Blick der Mutter wurde zum inneren »Selbstbild«. In der Tiefe sehnt Ria sich aber danach, in ihrer Person, in ihrer Einzigartigkeit gesehen und geliebt zu werden. Immer wieder. So auch an diesem Abend, mit ihrem neuen Kleid, das ihr sehr gefällt. Und sie hofft und wünscht sich, dass ihr Mann darauf reagiert.

Letztendlich geht es Ria nicht um ihr Kleid, sondern um das Bedürfnis, genau angesehen und positiv beantwortet zu werden. Worte wie »Du bist schön«, »Du hast ein hübsches Kleid an«, »Du bist mein Sonnenschein«, »Du verzauberst mich« hat sie als kleines Mädchen kaum gehört. Und da sie solche Worte an diesem Abend wieder nicht hört, zieht sie sich gekränkt zurück.

So paradox das klingt: Da sitzen sich zwei erwachsene, kluge und erfolgreiche Menschen, die schon lange ein Paar sind, gegenüber und geraten in eine Situation, in der alte Muster ihres Selbst die Begegnung dominieren. Beide haben sich von diesem Abend etwas anderes erhofft. Beiden gelingt es nicht, aus ihrer »alten Haut« auszusteigen. Sie essen und reden, anschließend schweigen sie. Jeder hat ein distanziertes Gefühl zum anderen. Bei beiden baut sich ein Groll gegenüber dem Partner auf, der für das Scheitern dieses Abends verantwortlich gemacht wird.

Solche Alltagsbegegnungen von Paaren sind wie ein Nadelöhr. Besteht die Bereitschaft, die eigene Kränkbarkeit zu entlarven? Sind wir bereit, unsere Masken fallen zu lassen? Können wir über das sprechen, worum es eigentlich geht? Hier beginnt die Lernfähigkeit durch die Liebe zu greifen. Im Gespräch am nächsten Tag erkennen Ria und Marcel, was zu tun wäre. Statt in die erlernten und gewohnten Schutzreaktionen des Selbst zu verfallen, in diesem Fall ins Schweigen, gilt es für beide, sich darin zu üben, ihrer momentanen Wahrnehmung zu folgen und in den Austausch mit dem Partner zu treten. Beide spüren, wie schwer es ist, aus den alten Mustern auszusteigen. Zu üben heißt, sich im neuen, ungewohnten Selbstausdruck zu versuchen. So nimmt Ria sich vor, sich selbst besser zu vertreten, indem sie Marcel direkt auf etwas Neues hinweist, zum Beispiel mit »Wie gefällt dir mein neues Kleid?«. Marcel erkennt in diesem Gespräch noch einmal deutlicher seine Fixierung darauf, stets als Erstes zu überprüfen, ob es Ria gut geht, und seine damit verbundene Wahrnehmungseinschränkung und Sprachlosigkeit. Er nimmt sich vor, bei der nächsten Begegnung mit Ria seinen scannenden Blick bewusst zu unterlassen, um Worte zu finden wie »Du siehst heute sehr gut aus« oder »Mein Herz klopft, wenn ich dich anschaue« oder aber auch »Du bist so still. Was ist los mit dir?«.

Damit sich unsere Persönlichkeit gut entwickelt, brauchen wir viel Unterstützung von außen. Wir benötigen Spiegelung und Empathie, Ermutigung und Anerkennung, um unser Selbst zu stabilisieren. Die größte Herausforderung stellt hier für Erwachsene die partnerschaftliche Liebe dar. Die Intimität in der Paarbeziehung hat direkten Einfluss auf unsere Selbstliebe und unseren Selbstwert.

Die Liebe der Partner beantwortet jeden in der Ganzheit seiner Person – sie kann beflügeln, sie kann uns stärken in unserem Selbsterleben, in unserer Tatkraft und Kreativität. Die Kehrseite: In Konflikt- und Krisenzeiten kann sie im negativen und destruktiven Sinn beeinflussen, sie kann zutiefst verletzen und zerstören. Hier entscheidet sich, wie sicher und stabil jeder Einzelne in seinem Selbst ruht. Je besser sich jeder Einzelne in seinem Selbst kennt, je besser kann er sein Selbst, seine Gefühle und sein Verhalten regulieren.

## Die Fähigkeit, die eigenen Gefühle zu steuern – Selbstregulation (I)

Partnerschaftlicher Streit kann eskalieren. Türen werden geschlagen, Geschirr fliegt, Schreien, manchmal auch eine Tätlichkeit. Rückblickend wird das oft damit beschrieben, dass einer der Partner oder auch beide die »Selbstbeherrschung« verloren habe oder »die Sicherung durchgebrannt« sei. Mit diesen umgangssprachlichen Formulierungen wird eine weitere wichtige psychische Funktion unseres Selbst angedeutet: die Fähigkeit zur Selbstregulation.

Die englischen Forscher Fonagay und Target haben in ihren Untersuchungen zum Bindungsverhalten zwischen Kindern und deren Müttern bzw. Vätern herausgearbeitet, wie bedeutsam es für die psychische Gesundheit ist, zu lernen, das eigene Selbst zu regulieren.[30] Wir benötigen diese Regulationsfähigkeit, wenn wir Stresssituationen und starke Gefühle steuern müssen, aber auch, wenn wir wissen wollen, wer wir wirklich sind. Fragen wären hier: Wer bin ich, und wer bin ich nicht? Wo erlebe ich mich mit mir zufrieden und authentisch und wo nicht? Wie reagiere ich in Stresssituationen? Wie, wenn ich mich gekränkt, beschämt, nicht beachtet oder nicht verstanden fühle? Wie kann ich Gefühlsreaktionen wie Zorn, Wut, Niedergeschlagenheit, Hoffnungslosigkeit steuern und ihnen nicht hilflos ausgeliefert sein?

Die Fähigkeit zur Regulation unseres Selbst lernen wir in Resonanz mit unseren wichtigsten Bezugspersonen in der Kindheit.

Resonanz ist ein Antwortgeschehen. Wenn das Kind weint und der Vater wiegt es und spricht tröstende Worte, erfährt sich das Kind bestätigt und gesehen in seinen eigenen Gefühlen. Wenn das Kind lacht und sich freut und die Mutter lacht mit, wenn es Hunger hat und es bekommt die Nahrung, die es braucht, wenn es müde ist und die Ruhe bekommt, die es benötigt – dann erfährt sich das Kind in seinen Bedürfnissen und Gefühlen »gespiegelt«: »Unter Spiegelung verstehen wir die zutreffende Resonanz, also die bestätigende Resonanz auf Gefühlszustände, die dem Kind vermitteln, dass es mit seinen Gefühlen beim anderen anerkannt wird, gehalten wird und dass diese Gefühle ihre Berechtigung haben.«[31]

Das Kind erfährt sich gleichzeitig selbstwirksam. In diesem resonanten Antwortgeschehen entwickelt das Kind Vertrauen zum eigenen Gefühlserleben. Die Übereinstimmung von äußerer Bestätigung und innerem Gefühlsaufruhr, der beruhigt und befriedet wird, wird als Selbstwirksamkeit erfahren. Dies wird zur Grundlage für die Ausbildung unserer Fähigkeit, unsere Gefühle und in einem erweiterten Sinne uns selbst regulieren zu können.

*Beispiel: Das Kind auf dem Spielplatz*

Ein Spielplatz. Ein Kind spielt, der Vater sitzt lesend auf einer Bank. Das Kind fällt und schürft sich das Knie auf. Steht das Kind in guter Verbindung zu seinem Vater, wendet es sich in seinem Schmerz ihm zu, weil es weiß, dort Beachtung und Trost zu finden. Wenn der Vater es dann auf den Arm nimmt und sagt: »Oh, das tut sicherlich weh, komm her, ich puste, damit der Schmerz schneller verschwindet« – dann lernt das Kind im hier wirksamen Resonanzfeld mit dem Vater, dass der Schmerz seine Berechtigung hat. Das Kind weiß, dass der Vater weiß, dass das Hinfallen auf den Boden wehtut und Schmerz verursacht. Es fühlt sich in seiner Gefühlswahrnehmung bestätigt. Gleichzeitig spürt das Kind, dass der Vater nicht mit Panik und Schrecken reagiert, sondern ruhig und besonnen bleibt. Diese Erfahrung hilft dem Kind zu lernen, dass diese Art von Schmerz etwas »Normales« ist. Über die Ruhe des Vaters lernt das Kind sich selbst zu beruhigen. Die Fremdregulation durch den Vater wird zur verinnerlichten Selbstregulation des Kindes. Dieses Kind lernt zweierlei:

Einerseits wird es in seiner Fähigkeit gefördert, Gefühle von Schmerz selbst regulieren zu können.

Zum anderen lernt es, dass Gefühle eine positive Beantwortung im

Außen erfahren, und wird so in seiner Fähigkeit sich anzuvertrauen sowie sich Hilfe und Unterstützung zu holen gestärkt.

Hat es aber die Erfahrung gemacht, dass der Vater auf Schmerz gar nicht reagiert oder sich ärgert und zu schimpfen beginnt, wird das Kind versuchen, den Schmerz zu unterdrücken, die Tränen ohne Laut fließen zu lassen oder so tun, als wäre nichts geschehen. Hier hat sich schon eine Form von ungesunder Selbstregulation entwickelt, die darauf abzielt, Gefühle weitgehend zu unterdrücken und zu verbergen, diese nicht zu teilen und keine Hilfe und Unterstützung einzufordern.

Wenn eine Mutter oder ein Vater, um im Beispiel zu bleiben, selbst unsicher ist, sich für das Verhalten des Kindes schämt oder zu viel Angst hat, dem Kind könne etwas passieren, beeinflusst diese Haltung auch die Wahrnehmung des Kindes. Findet der Schmerz keine bestätigende Wahrnehmung und Beruhigung im Außen, fühlt sich das Kind im extremsten Fall als »falsch«, also nicht so, wie es sein sollte.

Die Bewältigungsmöglichkeiten sind vielfältig und kreativ. Das vertrauensvolle Miteinander wird allerdings eingeschränkt.

*Beispiel: Im Wartezimmer*

Eine Mutter hält sich im Wartezimmer einer Arztpraxis mit ihrem dreijährigen Kind auf. Die Mutter schränkt ihr Kind bei fast allem ein: »Nein, das darfst du nicht anfassen!« »Setz dich wieder hin!« »Was machst du jetzt schon wieder!« »Siehst du, das hast du davon!« »Das macht man nicht!« Das Kind erlahmt zunehmend und sitzt schließlich ganz starr und bewegungslos auf dem Stuhl neben der Mutter.

Versuchen Sie sich einmal in die Situation dieses Kindes hineinzuversetzen. Was geht in diesem Kind vor? Was fühlt dieses Kind in diesem Moment und welches Bild von sich selbst bekommt es vermittelt?

Sich selbst und seine Gefühle gut regulieren zu können, gelingt umso besser, je umfassender die sogenannte »Mentalisierung«[32] ausgebildet wird. Vereinfacht ausgedrückt bedeutet dies, dass Kinder ungefähr ab dem vierten Lebensjahr zu »lesen« lernen, was in den »Köpfen« des Gegenübers vorgeht. Sich in den anderen hineinversetzen können, eine Ahnung davon zu haben, was die Gefühle und Wünsche meines Gegenübers sind, ist eine wesentliche Voraussetzung dazu, auch mich selbst distanzierend in den Blick nehmen zu können.

Das Kind im Wartezimmer ist in einem Alter, in dem sich diese »Mentalisierungsfunktion« allmählich entwickelt. Das Kind möchte einfach die Welt erkunden und wird durch die Mutter massiv eingeschränkt. Das Kind will seiner Neugier, dem Interesse an seiner Umgebung und seinem Spieltrieb nachgehen, darf das aber nicht. Im Wartezimmer gibt das Kind schließlich auf, erlahmt, passt sich an.

Es kann noch nicht die Hintergründe des Verhaltens der Mutter verstehen. Es kann nicht nachvollziehen, weshalb die Mutter angespannt und nervös ist. Ein Jahr später wird das Kind gelernt haben, dass die Spielsituation zu Hause sich von der Spielsituation in einem Wartezimmer unterscheidet. Auch dadurch, dass es die Erwartungshaltung der Mutter in diesem Fall besser »lesen« kann. So kann es dem Kind gelingen, weiterhin seiner Vitalität des Spielens zu folgen und gleichzeitig sein vielleicht zu lautes oder wildes Spielverhalten zu regulieren.

Partnerschaftliche Liebe braucht den distanzierenden Blick auf sich selbst, braucht Selbstkritik und Selbsterkenntnis. Und sie benötigt das Verstehen und Nachvollziehen von Gefühlen, Einstellungen und Haltungen des Gegenübers als Grundlage für Mitgefühl, Du-Erkenntnis, für Veränderung, für Verzeihen und Versöhnen.

*Paarbeispiel: Der verstellte Wäschekorb*

Claudia beschreibt, dass sie sich über sich selbst wundere, weil sie manchmal bei ganz banalen Handlungen ihres Mannes Benjamin in unbändige, kaum zu kontrollierende Wut gerate. Und dass diese Wut dann sehr heftig aus ihr herausplatze. Es sei zum Beispiel schon mehrmals vorgekommen, dass sie einen Wäschekorb für die Putzhilfe auf den Küchentisch stelle, damit diese die Wäsche bügle. Sie gehe dann zur Arbeit. Benjamin, der den Korb auf dem Küchentisch sehe, trage diesen wieder in den Waschraum zurück. So komme sie zurück und die Wäsche sei nicht gebügelt.

Claudia erkennt, dass die sich in diesem Moment einstellende Wut unverhältnismäßig groß ist. Dass Claudia so stark reagiert, hat zum einen damit zu tun, dass Benjamin, trotz wiederholter Hinweise, bisher nicht verstanden hat, weshalb der Wäschekorb auf dem Küchentisch steht. Der Ärger, der sich in Claudia über ihren Mann aufbaut, ist nachvollziehbar. Dass sie diesen Ärger Benjamin spüren lässt und mit ihm das Gespräch darüber sucht, dass er zukünftig den Wäschekorb für die Putzhilfe auf dem Küchentisch stehen lässt, wäre eine gute und adäquate Lösung.

Warum sie jedoch so extrem heftig reagiert, überrascht Claudia allerdings selbst. Die aufsteigende Wut kann sie im Moment des Anblicks der ungebügelten Wäsche nicht regulieren. Sie bricht aus ihr heraus, schimpfend, tobend, beleidigend. Claudia möchte wissen, weshalb dies so ist und wie sie lernen kann, sich selbst besser zu regulieren. Rückblickend schäme sie sich für diese Wutausbrüche, da diese doch gar nicht ihrem eigenen Bild von sich selbst entsprechen.

Was steckt hinter der Heftigkeit dieser Kränkungsreaktion? Welche Erfahrungen in Claudias Entwicklungsgeschichte haben dazu geführt, dass sie nicht lernen konnte, solche impulsiven Gefühlsausbrüche zu steuern? Claudia berichtet, dass es in ihrer Kindheit viele Situationen gab, in denen sie sich nicht anerkannt, gesehen und beachtet gefühlt habe. Sie habe sich oft sehr alleine gefühlt. Ihre Mutter habe ihr erzählt, dass sie ein sehr jähzorniges Kind gewesen sei. Sie habe sich auf den Boden geworfen und mit ihren Kinderfäusten auf den Boden getrommelt. Die Reaktion der Mutter sei es gewesen, sie toben zu lassen, da jeder Tobsuchtsanfall ja irgendwann mal zu Ende sei. An das Gefühl des Alleinseins kann sich Claudia erinnern, an ihre Wutanfälle nicht. Ihre Mutter, so ist zu vermuten, war in diesen Situationen mit dem tobenden Kind überfordert und hilflos. Statt die kleine Claudia in den Arm zu nehmen, sie zu halten und zu versuchen, sie zu beruhigen, hat sie das Kind seiner Wut überlassen. Die seelische Verletzung, die Claudia seit dieser Zeit in sich trägt, ist ein Empfinden von nicht gesehen und nicht beachtet zu werden. Der Korb nicht gebügelter Wäsche, der symbolisch für dieses innere Grundempfinden der Nichtbeachtung steht, löst eine Reaktionskette aus, die auch für die erwachsene Claudia in diesem Moment nicht zu steuern ist.

Erfahrungen aus der Kindheit, die unsere Fähigkeit zur Selbstregulation beeinträchtigt haben, können durch neue Resonanzerfahrungen positiv verändert werden. Die Chance dazu liegt in der Intimität der aktuellen Partnerschaft. Obwohl Claudias Partner der Auslöser für ihre Wutreaktion ist, stellt er gleichzeitig die große Chance zur Veränderung dar.

Claudia benötigt im intimen Austausch mit ihrem Partner neue, stärkende Resonanzerfahrungen. Der Schritt ist nicht einfach. Er besteht darin, dass sich Claudia mit diesem verletzten Teil ihres Selbst Benjamin zuwendet. Für den Partner besteht die Aufgabe darin, in eine verstehende und mitfühlende Haltung zu kommen.

Claudia lernt, ihr inneres Kind zu betrachten. Aus der erwachsenen Position von heute schaut sie auf die kleine Claudia von damals. Ihr Partner Benjamin ist anwesend und erlebt diesen Prozess mit. Er entdeckt gemeinsam mit Claudia, wie unverstanden und nicht wahrgenommen sie sich damals fühlte. Claudia findet für ihr inneres Kind beruhigende und anerkennende Worte: »Da ist sie wieder, die kleine Claudia. Damals hatte sie keine Chance, sich anders verständlich zu machen. Sie war zu klein und zu allein damit. Jetzt ist die große, erwachsene Claudia da. Heute kann ich bewirken, dass mich jemand hört und versteht.« Sie blickt zu ihrem Partner. Dieser nimmt sie in den Arm, streicht ihr liebevoll über den Kopf und bestätigt ihr, dass er sehe und verstehe, wie schrecklich das damals für sie gewesen sein muss. Gleichzeitig gesteht er ihr, dass er vergessen habe, weshalb der Wäschekorb auf dem Küchentisch gestanden habe. Er sehe jetzt, was er dadurch ausgelöst habe, und das tue ihm leid.

In diesem Prozess passieren zwei wichtige Dinge. Einerseits erlebt Claudia durch die Reaktion ihres Partners eine Resonanzerfahrung, das heißt, er geht einfühlsam auf das ein, was ihr verletztes Selbst berührt. Der liebende Blick von Benjamin durchdringt die Wut und erreicht die verborgene Bedürftigkeit von Claudia. Sie erfährt in diesem Moment Anerkennung und Bestätigung ihres Erlebens. Inneres Erleben und äußere Bestätigung verbinden sich. Claudia weiß und fühlt nun, dass Benjamin sie auch jenseits ihrer aufflammenden Wut wahrnehmen und achten kann. Dies stärkt Claudia in ihrem Selbst.

Andererseits weiß Claudia, dass diese Wutausbrüche erneut passieren können. Das einmalige Erleben des geschilderten Prozesses verändert nicht gleich grundlegend alles. Claudias Aufgabe besteht darin, Sätze und Übungen zur Selbstberuhigung zu finden, anhand deren sie in den Momenten der Wut sich selbst regulieren kann. So helfen ihr zum Beispiel Sätze zur Selbstberuhigung, die sie an die »kleine Claudia« richtet. Sie stellt sich die »kleine Claudia« vor und spricht zu ihr: »Es ist alles gut«, »ich bin für dich da«, »ich passe auf dich auf«, »ich bringe dich gleich an die frische Luft«, »ich mache nachher eine gute Übung mit dir«. Gleichzeitig ist es ihr wichtig, auch nach Abklingen der Wut die ganze Situation gemeinsam mit Benjamin zu reflektieren.

### Übung zur Selbstberuhigung

Lassen Sie in sich ein Bild des kleinen Mädchens, des kleinen Jungen, der Sie einmal waren, aufsteigen. So deutlich wie möglich – ein Bild, das Sie berührt, das Sie innerlich bewegt – so war ich als kleines Mädchen, so war ich als kleiner Junge. Dann beginnen Sie mit diesem kleinen Mädchen, diesem kleinen Jungen zu sprechen – liebevoll, sorgend, unterstützend, schützend, tröstend. Verankern Sie dieses Bild und diese Worte, die Sie gefunden haben, in sich. Und probieren Sie in den Momenten, in denen Sie wissen, dass sich jetzt das »verletzte innere Kind« meldet, dieses Bild und diese Worte zur Selbstberuhigung zu nutzen.

*Weitere Übungen zur Selbstberuhigung*
Hier finden Sie einige Übungen, die nicht viel Vorbereitung brauchen und die Sie jederzeit anwenden können.

*Atemübungen:* Schließen Sie die Augen und konzentrieren Sie sich auf das Ein- und Ausatmen. Zur Unterstützung können Sie die Atemzüge mitzählen. Fünf bewusste Atemzüge können bereits zur Selbstberuhigung beitragen. Versuchen Sie dabei, tief in den Bauch zu atmen, indem Sie doppelt so lange ausatmen wie einatmen.

*Muskuläre Entspannung:* Ballen Sie die Hände zu Fäusten und halten Sie diese Anspannung 20 Sekunden. Zur Unterstützung können Sie mitzählen. Dann entspannen Sie die Hände und spüren Sie dem Entspannungsgefühl nach.

*Ruheworte:* Suchen Sie nach einem individuellen Ruhewort wie z. B. Sonne, Meer, Berge, Schnee oder wie leicht, frei, schwerelos – dann spannen Sie den gesamten Körper an, winkeln Sie die Arme an, ballen Sie die Fäuste, ziehen Sie die Schultern hoch, spannen Sie den Po an, drücken Sie die Fersen fest auf den Boden. Koppeln Sie diese Übung mit der Atmung.

Beim Einatmen wie beschrieben den ganzen Körper anspannen, beim Ausatmen die Spannung loslassen und das Ruhewort innerlich oder auch laut aussprechen. Sie können diese Übung mehrmals wiederholen.

## Das Modell des »verletzten inneren Kindes«

Wie lernen wir Liebe? Welche Erfahrungen beeinflussen die Entwicklung unseres Selbst? Welche positiven, aber auch destruktiven Liebesmuster werden in der Intimität unserer Partnerschaften aktiviert?

Wir werden als Kinder in eine Welt geboren, in der auch die Liebe durch die Gesellschaft geprägt ist. Eltern heute leben in einer leistungsbezogenen, medial geformten Welt, deren Einflüssen sie sich, ob sie wollen oder nicht, nicht entziehen können. Das betrifft das bewusste oder unbewusste Verhalten von Eltern, die Art und Weise, wie sie ihre Liebe an die Kinder weitergeben.

So galt zum Beispiel in den Jahren nach dem Zweiten Weltkrieg in den westlichen Ländern das Stillen eines Säuglings nach genau festgelegten Zeiten als das gängige Erziehungsideal. Kinder sollten nicht »verweichlicht« werden. Also ließ man sie schreien. Zudem galt das Erziehungsprinzip des Gehorsams. Schläge wurden als gängiges Erziehungsmittel eingesetzt, sie hätten »noch niemandem geschadet«, war die landläufige Meinung der sogenannten »schwarzen Pädagogik«. Ab den späten 60er-Jahren veränderte sich das Beziehungsgefüge zwischen Eltern und Kindern von der Respekts- zur Vertrauensbeziehung. Die typische patriarchalische Ordnung, die Hierarchisierung von Alt gegenüber Jung löste sich allmählich auf. Heute steht das Kind stärker im Mittelpunkt der Familie. Gemeinsam wird eher verhandelt und diskutiert.

Als Kinder lernen wir die Grundlage der Liebe durch die Liebeskompetenz unserer wichtigsten Bezugspersonen. Die Liebe der Eltern formt und beeinflusst die Entwicklung unseres Selbst und damit auch unsere ganz individuelle Fähigkeit, Liebe zu leben und gestalten zu können.

Aus der Fähigkeit zur Selbst- und Partnerliebe des Einzelnen entsteht auch die partnerschaftliche Liebeskompetenz. Erleben wir uns hier stark und sicher, so können wir davon ausgehen, dass wir in unserer Entwicklung ausreichend »Nahrung« erhalten haben, um unsere Liebe zu uns selbst und zu unserem Partner sicher und fördernd zu gestalten.

Einschränkungen in unserer Liebesfähigkeit entstehen aus früherer verletzter Liebe. Liebesmangel, Liebesdefizite, Liebestraumata schwächen das Selbst in der Form, dass es in der partnerschaftlichen Liebe ausschließlich sich selbst zum Maßstab »richtiger« Liebe erklärt oder in der Anpassung an den Partner verschwindet. Es bleibt in seiner Beziehungsfähigkeit somit auf der Entwicklungsstufe des Kindes stehen, das diese Defizite erlitten hat, da ihm die nötigen positiven Resonanzerfahrungen fehlen, um sich zu einem reiferen, sicheren und erwachsenen Selbst weiterzuentwickeln.

Im Kern entscheiden unsere Selbstsicherheit, unser Selbstwert, unsere Selbstliebe über unsere partnerschaftliche Liebeskompetenz. Wenn wir uns unser geschwächtes Selbst bildhaft und liebevoll wie ein »Kind« vorstellen, so bekommen wir eine Ahnung davon, welche Spuren erlebte Liebesdefizite vielleicht bei diesem »Kind« hinterlassen haben. Je nachdem, wie gravierend diese Einwirkungen waren und welche Schutzmechanismen den Schaden nicht verhindern konnten, wird dieses »innere Kind« zu einem *»verletzten* inneren Kind«. Wenn Claudia im vorangegangenen Beispiel selbstberuhigend mit der »kleinen Claudia« spricht, dann ist mit dieser »kleinen Claudia« ihr »verletztes inneres Kind« gemeint.

Wie kommt es zu diesem verletzten inneren Kind? In den meisten Fällen handelt es sich um seelische Folgeschäden aus der Kindheit. Je früher Verletzungen auftreten, umso stärker sind die Folgen. Als Ursachen nennen Fachleute: frühkindliche Erfahrungen von Verlassenheit, Trennung, Nicht-beachtet-Werden, zu früher Übernahme von zu großer Verantwortung, Missbrauch und Gewalt – all dies hinterlässt seelische Wunden, vergleichbar einem Abszess.[33]

Heute tendieren Eltern oft dazu, ihre Kinder übermäßig zu behüten. Doch auch dies hat Folgen. Auch hier wird die kindliche Seele beeinträchtigt, vielleicht subtiler, aber dennoch nachhaltig. Denn diese Kinder haben es schwer, Selbstwirksamkeit zu erfahren und autonom zu werden. Wenn Eltern keine Grenzen setzen, kann ein Kind nicht sein wirkliches Leistungsvermögen erfahren, es kann nur schwer Kritik annehmen und sich selbstkritisch betrachten.

Überbehütende Eltern meinen immer sich selbst. Das Kind mit seinen Fähigkeiten wird zum Bestandteil des Selbst der Eltern. Eine schlechte Schulnote des Kindes (manchmal sogar schon eine Zwei statt einer Eins) nach stundenlangen gemeinsamen Hausaufgaben mit dem Kind wird zur Selbstkränkung der Eltern. Das Kind spürt diese Kränkung der Eltern und strengt sich daraufhin noch mehr an. Für die Eltern, nicht für sich selbst. Diese Kinder werden in einem Abhängigkeitsgeflecht gehalten. Sie haben Schwierigkeiten, ihre eigenen Grenzen zu finden und zu erkennen.

So kann es sein, dass ein Kind sich zu sehr mit dem Blick seiner Eltern betrachtet. Dieses Selbstbild verfestigt sich, wird zunehmend verinnerlicht. Dies kann zu folgenden beeinträchtigenden inneren Bildern seiner selbst führen: etwa zu »ich bin nicht richtig«, »ich bin falsch«, »ich bin ungenügend«, »ich mache nichts richtig«, »mich mag eh niemand«, »ich bin schuld«.

Auch mächtige Gefühle wie Angst, Scham, Schuld und Einsamkeit können dabei aufgewühlt werden. Diese Gefühle bedrängen das Kind, müssen irgendwie bewältigt werden. Das kann durch Aggression und Wut nach außen geschehen oder durch Verdrängung wie Abspaltung und Verleugnung nach innen, insbesondere Anpassungsleistungen wie »brav und fleißig zu sein« sind eine Form des Ausdrucks dieses Dilemmas.

Auch der Körper kann zum Symptomträger dieser frühen Verletzungen werden, durch unmäßiges Essen, durch ständige Diäten oder (Ver-)Hungern, durch Stählung des Körpers mit Extremsport als Schutzpanzer, durch späteres promiskuitives Verhalten, übermäßiges sexuelles Verlangen oder sexuelle Lustlosigkeit.

Um es ganz deutlich zu sagen: Die Folgen von Vernachlässigung, Alleinlassen, Überforderung, Überbehütung in der Entwicklung des Kindes, von Ablehnung und Missbrauch durch Menschen, von denen das Kind sich berechtigterweise Liebe erhoffte, hinterlassen traumaähnliche Spuren – insbesondere in Bezug auf die Liebesfähigkeit als Erwachsener. Solche frühen Verletzungen graben sich tief ins Gewebe der gesamten Persönlichkeit ein. Diese »verletzten inneren Kinder« werden zu Lebensbegleitern und zeigen sich in der Beziehungsgestaltung.[34]

Die bildhafte Vorstellung eines verletzten inneren Kindes kann Erwachsenen helfen, Kontakt zu den bis heute spürbaren Folgewirkungen mangelnder Liebe herzustellen. Sie hilft Paaren vor allem dabei, die in Streit und Konflikten so heftigen Gefühle besser einordnen zu können. Denn gerade im Streit mit unserem Partner werden die verletzten inneren Kinder lebendig, das defizitäre Selbstgefühl wird in diesem Moment aktiviert.

*Paarbeispiel: Angst, auf der Strecke zu bleiben*
Philipp (52) und Anastasia (46) sind seit acht Jahren ein Paar, haben einen gemeinsamen Sohn (8) und sind eine Patchworkfamilie, zwei Kinder aus Anastasias früherer Beziehung (13 und 14 Jahre alt) leben mit ihnen.

Anastasia erzählt Philipp voller Freude und ganz euphorisch, dass sie sich entschieden habe, zusätzlich zu ihrem Job in einer Personalabteilung, eine weitere attraktive befristete Stelle anzunehmen. Dies sei eine einmalige Chance. Außerdem habe sie sich einen Platz für eine Ausbildung zur Mediatorin reservieren lassen.

Philipp kann ihre Begeisterung nicht teilen. Er reagiert unwillig und ablehnend. Er führt an, dass ihr doch jetzt schon alles zu viel sei. Zwei Jobs und drei Kinder. Er erinnert Anastasia daran, dass sie oft erschöpft und müde sei. Nach einigem Hin und Her bietet Anastasia an, mit der Mediationsausbildung ein halbes Jahr später zu beginnen.

In einer Therapiesitzung berichtet Anastasia, dass sich ihre Beziehung gerade lau anfühlen würde, dass sie miteinander »herumeiern« würden, sie aber nicht genau wisse, was der Grund dafür sei. Philipp bezieht sich auf seine Einwände zu Anastasias Zukunftsplänen.

Philipp: »Ich habe Sorge, das nicht zu schaffen. Es ist für mich zu viel. Wir sind ein System, und wenn einer von uns mehr macht, muss der andere das ausgleichen. Auch habe ich Angst, auf der Strecke zu bleiben, dass du dein Ding durchziehst und ich zurückbleibe. Das kenne ich aus früheren Beziehungen.«

Anastasia: »Ich bin nicht deine früheren Beziehungen. Immer wieder tauchen diese Frauen von früher auf – diese Woche sogar real. Eine Ex hat ihn angerufen, weil sie nach Südamerika reist und von seinen Reiseerfahrungen wissen wollte.«

Philipp: »Da läuft doch nichts! Ich kann doch wohl meine Reiseerfahrungen weitergeben, was ist daran auszusetzen?«

Ein typisches Streitszenario. So könnte es endlos weitergehen, ohne dass sich etwas klärt. Anastasias Pläne haben in Philipp etwas ausgelöst, was er bisher noch nicht richtig zum Ausdruck bringen konnte.

Da wir wissen, wie Philipp aufgewachsen ist, greifen wir auf seine Aussage »Ich habe Angst, auf der Strecke zu bleiben« zurück und bitten ihn, die hier angesprochene Angst vor dem Hintergrund seiner Lebensgeschichte noch einmal zu prüfen.

Philipps Lebensgeschichte ist eng mit den Folgen des Krieges verbunden. Er berichtet: »Meine zwei Omas und meine Mutter passten auf uns Kinder auf. Meine Opas habe ich nie kennengelernt.« Der Großvater väterlicherseits wurde im Krieg erschossen. Er wurde von russischen Soldaten zusammen mit anderen Männern des Dorfes in ein nahes Wäldchen geführt und dort hingerichtet. Philipps Vater sei damals zehn Jahre alt gewesen. Der andere Großvater war vor Philipps Geburt an einem Gehirntumor gestorben. Philipps Vater war von Pommern nach Deutschland geflüchtet. Philipps Mutter wurde zusammen mit ihren Eltern ebenfalls aus Pommern vertrieben. In Deutschland haben sie sich kennengelernt.

Philipps Kindheitserinnerungen sind durch das Alkoholproblem seines Vaters und dem anhaltenden Streit der Eltern bestimmt. »Mama und Papa stritten oft. Meist in der Küche. Ich saß dann auf der Treppe und konnte nicht schlafen. Irgendwann rannte ich hinunter, wenn ich es nicht mehr aushalten konnte, und ging dazwischen. Ich hatte das Gefühl, meine Mutter vor meinem Vater beschützen zu müssen. Auch wir Kinder stritten uns viel. Papa trank nicht ständig, aber wenn er trank, wurde er aggressiv und alle hatten Angst vor ihm. Er versteckte dann den Alkohol und trank heimlich in seiner Werkstatt oder in der Garage. Wenn er sehr betrunken war, nahmen wir ihm den Alkohol weg. Einmal, ist mir in Erinnerung, wurde er auch gegenüber seiner eigenen Mutter handgreiflich. Das war schlimm, denn sie war da schon sehr alt gewesen.«

Philipp berichtet weiter: »Das Haus wurde immer größer. Die Autos, die mein Vater fuhr, auch. Irgendwann fuhren wir Mercedes. Der Status war wichtig für die Nachkriegsgeneration. Man hatte es zu etwas gebracht. Meine Mutter bekam oft Migräne.

Sechs Wochen vor meinem elften Geburtstag ging ich morgens in die Schule, da lag meine Mutter im Wohnzimmer auf der Couch. Das war das letzte Mal, dass ich sie lebend gesehen habe. Sie wurde ins Krankenhaus gebracht. Es ging ihr sehr schlecht. Als ich von der Schule nach Hause kam, sagte Oma, dass Mama im Sterben liegen würde. Es war so ungeheuerlich und es bedrohte mich in meinem Innersten.

Ich verdunkelte das Wohnzimmer und betete zum lieben Gott, dass er meine Mutter wieder gesund machen solle. Meine Mutter verstarb um 15.30 Uhr an einem Gehirntumor.

Mir wurde als Kind bewusst, dass ich ab jetzt stark sein musste und dass die Kindheit als solche vorbei war. Ich weinte nicht mehr, nicht am Grab meiner Mutter und auch nicht die Jahre danach. Papa trank vermehrt, war kaum in der Lage zur Arbeit zu gehen, rastete ständig aus, wollte sich umbringen, fuchtelte mit einem langen Küchenmesser vor uns herum und drohte damit, sich selbst zu töten.«

Philipps Kindheit ist voller traumatisierender Erfahrungen. Sucht und Gewalt aufseiten des Vaters, anhaltender Streit der Eltern, der ihn schon als kleiner Junge veranlasst hat, die Mutter gegenüber dem Vater zu schützen. Dann auch noch der plötzliche frühe Tod der Mutter. All diese Erlebnisse und Beziehungserfahrungen musste die Kinderseele verarbeiten.

Philipp wurde nach außen hin erfolgreich, er hat einen Beruf, der ihn erfüllt, und er ist stolz auf Anastasia und seine Familie. In der Intimität der Partnerschaft mit Anastasia wird allerdings auch die bisher gut verborgene und geschützte Seite seines Selbst wach. Der »kleine Philipp«, das »verletzte innere Kind« meldet sich. Anastasias Pläne aktivieren in Philipp eine bisher verkapselte Angst, nämlich die Angst, »auf der Strecke zu bleiben«.

In der Therapiesitzung sprechen wir über diesen kleinen Jungen, über die Erlebnisse von damals, über all die Schrecken, die der kleine Philipp erfahren hat und wie sich in ihm ein Lebensgefühl abgespeichert haben könnte, das heißt: »auf der Strecke zu bleiben«.

Philipp beginnt zu weinen. Nun bitten wir ihn, Anastasia zu sich auf das Sofa zu holen, ihre Hand zu nehmen und ihr mitzuteilen, was ihre Äußerung zu ihren Plänen an Gefühlen in ihm ausgelöst habe. Das ist für Philipp keine leichte Aufgabe. Über seine Gefühle zu sprechen, seine Ängste, seine Trauer, all das hatte er sich als kleiner Junge abgewöhnt. Es ist im Grunde eine doppelte Aufgabe. Denn es geht für ihn jetzt darum, als Erwachsener einen erneuten Weg zu diesem »kleinen Philipp« von damals zu bahnen und sich gleichzeitig damit Anastasia anzuvertrauen.

Die Chance besteht darin, dass Philipp nun durch Anastasia eine neue Resonanzerfahrung erleben kann. Das Selbst des kleinen Philipp musste sich vor all den traumatisierenden Erlebnissen und der damit verbundenen Stress- und Gefühlsintensität schützen. Das war überlebensnotwendig. Damals gab es niemanden, der ihn in der Bewältigung seines inneren Erlebens unterstützte, dem er sich hätte anvertrauen können, der ihn liebevoll beantwortete. Philipp war auf sich alleine gestellt. Alle bedrohlichen Gefühle wurden in einem inneren Schutzbunker gut verstaut.

Und noch etwas gilt es für Philipp zu überwinden: sich nämlich der Person anzuvertrauen, die doch scheinbar Auslöser für all dies ist. Dies zu entkoppeln ist eine große Herausforderung. So erklären wir Philipp: »Anastasia wirkt mit ihren Zukunftsplänen wie ein Trigger für dich. Ihre Pläne lösen diese starken Gefühle in dir aus. Doch für das Ausmaß deiner Gefühle trägt Anastasia nicht die Verantwortung, denn dies liegt in deiner Kindheitsgeschichte begründet.«

Genau dies passiert in partnerschaftlichen Konfliktverstrickungen häufig. Wir treffen im Streit bei unseren Partnern unbewusst deren verwundetes Selbst, das verletzte innere Kind. Da der Partner diesen frühen Schmerz in uns wieder auslöst, besteht die erste Reaktion darin, auch diesen dafür verantwortlich zu machen: »Nur wegen dir …«, »Du bist doch an allem schuld …«, »Hättest du nicht …«. Um diese Konfliktverstrickung aufzulösen, benötigen wir die Fähigkeit, uns selbst in den Blick zu nehmen und zu erkennen, dass die ausgelöste Gefühlsintensität auch mit uns selbst zu tun hat. In der Intimität des aktuellen Streites werden in uns Gefühle wachgerufen, die in der Intimität früherer Beziehungserfahrungen angelegt wurden. Schmerzhafte, angstbesetzte und schamvolle Gefühle sind in unseren inneren Kindern abgelegt und können in den Kämpfen der erwachsenen Partner reaktiviert werden.

Philipps und Anastasias Chance besteht nun darin, in diesem Moment, in dem sich das verletzte innere Kind von Philipp zeigt, ein Resonanzfeld zu schaffen, das beiden eine neue partnerschaftliche Selbst- und Du-Erfahrung ermöglicht.

So bitten wir Philipp und Anastasia, die nun nebeneinander auf der Couch in unserem Praxisraum sitzen, den Augenkontakt zu halten. Philipp zeigt sich Anastasia mit seiner Angst, mit diesem verkapselten Gefühl, das der »kleine Philipp« in seinem inneren Schutzbunker bisher gut verstaut hatte. Anastasia ist durch die Geschichte von Philipp, die in diesem Moment in ihrer ganzen Gefühlstragik zum Ausdruck kommt, sehr berührt. Dies »spiegelt« sich in ihren Augen, die Philipp voller Mitgefühl anblicken. Philipp entdeckt dieses Mitgefühl in Anastasias Augen, kann aber nicht glauben, dass er dies durch das Offenlegen des verletzten Anteils seines Selbst ausgelöst hat. Er ist unsicher und misstrauisch. Die Wände des Schutzbunkers, der ihn bisher gut durchs Leben gebracht hat, sind stark.

Wir fragen ihn, wo er körperlich diese Unsicherheit und dieses Misstrauen spüren würde. Er zeigt auf sein Herz. Nun fragen wir ihn, ob es möglich wäre, dass er Anastasias Hand nimmt und diese auf sein Herz legt. Philipp spürt seinen Widerstand. Er beginnt erneut zu weinen und sagt: »Ich kann es nicht. Es ist so schwer.«

Wir schildern diesen Prozess in dieser Ausführlichkeit, um deutlich zu machen, welche Hindernisse zu überwinden sind, wenn die verletzten inneren Kinder sichtbar werden. Die Schutzmechanismen, die sich in Philipps Entwicklung bildeten, waren in seiner Kindheit sinnvoll und überlebensnotwendig. Das verletzte innere Kind von Philipp steht für die vielfältigen Liebesdefizite, die er schmerzvoll erfahren hat. Sein Selbst hat gelernt, sich zu schützen, damit es »nicht auf der Strecke bleibt«.

Philipp kämpft in diesem Moment der Therapiesitzung einen Kampf mit sich selbst. Sein über Jahrzehnte gut funktionierender Schutzmechanismus, keine schmerzhaften Gefühle zuzulassen und diese vor allem nicht zu zeigen, gerät ins Wanken. Er sieht in den Augen von Anastasia, dass diese ihn liebevoll anschauen – obwohl er sich mit Tränen und seinem Widerstand zeigt.

Philipp streckt seine Hand nach ihr aus und atmet schwer. Dann sagt er: »Ich muss für jeden einzelnen Schritt eine Entscheidung treffen: Gehe ich vor oder gehe ich zurück. Es kostet mich unendlich viel Kraft.« Dann legt er ihre Hand ganz langsam auf sein Herz. Nachdem es eine Weile ganz ruhig und still war, Anastasias Hand auf Philipps Herz liegt und sie sich weiterhin in die Augen schauen, bitten wir ihn, seine Körperreaktionen zu beschreiben. Er sagt: »Ich entspanne mich etwas.« Und staunend über sich selbst: »Als würde ich mich seit Jahren zum ersten Mal wieder wirklich entspannen.« Auch Anastasia entspannt sich und legt ihren Kopf auf seine Schulter.

Philipp findet in der Resonanzerfahrung mit seiner Frau zu einer neuen Erfahrung seiner selbst. In der Intimität mit Anastasia war es ihm möglich, den bisher in der langjährigen Partnerschaft mit Anastasia gut gehüteten Schutzpanzer zu öffnen. Für Philipp lagen die Erfahrungen seiner Kindheit weit zurück. Vergangen ist vergangen. Er hat sich in seinem Leben gut zurechtgefunden, weshalb dann der Blick zurück?

Der Konflikt mit Anastasia legte offen, dass unsere ersten Liebeserfahrungen prägend sind und in der Intimität mit unseren Liebespartnern wieder aktiviert werden. Das verletzte innere Kind hat diese frühen Erfahrungen mit der Liebe in sich bewahrt. Streit- und Konfliktsituationen mit unseren Partnern berühren diese alten Szenarien und legen die verdrängten Gefühle und Denkmuster frei.

Um anhaltende partnerschaftliche Konflikte und Krisen zu lösen und bewältigen zu können, bedarf es des liebevollen Blickes auf unsere verletzten inneren Kinder.

Auch Anastasia hilft der Blick auf den »kleinen Philipp«. Sie sieht ihren Mann, der sich im Streit zurückgezogen hat und den sie für das Laue in ihrer Partnerschaft verantwortlich machte, mit neuen Augen. Sie entdeckt die Not und den Kampf, den Philipp mit dem »kleinen Philipp« führt. Und sie erlebt, dass Philipp dieses innere Gefängnis verlassen möchte. Ihre Liebe zu Philipp wächst in diesem Moment. Das zeigt und sagt sie ihm auch.

Der geschilderte Prozess schafft ein Resonanzfeld, in dem beide, Philipp und Anastasia, mehr über ihre Liebesmuster und ihr Streitverhalten entdecken. Die Gefühlsintensität dieser Resonanzerfahrungen stärkt das Selbst von Philipp und Anastasia. Ihre Liebe erlebt eine neue Qualität.

Jetzt wird es möglich, den Streitanlass noch einmal zu besprechen. Es stellt sich heraus, dass Anastasia sehr wohl auf Philipps Bedenken eingegangen war. In seiner Erregung hatte Philipp nicht gehört, dass die neue Stelle von Anastasia befristet sei und dass sie die Ausbildung zur Mediatorin erst nach Ablauf der Befristung beginnen wolle. Außerdem habe sie sich noch nicht fest angemeldet, da sie erst einmal sehen wolle, wie es ihr mit der neuen Stelle ergehen würde.

Denken Sie einmal nach, ob Sie um Ihre verletzten inneren Kinder wissen, Ihr eigenes und das Ihres Partners / Ihrer Partnerin. Tauschen Sie sich mit Ihrem Partner / Ihrer Partnerin darüber aus.

Folgende Fragen können Ihnen dabei helfen:[35]

In welchen Situationen haben Sie schon einmal Ihr verletztes inneres Kind bemerkt? Wenn Sie zum Beispiel erwarten, dass Ihr Partner / Ihre Partnerin weiß, wie es Ihnen geht und was Sie brauchen?

Gab es Streitsituationen, in denen Sie im Nachhinein gedacht haben: So wie ich gerade reagiert habe, habe ich nicht sehr erwachsen reagiert? Meine Reaktion passte eher zu meinem verletzten inneren Kind. Wie alt haben Sie sich dann gefühlt?

Oder dass Sie dachten: Wir streiten wie zwei kleine Kinder?

Können Sie in solchen Situationen die »kleinen Kinder« in sich und Ihrem Partner / Ihrer Partnerin erkennen?

## Kontakt zum »verletzten inneren Kind« finden

Streit, Konflikte und Krisen in der Partnerschaft sind häufig von intensiven Reaktionen begleitet, deren Ausmaß viele Paare überrascht. Selbst scheinbar banale Anlässe enden in Konfliktszenarien, in denen es sehr schnell um »alles oder nichts« gehen kann. Zur Entschlüsselung dieser Konflikte hilft die gemeinsame Betrachtung der jeweiligen »psychologischen Mitgift«[36], der verletzten inneren Kinder.

Die Paare kennen in der Regel die Geschichten ihrer Kindheit. Das Ausmaß dieses Erlebens auf ihre Liebessehnsucht und Liebeskompetenz ist ihnen allerdings oft nicht bekannt. Gerade in der Intimität der Liebe können noch einmal Szenen der Kindheit wach werden.

So fordern wir die Paare immer wieder auf, einen Brief voller Mitgefühl an das eigene verletzte innere Kind zu schreiben und sich diese Briefe dann gegenseitig vorzulesen. Dies können die Paare auch eigenständig zu Hause durchführen, sofern sie sich nicht gerade in einer sehr konfliktreichen Phase befinden. Das Vorlesen der Briefe benötigt einen Raum, in dem jeder der beiden Partner bereit ist, liebevoll, achtsam und behutsam auf die sichtbar werdenden Spuren des verletzten Kindes zu antworten und zu reagieren.

Jetzt können Tränen geweint werden, die in der Kindheit nicht fließen konnten oder unbemerkt geflossen sind. Jetzt kann sich die Wut ausdrücken, die damals unterdrückt werden musste, weil sich das Kind intuitiv angepasst und manchmal sogar geopfert hatte, um für die streitenden, überängstlichen, nervösen oder strengen Eltern keine zusätzliche Belastung zu sein.

Das Miterleben, das Mitfühlen, die neuen positiven Resonanzerfahrungen im Spiegel des Partners, all das hilft, die Wunden des verletzten inneren Kindes zu heilen und gemeinsam neue Erfahrungen zu sammeln, die das jeweilige Selbst stärken, das innere Kind sozusagen nachreifen lassen, und die Liebesfähigkeit des Paares erweitern.

### Übung: Brief voller Mitgefühl an das verletzte innere Kind

Schließen Sie die Augen und konzentrieren Sie sich auf Ihre Atmung, indem Sie bewusst dem Ein- und Ausatmen folgen. Beobachten Sie, wie Sie ruhiger werden. Nun stellen Sie sich das Kind vor, das Sie einmal waren. Welches Bild taucht auf? In welchem Alter sehen Sie sich? Wie schaut das Kind Sie an? Was will es Ihnen mitteilen?

Und nun suchen Sie nach Worten, was Sie diesem Kind sagen möchten. Nehmen Sie sich Zeit und beginnen Sie einen Brief zu schreiben. Einen Brief voller Mitgefühl an Ihr verletztes inneres Kind.

*Brief von Cornelia (Coco) an ihr verletztes inneres Kind*

Cornelias Vater war lange Zeit arbeitslos. Er war mit allem unzufrieden, auch mit seiner Partnerin, der Mutter von Cornelia. Der Vater wandte sich schon in Cornelias Grundschulalter an das Kind und missbrauchte es als Gesprächspartnerin. Er redete stundenlang auf sie ein und beklagte sein Leben. Cornelia lebt mit Raphaela in einer gleichgeschlechtlichen Beziehung.

*Liebe Coco,*

*gleich warst du da. Ich konnte dich spüren, die Tränen schmecken, vor allem die damals nicht geweinten – nicht geweint, einfach weil die Welt, so wie sie war, die einzig richtige zu sein schien. Tränen, die sagen: »Sieh mich an. Sieh nicht nur dich! Sieh auch mich! Und sieh, was ich brauche.« Meist ist es doch gar nicht so viel: eine interessierte Nachfrage. Ein Blick, der sagt: »Ich sehe dich wirklich, dein Wesen. Ich glaube an dich. Du wirst deinen Weg schon gehen!«*

*Und meine Tränen, die sagen: »Ich sehe dich, fühle dich mit deiner ganzen Traurigkeit darüber, aber auch der Wut.« Ich finde, deine Wut ist sehr berechtigt. Zugetextet hat er dich, vollgeschwallt, sich über dir ergossen. Der Ekel, der dabei hochkommt. Ja, das war zum Kotzen.*

*Es auszukotzen ist gut und reinigend. Das Gift, die Mitgift, die du bekommen hast. Daher folgt es einer inneren Logik, dass ich die Mitgift ausspucke und das Erbe abgelehnt habe.*

*Ich sehe auch deine Schutzlosigkeit. Keiner war da, der gesagt hätte: »Ich beschütze dich, schütze dich vor dem Vater.« Eine starke Mutter hättest du gebraucht. Eine, die einsteht für sich und für dich. Eine, die dir zeigt, wie Leben, Leben als Frau geht. So will ich dir jetzt eine Mutter sein. Eine gute Mutter. Eine, die dich versteht, dich in deinem Wesen erkennt, die mit dir fühlt und gut auf dich aufpasst. Die jeden Tag einmal nach dir fragt, wie es dir geht.*

*Sei unbesorgt, du starke kleine Große. Du wirst deinen Weg schon gehen! Ich bin für dich da. Ich hab dich lieb – genau so, wie du bist. Und ich sehe ganz viel Gutes an dir. Du bist sehr sensibel. Du bist klug und an vielem interessiert. Du tanzt gerne, du bewegst dich gerne, du schmückst dich gerne, du bist wunderschön.*

*Deine Cornelia*

Raphaela, die Partnerin von Cornelia, hört andächtig zu, als Cornelia den Brief vorliest. Sie versteht, wie viel Schutz und Verständnis Cornelia benötigt, wenn das verletzte innere Kind in ihr wach wird. Sie nimmt sie liebevoll in den Arm.

### Wenn unsere inneren Kinder sich wehren

Eine weitere Aufgabe für Paare besteht dann darin, herauszuarbeiten, wie das verletzte innere Kind reagiert und sich wehrt, wenn es sich getroffen fühlt. Diese Aufgabe macht den Streit besser verstehbar. Die Reaktionsmuster der verletzten inneren Kinder beider Partner zeigen, dass jeder der beiden durch sein reaktives Verhalten zum

»Täter« am Partner wird. Dadurch wird deutlich, welche Verantwortung jeder Partner für sich selbst zu übernehmen hat.

Wir bitten deshalb Cornelia, einen Brief an ihre Partnerin Raphaela zu schreiben, in der sie ihr erklärt, wie sie in der aktuellen Partnerschaft die Reaktionsweisen der »kleinen Coco« in ihre Partnerschaft überträgt.

*Liebe Raphaela,*

*der verletzte Teil in mir lebt mit den Gedanken und Gefühlen: »Ich bin nichts wert, ich muss immer nur zuhören, wie es mir geht, zählt nicht.« Dann komme ich zu Dir mit dem Bedürfnis um Bestätigung, dass das, was ich sage, doch richtig ist, ich doch nicht falsch bin. So kämpfe ich oft verzweifelt darum, dass ich recht habe, und setze Dich damit sehr unter Druck.*

*Immer wieder habe ich erwartet, dass Du doch sehen musst, was ich brauche, was ich mir wünsche. Wenn dann allerdings ein Angebot von Dir kam, war das meist nicht richtig und ich zog mich dann sofort zurück mit dem Gefühl, Du könntest mir sowieso nicht helfen.*

*Wenn Du mal wieder etwas nicht machst, was ich Dir schon hundertmal gesagt habe, bin ich beleidigt, verstumme und kann meine Bedürfnisse und Wünsche nicht mehr aussprechen. Dann bestimmt mein verletztes inneres Kind mein Verhalten. Es will recht haben und lieber alles mit sich alleine ausmachen und Du kannst wieder mal nichts mehr tun. Ich vermeide dann tagelang körperliche und emotionale Nähe. Es entsteht eine große Distanz zwischen uns, die ich eigentlich nicht möchte.*

*Es ist gut, so tief eingetaucht zu sein und meine Verletzungen ganz klar zu sehen und zu verstehen, wie ich damit zu Dir gehe.*

*In Liebe Deine Cornelia*

Wir möchten Ihnen zwei weitere Briefe vorstellen. In diesem Fall hat ein Mann an sein verletztes inneres Kind und anschließend an seine Frau geschrieben.

*Paarbeispiel: Briefe von Tilmann und Anja*

Als Tilmann sechs Jahre alt war, trennten sich seine Eltern.

*Lieber Tilmann,*

*Du bist oft sehr einsam und still. Und manchmal bist Du sehr traurig über all die kleinen und großen Abschiede und Verluste. Oft hast Du keine Worte und kein Ohr für Deine Trauer und Deinen Schmerz gefunden. Du konntest Deinen Gefühlen keine Stimme, keinen Ausdruck verleihen. Als Deine Eltern sich trennten, warst Du sechs Jahre alt. Und bevor sie sich trennten, gab es so furchtbar viel Streit zwischen ihnen. Niemand hat Dich wirklich trösten können. Die Oma war eine Zeit lang Dein Halt, aber sie starb genau in dieser Trennungszeit Deiner Eltern. Du hast dann niemanden mehr gefunden, der Dir geholfen hätte, Deinen Gefühlen einen Ausdruck zu geben.*

*So hast Du still und alleine Dinge um Dich gesammelt. Dinge, die bleiben, die erinnern. Auch Gedanken, Wissen und Träume hast Du um Dich geschart. Natürlich darfst und sollst Du auch weiter Dinge, die Dir sehr lieb sind, um Dich scharen, Dich an ihnen erfreuen. Aber Du sollst wissen, dass Du jetzt ein Ohr, eine Stimme und einen Körper neben Dir hast, der Dir hilft, die Gefühle der Traurigkeit und den Schmerz, aber auch die Freude und die Träume ins Leben und in die Welt – und vor allem auch zu Anja – zu bringen. Ich bin für Dich da.*

*In Liebe*
*Tilmann*

Es folgt der Brief an Tilmanns Partnerin Anja.

*Liebe Anja,*

*wie verletze ich Dich mit meinem inneren Kind?*

*Mein verletztes inneres Kind brüllt und übertönt, hört nicht mehr, ringt und kämpft um seine Richtigkeit und Wichtigkeit. Mein verletztes inneres Kind fürchtet die Nähe, fürchtet, verletzt zu werden und sich verletzlich zu zeigen.*

*Ich missachte Dich, lasse Dir und Deinen Gedanken keinen Raum, stelle sie in den Schatten, werte Dich ab und messe meiner Meinung die größere Bedeutung, Wichtigkeit und Richtigkeit bei. Ich beantworte Deine Suche nach Nähe und Offenheit mit Distanz, Rückzug, Verschlossenheit – ziehe mich wieder stundenlang an den PC zu meinen Spielen zurück und bleibe dort sitzen.*

*Das war in der Vergangenheit sehr oft so und ich ringe um ein Innehalten, eine Beruhigung, wenn ich aufgebracht bin. Ich kämpfe darum, mir Mut zu machen und mich zu ermuntern, Zuversicht und Vertrauen zu mir, meinem inneren Kind zu wecken, wenn es darum geht, Nähe zuzulassen und Nähe einzugehen, die zarte und verletzliche Seite Dir zu öffnen.*

*Oft gelingt es nicht, oft ist es sehr zaghaft und ängstlich, sodass es für Dich schwer oder gar nicht zu erkennen ist. Ich wünsche mir, dass ich hier weiter vorankomme. Jetzt muss es mir noch gelingen, Dir auch bei diesen Gelegenheiten Aufmerksamkeit und Achtsamkeit zu schenken, trotz aller Beschäftigung mit mir selbst. Da habe ich viel und schwer zu arbeiten. Ich möchte die Verletzungen erkennen, die ich Dir zufüge, und Dich um Verzeihung bitten und so den Kontakt und die Nähe zu Dir und mit Dir herstellen.*

*In Liebe*

*Dein Tilmann*

### Übung: Liebevolle Beziehung zum verletzten inneren Kind

Es braucht nicht viel, um mit seinem verletzten inneren Kind in Kontakt zu kommen. Doch es bedarf der Regelmäßigkeit, um eine liebevolle Beziehung zu diesem verletzten Seelenanteil aufzubauen. Hier eine kleine Übung:

Schließen Sie einmal am Tag für einen kurzen Moment die Augen und stellen Sie sich dieses kleine Mädchen, diesen kleinen Jungen vor. Dann stellen Sie die Frage: »Wie geht es dir gerade?« Und schenken Sie ihm oder ihr ein Lächeln. Wer mag, nimmt dabei noch eine Umarmung vor, indem er beide Arme um sich selbst schließt.

# 4. Intimität – der Königsweg der Liebe

Jede Partnerschaft lebt von Intimität. Dann sprechen die Partner von Liebe, Verständnis, Geborgenheit, Vertrauen, Zärtlichkeit, sexueller Übereinstimmung, gemeinsamer Zukunft. Störungen und Krisen in Partnerschaften wirken sich sofort auf die Intimität des Paares aus. Dann sprechen die Partner von Zerrüttung, Unverständnis, Rückzug, Misstrauen, körperlicher Distanzierung, fehlender Sexualität, Trennung.

In der Intimität liegt die Besonderheit eines Paares begründet, durch die Intimität unterscheidet sich die Paarbeziehung von allen anderen Beziehungsformen.

Liebe und Intimität sind, was das Zusammenspiel eines Paares angeht, untrennbar miteinander verbunden. Sich dem anderen liebend anzuvertrauen oder sich streitend zu bekämpfen, fördert oder zerstört Intimität. Doch was versteht man unter Intimität?

In der Einleitung haben wir unser Verständnis von Intimität beschrieben. Es ist ein Zustand tiefster Vertrautheit, der durch einen wechselseitigen und von positiver Resonanz getragenen Austausch entsteht. Ein solcher Austausch findet auf mehreren Ebenen statt: körperlich, geistig und seelisch. Gelingende Intimität verlangt die Bereitschaft, sich dem Partner / der Partnerin auch mit den ungeliebten und meist verborgenen Seiten der eigenen Seele zu zeigen und anzuvertrauen.

Dem seelischen Austausch kommt dabei eine besondere Bedeutung zu. Denn dabei berühren wir uns mit unserer gesamten Persönlichkeit, mit all unseren Stärken, aber eben auch mit all unseren verletzlichen Anteilen. Sich damit anzuvertrauen, erfordert großen Mut. Sich so hinzugeben, bedeutet großes Vertrauen und braucht Schutz. Gleichzeitig besteht mit diesem Verständnis von Intimität die große Chance, frühe seelische Verletzlichkeiten zu bergen, zu überwinden und sogar zu heilen. Umso gravierender kann sich deshalb die Zerstörung von Intimität auswirken, zum Beispiel durch Gewalt, durch Untreue oder weiteren seelischen Missbrauch. Dies bedroht die Stabilität unserer Persönlichkeit.

Um ein hohes Maß an Intimität zu erreichen, gibt es verschiedene

Formen des Paardialogs. Nach Cöllen sind dies der Gefühlsdialog, Körperdialog, Sprachdialog, Sinndialog und Zeitdialog.[37] Um einen Eindruck davon zu vermitteln, welche Bedeutung diese fünf Dialogformen für die Intimität eines Paares haben, stellen wir diese in den folgenden Unterkapiteln, ergänzt um einige Übungen, vor.

## Der Austausch von Gefühlen

Zu viele Paare konzentrieren sich ausschließlich auf den sprachlichen Austausch. Alles wird besprochen. Vieles wird dabei zerredet oder man landet auch schnell in einer Sackgasse. Der sprachliche Austausch ist ein wichtiges Instrument zur Belebung und Wiederbelebung der Liebe. Trotzdem benötigen wir auch andere Austauschmöglichkeiten zwischen Ich und Du. Das sind neben dem sprachlichen Austausch der körperliche Austausch, der Gefühlsaustausch, der Austausch über den Sinn unserer Liebe sowie grundlegend die Zeit, die wir ihr einräumen.

Eine zentrale Rolle nimmt dabei der Austausch der Gefühle ein. Zeigen Paare sich mit ihren Gefühlen, wird der Blick auf die Seele frei. Wenn partnerschaftliche Probleme »nur im Kopf hin und her gewendet«, rationalisiert oder intellektualisiert werden, spürt das Gegenüber, dass eben alles Gerede nur »Kopfsache« ist. Die Frage: »Wie geht es dir damit eigentlich?«, taucht gar nicht auf oder wird vermieden.

### Wie vertraut bin ich mit meinen Gefühlen?

Zunächst der Blick auf mich selbst. Habe ich einen Zugang zu meinen Gefühlen und kann ich Gefühle zulassen? Oder fühle ich mich in Bezug auf meine Gefühle wie abgeschnitten und blockiert? Ist da nur Leere? Werte ich Gefühle als »Gefühlsduselei« ab? Überrollen und bestimmen mich manchmal Gefühle von Traurigkeit oder Angst? Und wie bringe ich diese Gefühle oder auch meine Gefühlsblockaden in den Austausch mit meinem Partner ein? Zeige ich mich damit, oder wenn nicht, was verhindert diese Gefühlsöffnung?

Die Aufforderung zu einem Dialog der Gefühle zwingt mich, in mich hineinzuhören. Kontakt mit meinem Selbst herzustellen. Wahrzunehmen, was ich fühle bzw. nicht fühle. Und mich meinem Partner / meiner Partnerin damit anzuvertrauen.

*Paarbeispiel: Da ist nur Leere in mir*
Oliver und Tanja sind seit sieben Jahren ein Paar. Für beide ist es eine späte Beziehung, Oliver ist 62 Jahre und Tanja 57 Jahre alt. Tanja hat eine erwachsene Tochter aus ihrer geschiedenen Ehe und Oliver zwei erwachsene Söhne aus seiner ebenfalls geschiedenen Ehe. Sie haben sehr viel Hoffnung in diese späte Liebe gesetzt, die schnell erschüttert wurde, da Oliver infolge einer progressiven körperlichen Erkrankung (Multiple Sklerose) eine Depression entwickelt hat. Im Seminar sitzen beide ohne Kontakt nebeneinander und Oliver wirkt abwesend. Auf unser Nachfragen, wo er sich im Augenblick befinde, antwortet er: »Ich spüre und fühle nichts, da ist nur Leere in mir.« Etwas später ergänzt er: »Da ist ein Raum in mir, der Raum ist wie ein Vakuum, da ist absolute Stille und niemand ist da.«

Oliver hat den Zugang zu seinen Gefühlen verloren. So sitzen beide still nebeneinander. Der Gefühlsaustausch ist versiegt. Wir wissen, dass sich hinter dieser von Oliver beschriebenen Leere vielfältige Gefühle befinden, die er vor Tanja und vor sich selbst verbirgt. Zum Beispiel Schmerz über seine Erkrankung. Oder Traurigkeit, wenn er an sich heranlassen würde, welche Vitalität er durch seine Erkrankung verloren hat. Oder Angst vor dem weiteren Verlauf der Krankheit. Tanja kommt an Oliver nicht mehr heran. Nachdem ihre Fragen, wie es ihm gehe, zunehmend ins Leere gelaufen sind, ist sie verstummt und ratlos.

Mit unserer Unterstützung gewährt Oliver seiner Partnerin einen kleinen, kurzen Einblick in den »inneren Raum« seiner Gefühlswelt. Er beschreibt, dass er sich innerlich sehr allein und einsam fühle. Diese Äußerung reicht aus, dass Oliver für Tanja spürbar wird. Sie bekommt eine Ahnung davon »wie einsam und allein« Oliver sich in seinem Raum fühlt.

Jetzt ist für Tanja eine Beantwortung möglich. Sie streichelt seine Wange und lehnt sich an ihn.

Viele Liebesbeziehungen gehen an der Kargheit der Gefühlssprache zugrunde. Jack Urwin erzählt in seinem Buch *Boys don't cry* (2017) die Geschichte seines Vaters, der mit 51 Jahren an einem Herzinfarkt gestorben ist. Urwin war damals neun Jahre alt. Der Tod kam sehr unerwartet. In seiner Jackentasche fand die Familie Tabletten gegen

Herzbeschwerden, und die Untersuchung seines Herzens zeigte, dass er bereits vorher einen Herzanfall gehabt hatte. Er hatte mit seiner Frau aber nie darüber gesprochen. Urwin ist überzeugt davon, dass sein Vater heute noch leben würde, wenn er über seine Probleme und die damit verbundenen Gefühle gesprochen hätte.[38]

## Wege zum Gefühlsaustausch

Alle Übungen in diesem Buch benötigen einen Rahmen, der es Ihnen ermöglicht, aufmerksam und konzentriert zu sein. Insbesondere die Übungen, die wir Ihnen in diesem Kapitel vorstellen. Aufmerksamkeit und Konzentration können Sie erreichen, wenn Sie einen Moment in die Stille gehen. Diese Übungen fördern Intimität.

Wählen Sie einen Zeitpunkt und einen Ort, an dem Sie für ca. 30 Minuten möglichst ungestört sein können. Beginnen Sie damit, dass Sie Ihre Aufmerksamkeit von äußeren Reizen abwenden und sich ganz auf sich konzentrieren. Sie können dabei die Augen geschlossen halten oder mit gesenktem Blick einen Punkt vor sich auf dem Boden fixieren.

Können Sie wahrnehmen, wie Sie sitzen? Spüren Sie den Kontakt der Füße zum Boden? Richten Sie nun Ihre Aufmerksamkeit nach innen, als ob Sie Ihren Körper innerlich bereisen würden. Beginnen Sie bei den Füßen und wandern Sie von den Füßen ausgehend mit Ihrer Wahrnehmung und Aufmerksamkeit langsam Ihren gesamten Körper entlang nach oben, bis zu Ihrem Kopf und Gesicht. Nehmen Sie nur wahr, ohne etwas verändern zu wollen. An welchen Stellen des Körpers bin ich verspannt? Welche Partien fühlen sich angenehm an? Wenn Sie merken, dass Sie mit Ihren Gedanken abschweifen, versuchen Sie, die Gedanken ziehen zu lassen und kehren Sie mit Ihrer Wahrnehmung und Aufmerksamkeit wieder zurück zu Ihrer Körperreise. Lassen Sie sich Zeit. Dann konzentrieren Sie sich auf Ihre Atmung und machen Sie drei bis vier ganz bewusste Atemzüge. Folgen Sie dem Strom des Ein- und Ausatmens, und sobald Sie merken, dass Sie sich wieder in Gedanken verlieren, kehren Sie mit Ihrer Aufmerksamkeit zu Ihrem Atem zurück. Einatmen, Pause, Ausatmen, Pause. Ein und Aus. Es gibt nichts anderes zu tun, als den eigenen Atemstrom wahrzunehmen.

Nach dieser Einstimmung wenden Sie sich den jeweiligen Übungsanleitungen zu.

*Erspüren*[39]*:* Zu Beginn steht das bewusste Erspüren und aufmerksame Wahrnehmen der eigenen, manchmal auch ganz widersprüchlichen Gefühle. Das verlangt eine bewusste Entscheidung, ein Interesse dafür, sich selbst besser kennenlernen zu wollen. Was taucht auf? Welche Empfindungen? Welche Widerstände? Welche Bilder? Auch die von Oliver wahrgenommene Leere ist »etwas«, was erspürt werden kann. Leere ist noch kein Gefühl, aber auch ihr gilt es sich zuzuwenden. Gibt es ein Bild für diese Leere? Oder eine körperliche Reaktion? Wo? An welcher Stelle? Schwer wird es, unangenehme Gefühle wahrzunehmen: Angst, Einsamkeit, Scham, Schuld, Hass, weil diese auch oft verdrängt werden. Was passiert, wenn ich diese Gefühle zulasse?

*Ausdrücken:* Der nächste Schritt führt zum Ausdrücken dieser Gefühle. In der Regel passiert das über die Sprache. Doch auch dies braucht Übung.

Wie fühlt sich ein Gefühl an? Die Annäherung gelingt über Körperempfindungen: ein Druck in der Herzgegend oder im Brustraum, Anspannungen, Enge. Verstärkt werden kann dieses Körperempfinden dadurch, dass der Partner behutsam die Hand auf die »wunde« Körperstelle legt. So beginnt ein dialogisches Miteinander. Gefühl oder Körperempfinden werden nicht mehr verborgen, sondern dem Partner sichtbar gemacht.

Das Ausdrücken von Gefühlen wird häufig durch angstvolle Vorstellungen blockiert. So verhindert häufig Scham einen Gefühlsausdruck, auch die Angst, ausgelacht oder abgewiesen zu werden. Doch auch eine Angst davor, von den dann auftretenden Gefühlen überflutet zu werden oder die Kontrolle zu verlieren. Die Verbindung zum Partner stellt sich dann ein, wenn auch diese Scham oder Angst thematisiert wird: »Ich habe Angst davor, von dir ausgelacht zu werden« oder »Ich schäme mich, dir das jetzt zu sagen«.

*Austauschen:* Wichtigstes Kriterium für den Austausch von Gefühlen ist die Beantwortung durch den Partner und die bei der Beantwortung mitschwingende Resonanz. Es hilft auch nicht der einmalige Austausch, sondern das Immerwieder. Oft hören wir: »Ich habe es dir doch gezeigt, wie traurig ich bin, dass du mir oft nicht richtig zuhörst.« »Ich habe dir doch gezeigt, wie mich das verletzt, wenn du dich jeden Abend im Bett von mir wegdrehst.« Diese Äußerungen setzen auf das Prinzip: einmal gesagt und alles ist gut. Das reicht allerdings nicht aus. Wie beim Erlernen eines Instrumentes sind wir aufgefordert, uns immer wieder neu darin zu üben, Gefühle auszutauschen und resonant zu beantworten.

Die folgende Übung unterstützt diesen Weg. Es ist eine besondere Übung, denn sie berührt eine vitale Kraft in uns: unser Sehnen nach Liebe und liebevoller Beantwortung. Je belasteter oder krisenhafter Sie Ihre Partnerschaft erleben, umso wichtiger wird diese Übung sein. Sie kann helfen, verschüttete oder blockierte Gefühle wiederzufinden. Unsere Sehnsucht ist eine Quelle, die uns Orientierung geben kann. Für uns selbst und für anstehende Aufgaben in unserer Partnerschaft.

### Übung: Wonach sehne ich mich?[40]

*Erspüren:*

Es geht bei dieser Übung darum, einen Zugang zu Ihrer Sehnsucht zu finden. Schließen Sie die Augen und machen Sie ein paar bewusste und tiefe Atemzüge.

Sehnsucht. Was löst dieses Wort in Ihnen aus? Wie reagieren Ihr Körper und Ihre Seele? Welche Bilder tauchen auf? Vielleicht, wie Sie oder Sie beide barfuß am Strand entlanglaufen? Vielleicht ein naher oder weit entfernter Ort, an dem Sie oder Sie beide sich glücklich gefühlt haben? Oder es taucht eine Musik auf, ein Lied, mit dem eine bestimmte Erfahrung verbunden ist? Ein Film, der Sie einmal sehr berührt und Sehnsucht in Ihnen geweckt hat?

Versuchen Sie auch, die Gefühle wahrzunehmen, die bei Ihren Sehnsuchtsgedanken auftauchen. Spüren Sie ein Glücksgefühl? Freude? Aufgeregtheit? Oder eher Resignation, Hoffnungslosigkeit? Weichen Sie nicht aus. Suchen Sie weiter – oft ist unsere Sehnsucht überdeckt von all den Pflichten im Alltag, aber sie ist in jedem Menschen vorhanden. Unsere Sehnsucht ist eine große Kraftquelle.

*Ausdrücken:*

Versuchen Sie nun, all das zu Papier zu bringen, was in Ihnen aufgetaucht ist. Geben Sie Ihrer Sehnsucht einen Ausdruck. Schreiben Sie einen Brief an Ihre Sehnsucht adressiert, der mit der Anrede: »Liebe Sehnsucht« beginnt. Sie können sich vorstellen, mit Ihrer Sehnsucht zu sprechen, zum Beispiel: »Ich habe Dich in letzter Zeit sehr vernachlässigt.« Oder: »Du zeigst Dich mir wieder häufiger, indem Du …« Sie können auch einfach Stichworte in einer Liste notieren. Es kommt bei alldem nicht auf die perfekte Formulierung an, alles ist erlaubt. Sie können auch einen ganz anderen Weg einschlagen und zum Beispiel ein Sehnsuchtsbild malen. Oder Sie fertigen eine Collage an aus Bildern und Wörtern, die Sie aus Zeitungen und Magazinen ausschneiden und aufkleben. Lassen Sie Ihrer Kreativität freien Lauf. Ihrer Fantasie sind keine Grenzen gesetzt.

*Austauschen:*
Nun laden wir Sie ein, sich voreinander zu setzen und sich gegenseitig diesen Brief bzw. diese Liste vorzulesen. Oder einander die Collage, das Gemalte oder Gezeichnete zu zeigen. Einigen Sie sich, wer beginnt. Der andere hört zu und antwortet damit, was dieser Brief oder diese kleinen Werke in ihm auslösen.

Dann wechseln Sie.

Abschließend können Sie sich darüber austauschen, wie jeder von Ihnen mit seiner Sehnsucht umgeht. Wie diese Sehnsucht versiegt, verstummt oder eingeschlafen ist und wie sie im Alltag wieder belebt werden kann. Tauschen Sie sich auch darüber aus, wie Sie sich dabei gegenseitig unterstützen können.

Übungen müssen nicht immer gleich gelingen. Auch hier können die Partner einander helfen, indem sie nach den Gründen des Misslingens forschen und einander gegenseitig Mut und Hoffnung machen, diesen Quell nicht versiegen zu lassen. Der Ausdruck und Austausch von Gefühlen kann geübt werden. Je sicherer Sie in der Entdeckung und Äußerung von Gefühlen werden, desto sicherer erreichen Sie auch Ihren Partner.

## Das Bild von meinem und deinem Körper

Mehr denn je wird unser Körper in der Öffentlichkeit inszeniert, damit gehen viele Maßstäbe von Schönheit und Attraktivität einher. Welche seelischen Auswirkungen haben diese Normen? Sie wirken bis in die Partnerschaften hinein und formen den Bezug zu unserem Körper sowie das Bild, das ich mir von meinem Körper und vom Körper des Partners mache.

Viele meinen deshalb auch, ihren Körper verändern zu müssen, sei es durch Operationen, Pillen oder Diäten. Unsicherheiten im Selbstbild und Selbstwert sind oft eng an den Körper gekoppelt. Wenn ich etwas für meinen Körper und meine Gesundheit tue, mich fit und wohlfühle, kann sich das positiv auf mein Selbstwertgefühl auswirken. Bärbel Wardetzki betont jedoch: »dysfunktional narzisstisch ist, wenn ich in meiner positiven Selbsteinschätzung darauf angewiesen bin und mich ablehne und abwerte, wenn ich nicht fit und schlank bin.«[41]

Fixieren sich der Blick und das Denken auf das von mir empfundene Defizit, kann keine seelische Sättigung entstehen. Schaue ich nur auf diese negative Seite, kann ich die Früchte meines Lebens nicht ernten, die Kornkammer der Seele bleibt leer. Umso mehr suche ich die Befriedigung im Außen bzw. bin auf Spiegelung von außen angewiesen.

Gerade bei der Regulation von Liebesdefiziten spielen Körpergewicht und Ernährung eine zentrale Rolle. Joachim Maaz nennt sowohl Ernährung als auch Alkohol als »die häufigsten, schnell und leicht zu beschaffenden Ersatzbefriedigungen bei narzisstischer Bedürftigkeit«[42].

»Narzisstische Bedürftigkeit« bedeutet hierbei, auf die Resonanz von außen angewiesen zu sein, um sich im eigenen Selbst wohlzufühlen und es als wertvoll zu empfinden. Bleibt diese positive Resonanz aus, erfährt das Selbst ein Defizit, einen Mangel.

Alkohol, ungezügelte Süßigkeitsaufnahme, Hungern oder übermäßige Nahrungszufuhr sollen dann diese innere Leere füllen und die entbehrte »seelische Nahrung« ersetzen. Die zwanghafte Modellierung des Körpers sowie auch Hungern und Fressattacken (Binge-Eating) befrieden scheinbar unseren Selbstwert. Doch eben nur scheinbar.

Aus dieser fehlgeleiteten Selbstwertregulation entsteht schnell ein, wie im Folgenden beschriebener, destruktiver Kreislauf: Ich kann die vorgenommene Diät nicht dauerhaft einhalten, esse und trinke wieder vieles, was nicht gut für meinen Körper ist, und höre auf, Sport zu machen. Ich fühle mich damit schlecht. Also nehme ich mir wieder vor, zu trainieren und abzunehmen, begleitet von einer neuen Diät. Dann ist mir das wieder zu viel, es befriedigt und befriedet auch nicht wirklich. Die innere Unzufriedenheit bleibt und das Sofa, die Schokolade oder der Alkohol locken erneut.

Wie bewusst sind wir uns darüber, welche Bedeutung unser Körper und unsere Körperlichkeit für uns haben? Können wir unseren Körper lieben und annehmen, so wie er ist? Und begegnen wir unserem Partner / unserer Partnerin körperlich, nicht nur in der Sexualität? Welche körperlichen Berührungen sind möglich und welche nicht? Im Küssen, im Streicheln, mit allen Nuancen von zärtlicher Begegnung?

Wie gut kenne ich meinen Körper? Im gesunden und im kranken Zustand, erotisch und sexuell, mit allen sinnlichen Qualitäten, wie zum Beispiel Gerüchen und Geräuschen, mit geliebten und vielleicht auch mit Scham und Ekel besetzten Stellen, mit Narben und Verletzungen? Und wie bringe ich meine Körperlichkeit in den Austausch, in den Dialog mit meinem Partner? Wie gehe ich auf körperliche Nähe ein, oder verhalte ich mich eher körperlich distanziert? Kann ich Umarmungen zulassen und umarme ich selbst? Können wir Zärtlichkeiten austauschen, ohne dass dies zwangsläufig zum Geschlechtsverkehr führt? Können wir uns berühren und uns dabei in die Augen schauen? Können wir diese Berührung zulassen und genießen? Kann ich Berührung schenken? Kann ich dir leidenschaftlich begegnen? Kann ich mich dir erotisch und sinnlich nähern, mich dir sexuell hingeben?

Es geht darum, uns mit unseren vielfältigen körperlichen Ausdrucks- und Austauschformen vertraut zu machen, spielerisch, neugierig, wie ein Forscherteam. So lernen wir wieder zu spüren: »dass es wahrhaftige Berührungen sind, dass die Berührungen direkt in das eigene Innere gehen und dort das ängstliche, misstrauische Ich besänftigen, um endlich dem Selbst die entbehrte Nahrung zuzuführen.«[43]

## Übung: Lebensspuren in deinem Gesicht[44]

Unser gesamtes Leben hinterlässt Spuren, auch auf und in unserem Körper. Wie auf einer Landkarte. Jede Liebkosung, jede Zärtlichkeit, jede sanfte Berührung, aber auch jeder Schlag, jede Verletzung und Krankheit sind in unserem Körpergedächtnis gespeichert. Und am deutlichsten können wir diese Lebensspuren in unserem Gesicht ablesen.

Setzen Sie sich dicht voreinander. Lassen Sie sich ein wenig Zeit, bevor Sie mit der Übung beginnen. Es ist hilfreich, sich zuerst auf sich selbst zu fokussieren, bevor Sie sich auf den anderen konzentrieren. Schließen Sie die Augen oder senken Sie den Blick vor sich auf den Boden, spüren Sie den Stand Ihrer Füße auf dem Boden und nehmen Sie zehn bewusste und tiefe Atemzüge. Zählen Sie ruhig innerlich mit. Dann beginnt einer von beiden mit einem Finger ganz zart jede einzelne Linie im Gesicht des anderen nachzuzeichnen. (Vereinbaren Sie vorher, wer beginnt.)

Lassen Sie sich bei diesem »Porträtzeichnen« innerlich von folgenden Fragen leiten:

- Welche Spuren hat das Leben in deinem Gesicht hinterlassen?
- Welche davon kenne ich schon, welche fallen mir neu auf?
- Welche Erinnerungen, welche Gefühle lassen deine Berührungen in mir wach werden?

Wenn bei demjenigen, dessen Spuren und Linien im Gesicht nachgezeichnet werden, Empfindungen oder Gefühle wachgerufen werden, lassen Sie diese zu.

Und gehen Sie am Ende der Übung mit Ihrem Partner / Ihrer Partnerin darüber in den Austausch. Es ist wichtig, sich über das Empfundene, Erspürte auch sprachlich auszutauschen. Die Erfahrungen zu teilen, mitzuteilen – statt damit »für sich allein« zu bleiben, vertieft die Intimität des Paares.

Wie fühlt es sich an, so bewusst angesehen und berührt zu werden? Wie ist es mir dabei ergangen, dass du mich in meinem Gewordensein wahrgenommen und durch deine Berührungen auch gewürdigt hast? Oder war ich wieder nur mit den Defiziten beschäftigt, den »Falten« in meinem Gesicht? Wie habe ich mich dabei gefühlt, dein Gesicht mit so viel Zeit und Ruhe betrachten und berühren zu dürfen?

## Liebe braucht Worte

Die Sprache ist das Medium, das Paare zum Austausch einsetzen. In Zeiten der Verliebtheit kann sie liebevoll sein, zärtlich, sich und den anderen beglückend. In Zeiten der Krise wird Sprache anklagend, laut und heftig, resignativ, verstummt. Sich über die Sprache auszudrücken, scheint uns sehr vertraut und geläufig. Und doch ist sie nicht so selbstverständlich, wie es auf den ersten Augenblick erscheint. Sprache erfordert es, Worte zu finden, mit denen sich Partner selbst deutlich machen können. Anliegen zu äußern, Sehnsüchte, Wünsche, aber auch Bedrückendes, Schwelendes, Kränkendes. Worte, die erklären und zur Klärung beitragen. Was bewegt mich, was erfreut mich und macht mich im Moment glücklich? Was belastet mich, was ärgert mich, was fordert mich gerade heraus, worüber denke ich nach?

Hilfreich dabei können Rituale sein, zum Beispiel sich regelmäßig zu einem »Zwiegespräch«[45] zu verabreden. Das Paar vereinbart zu diesem gewünschten Gespräch ein bestimmtes Thema, zum Beispiel unsere Sexualität, unser Umgang mit unseren Kindern, deine und meine Sehnsüchte usw., wählt einen günstigen Zeitpunkt und einen ruhigen, ungestörten Ort. Beide Partner setzen sich gegenüber, sodass sie sich in die Augen sehen können. Nun wird eine Redezeit ausgemacht, die jedem Einzelnen zur Verfügung steht, zum Beispiel zehn Minuten. Der Sprechende darf in diesen zehn Minuten nicht unterbrochen werden. Er soll Zeit und Raum bekommen, das, was ihn bewegt, auszudrücken. Wichtig: Der Sprecher spricht nur von sich. Keine Anklagen, keine Schuldzuweisungen. Der andere kann bestätigende kurze Äußerungen machen, eventuell auch eine Verständnisfrage stellen. Ansonsten versucht er, sich auf seinen Partner, seine Partnerin einzulassen, sich zu konzentrieren und sich innerlich in den anderen hineinzuversetzen, statt Lösungen anzubieten. Anschließend wird gewechselt. Das Gesagte bleibt für sich stehen. Ziel ist vielmehr, dass jeder Einzelne die Möglichkeit bekommt, sich ohne Unterbrechung mit seiner Befindlichkeit, seinen Gefühlen und Gedanken auszudrücken, und der andere hört aktiv, mit Interesse und Anteilnahme zu.

Liebe verlangt Worte. Worte, die die Liebe beflügeln, Liebeserklärungen und Liebesbekenntnisse, aber auch Worte, die die Liebe wieder in Bewegung bringen, die helfen, Steckengebliebenes oder Versiegtes, Kränkendes oder vielleicht auch noch nie Gesagtes in den Austausch zu bringen. Unsere Seele dürstet nach Worten der Liebe, der Anerkennung, der Wertschätzung. Wann haben Sie das letzte Mal einen Liebesbrief oder ein Liebesgedicht Ihrem Partner / Ihrer Partnerin geschenkt? Wann haben Sie das letzte Mal Ihrem Partner, Ihrer Partnerin gesagt, was Sie an ihm bzw. ihr lieben und schätzen?

### Übung: Lobgesang auf dich[46]

Lob ist Balsam für die Seele. Nicht nur für Kinder. Wie Kinder brauchen wir diese Worte für unseren Selbstwert, für unsere Selbstliebe, für unsere partnerschaftliche Liebe. Lieben und Loben gehören eng zusammen. Wenn wir uns selbst nicht lieben und wertschätzen können, voller Selbstzweifel sind, dann fällt es uns schwer, diesen so wichtigen Ausdruck unserer Liebe unserem Partner, unserer Partnerin zu schenken. Zu loben bedeutet, den anderen in seiner Besonderheit und Einzigartigkeit zu sehen und anzuerkennen: dich wertzuschätzen, all das zu bemerken und auszudrücken, was ich Gutes an dir sehe und liebe.

Setzen Sie sich an einen ruhigen Ort und schreiben Sie auf, was Sie Gutes an Ihrem Partner, Ihrer Partnerin sehen, für was Sie ihn oder sie loben möchten. Nehmen Sie sich mindestens eine halbe Stunde Zeit. Wenn Sie ins Stocken geraten oder Ihnen nichts mehr einfällt, hilft der Zeitrahmen, weiter nachzusinnen und vielleicht doch noch das eine oder andere zu entdecken. Es können auch alltägliche Kleinigkeiten benannt werden, zum Beispiel, welche Aufgaben er/sie unaufgefordert im Haushalt erledigt hat.

Versuchen Sie darüber hinaus, zum Wesen Ihres Partners, Ihrer Partnerin vorzudringen.

- Was ist es, was dich ausmacht? Was ich besonders an dir finde? Was mich erfreut, mich stolz auf dich sein lässt, mich immer wieder überrascht?
- Wie bist du auch gut mit dir, mit mir, mit unseren Kindern, den Menschen, die uns umgeben?
- Wo hast du vielleicht im Kleinen versucht, die Welt ein Stück weit besser zu machen?

Falls Ihnen kaum noch etwas Lobenswertes einfällt, kann dies einen sehr kritischen Zustand Ihrer Paarbeziehung zutage fördern. Es kann Ausdruck Ihrer eigenen vielleicht noch ganz unbewussten inneren Unzufriedenheit und Selbstzweifel sein, es kann aber auch sein, dass die Liebe zu Ihrem Mann, zu Ihrer Frau verloren gegangen ist. Dann wäre es an der Zeit, darüber in einen Austausch zu kommen.

Der von Ihnen verfasste Lobgesang soll wiederum an einem ungestörten Ort wechselseitig vorgelesen werden. Lesen Sie ganz langsam, Satz für Satz und schauen Sie Ihren Partner, Ihre Partnerin immer wieder dabei an.

Derjenige, der gelobt wird, versucht, das Gehörte in sich aufzunehmen. Das hört sich einfacher an, als es ist. Vor allem dann, wenn wir schon lange nicht mehr gelobt worden sind oder wenn wir ein unsicheres Selbst voller Zweifel in uns tragen. Umso wichtiger und heilsamer kann es sein, die gehörten Worte aufzunehmen und wirken zu lassen. Händigen Sie sich Ihre Briefe aus. Sie können in Tagen, in denen Sie sich nicht wohl in sich oder mit Ihrem Partner / Ihrer Partnerin fühlen, wie Balsam für die Seele sein und das unsichere oder unzufriedene Selbst beruhigen.

Um zu zeigen, wie umfassend ein solches Loben ausfallen kann, kommen hier Lina und Max zu Wort. In einer Paarsitzung haben wir die beiden aufgefordert, jeweils einen »Lobgesang« für den anderen anzustimmen. Lina und Max sind Ende dreißig und seit neun Jahren ein Paar und haben zwei Kinder im Alter von vier und sechs Jahren. Anlass für die Paartherapie waren die in der Partnerschaft immer wieder auftauchenden depressiven Stimmungen und Selbstzweifel von Lina sowie die Überforderung von Max im Umgang mit diesen Situationen.

*Lobgesang von Lina für Max*

*Ich sehe Deine liebevolle Art allem gegenüber. Auch mir gegenüber! Du siehst mich mit so viel Liebe, vor allem auch wenn es mir nicht gut geht. Dann schaust Du mich an, fragst mich, wie es mir geht, was ich brauche, und machst mir Vorschläge. Auch mit den Kindern bist Du unglaublich liebevoll. Überhaupt zu allem, was lebt, zu Natur, Pflanzen, Garten. Auch zu schönen Dingen wie alten Häusern oder schönen Dingen im Haus.*

*Ich liebe Deine Beweglichkeit, Deine Lebendigkeit, dass Du gerne unterwegs bist – Lust hast auf Neues. Du hast keine Angst vor Problemen, dass etwas schwierig werden könnte. Du bist oft furchtlos und hast ein großes Vertrauen ins Leben. Auch darin, dass wir alles hinkriegen. Da bist Du wie ein Fundament für mich.*

*Ich liebe Deine innere Kraft. Du bist in Wirklichkeit größer als 1,71 m. Ich spüre Deine Kraft auch als erotisch. Es ist eine männliche Kraft. Du nimmst mich, ohne mir Gewalt anzutun. Deine Kraft hat viel Feinfühliges. Du bist feinsinnig und sensibel und gleichzeitig kraftvoll.*

*Du hast auch heilende Kräfte. Du selbst bist solch ein gesunder Mensch. Ich liebe Deine Urkraft, Deine Energie, Deinen Willen. Du bist als Vater der Ruhigere für unsere Kinder, derjenige, der auch mal nachgeben kann. Und ich glaube, in Deinem Job bist Du sehr kompetent und verlässlich. Du bist der Hauptverdiener unserer Familie, gehst tagaus, tagein in Deine Firma und jammerst nie darüber.*

*Lobgesang von Max für Lina*

*Wenn Du strahlst, geht für mich die Sonne auf. Ich liebe Deine Lachfaltengrübchen. Deine Füße, Deine Fesseln – da bin ich total scharf drauf. Du tanzt, Du läufst. Du bist sehr sportlich.*

*Wenn ein Problem da ist, dann bleibst Du so lange dran, bis es gelöst ist.*

*Ich denke oft, Du machst Dir zu viel Arbeit – aber danach denke ich, Du hast recht gehabt: Schön, dass wir da hingekommen sind! Du hast eine Hartnäckigkeit – auch gegenüber Menschen. Du schaffst es, die Leute mit ins Boot zu nehmen. Du kriegst sie dran, so, dass sie es auch wissen wollen.*

*Du hast tolle Hände. Ich liebe es, wenn sie mich streicheln. Du hast tolle Haare. Ich liebe Deinen Körper. Ich liebe es, wenn mich Deine Haare streicheln. Du hast solch einen tollen Körper!*

*Wenn Du malst, ist es schön. Ich freue mich an Deiner Freude am*

*Malen, an der Kunst, an allem, was man anfassen kann. So bist Du auch die große Ideensammlerin für die Familie. Du bist superkreativ. Auch innerlich. Du hast oft ein Bild – weißt, wo Du hinwillst. Hast ein Ziel. Kannst aber auch den Weg gehen.*

*Du hast auch etwas Freies in Dir. Du hast Geschmack. Du ziehst Dich toll an. Du hast ein großes Herz für unsere Kinder und Du kannst für sie kämpfen wie eine Löwin. Du kuschelst mit Deinen Kindern. Sie vertrauen Dir, sie fragen Dich, Du erklärst ihnen alles. Du begibst Dich auf Augenhöhe mit ihnen.*

*Du arbeitest an Dir selbst. Schaust für Dich selbst – Schritt für Schritt, trotz Deiner Müdigkeit, schaust Du immer weiter. Du gibst nicht auf – das ist eine große Hilfe für mich. Zum Beispiel Dein Umgang mit Deinen Eltern, Deinen Geschwistern – Du machst einfach weiter.*

*Ich bewundere, wie Du bei Deinem Einsatz für die Familie auch noch Deinem Beruf nachgehst. Du magst ihn und bist beliebt bei Deinen Kolleginnen.*

## Über den Sinn der gemeinsamen Liebe sprechen

Liebende fordern und fördern sich gegenseitig, insbesondere in einer auf Dauer angelegten Partnerschaft. Dieses gegenseitige Fordern und Fördern macht dann Sinn, wenn wir erkennen, dass wir gegenseitig voneinander lernen können, aus unseren Stärken und aus unseren Schwächen. Wozu hat mir das Leben gerade dich geschenkt? Weshalb habe ich gerade dich getroffen? Was habe ich durch dich zu lernen? Wie können wir uns in unserer Entwicklung gegenseitig unterstützen? Ist es möglich, uns gegenseitig auf »Fehler« hinzuweisen und daran zu arbeiten, diese zu überwinden?

*Paarbeispiel: Wozu fordert mich die Liebe zu dir heraus?*
Gerald und Susanne sind seit neun Jahren ein Paar und haben sich an uns gewandt, da sie ihre Partnerschaft »wie stecken geblieben« erleben. Susanne beschreibt, dass sie in Gerald kein Gegenüber mehr habe. Sie wisse oft nicht, was in ihm vorgehe. Gerald beschreibt, dass er nur schwer Zugang zu seinen Gefühlen finde und nicht richtig wisse, was Susanne von ihm wolle.

Im Verlauf der Paargespräche bitten wir Gerald, schriftlich festzuhalten, wozu die Liebe zu Susanne ihn herausfordere. Er schreibt:

*Ich nehme mich zu Hause meist zurück, schaue zuerst bei anderen und versuche deren Bedürfnisse zu erspüren. Ich sage nicht, was ich brauche, weiß oft gar nicht, was ich selbst will. So bin ich teilweise chaotischer und manchmal ohnmächtiger Mittelpunkt. In mir ist eine große Erwartung, dass ich meine Wünsche von den Augen abgelesen bekomme.*

*Ich sehe immer mehr, wie Dich das stresst. Ich weiß mittlerweile auch, dass ich lernen muss (wenn ich Dich nicht verlieren will), mir selbst näherzukommen. Ich darf nicht mehr so viel vor mir selbst davonlaufen – durch Alkohol jeden Abend, viel arbeiten und Zeit am PC verdaddeln. Seit ich unter der Woche keinen Alkohol mehr trinke und ab und zu einen ruhigen Spaziergang in der Natur mache, kann ich mich selbst besser spüren. Jetzt weiß ich, wozu mich die Liebe zu Dir herausfordert.*

Der Austausch über den Sinn unserer Liebe fördert Intimität, sofern deutlich wird, dass wir die Intimität der Liebe gegenseitig verantworten und gestalten. Es ist keine Einbahnstraße, kein einseitiger Prozess, in dem einer nur gibt und der andere nur nimmt. Intimität lebt von der Wechselwirkung des gegenseitigen Austausches. Dies verlangt die Fähigkeit, sich gegenseitig mit seinen Stärken, aber auch seinen Schwächen in diesen Austausch einzubringen. Es verlangt die Bereitschaft, eigene Fehler einzugestehen und für zugefügte Verletzungen um Verzeihung zu bitten. Es verlangt die Offenheit, dieses Verzeihen annehmen zu können. Es verlangt die Verständigung darüber, gemeinsam nach Wegen zu suchen, wie aus Konflikten ein Lernfeld entstehen kann. Ein Lernen im Durch-dich und Für-dich.

### Übung: Durch dich lerne ich[47]

Wir sind schnell dabei, die Fehler unseres Partners hell zu beleuchten. In Krisenzeiten oder bei anhaltenden Konflikten kann sich dann etwas Gefährliches einschleichen: Resignation. Dann quälen Gedanken wie: »Was soll das Ganze?« »Wieso tue ich mir das überhaupt noch an?« »Das wird sich nie ändern.«

Dabei vergessen wir unsere eigene Fehlerhaftigkeit und unsere eigenen Schattenseiten. Als Paar können wir, wie in einem gemeinsamen Projekt, uns gegenseitig dabei helfen, Positives und Negatives sichtbar zu machen und eigene Fehler zu bearbeiten.

Mit dieser Übung kann ich erkennen, wie mein Partner mich gerade auch durch seine schwierigen Seiten herausfordert und dass darin eine Entwicklungsaufgabe für mich besteht. Ich kann durch dich lernen.

Nehmen Sie sich für diese Übung Zeit. Sie kann sich auch über ein paar Tage erstrecken.

Nun stellen Sie sich folgende Fragen:

- Warum hat mir das Leben gerade diesen Partner, diese Partnerin mit genau diesen Eigenschaften zugeführt?
- Was habe ich durch dich zu lernen?
- Wozu forderst du mich – besonders mit deinen schwierigen Seiten – heraus?
- Schreiben Sie Ihre Gedanken dazu auf.

Wenn Sie mehr bildlich denken, können Sie auch eine Collage anfertigen oder ein Symbol suchen (zum Beispiel eine Buddha-Figur, wenn es darum geht, auf »die Welle, die du immer wieder neben mir lostrittst, nicht aufzuspringen«) oder ein Krafttier (zum Beispiel einen Esel, wenn es darum geht, der anderen gegenüber beharrlicher zu werden, oder eine Löwin, wenn es darum geht, dem anderen gegenüber mehr Mut zu zeigen).

Diese Übung empfiehlt sich auch für Paare, die kurz vor der Trennung stehen. Denn sie zwingt zu einem sehr selbstkritischen Blick. Zu sehen, vor welcher Entwicklungsaufgabe ich selbst in unserer Partnerschaft stehe. Und wie ich gerade durch meinen Partner, meine Partnerin auf diese Entwicklungsaufgabe hingewiesen werde.

Ich kann diese Partnerschaft natürlich auch beenden, aber woher weiß ich, dass ich in der nächsten Partnerschaft nicht wieder vor derselben Herausforderung stehe?

So schreibt Sarah, was sie aus den schwierigen Verhaltensweisen ihres Mannes für sich lernen kann:

*Aus Simons Wutausbrüchen und Attacken gegen mich kann ich lernen, ruhig zu bleiben, egal was irgendjemand sagt, denkt oder tut. Ich kann lernen, mit Kritik umzugehen. Ich kann lernen, weniger kränkbar zu sein. Ich lerne, dass herabwürdigende Anfeindungen immer auch das Problem des Anfeindenden sind. Ich lerne auf meiner Seite zu stehen, wenn mich jemand kritisiert. Ich lerne der Kritik ruhig zuzuhören, darüber nachzudenken, sie sachlich auf ihre Substanz hin zu überprüfen.*

*Und erst dann zu reagieren. Vielleicht auch nicht zu reagieren. Ich lerne, dass ich entscheiden kann. Und ich lerne, nicht auf jeden Blödsinn eingehen zu müssen.*

*Ich lerne hoffentlich, dass ich vollkommen in Ordnung bin, so wie ich bin. Selbst wenn ich einmal einen Fehler mache, selbst wenn ich mal traurig bin, selbst wenn ich mal fertig aussehe oder mich mal so fühle.*

*Ich lerne auch, dass ich respektvoll mit mir und mit meinen Mitmenschen umgehen möchte. Ich lerne, wie viel es mir wert ist, gute Freundschaften und Kontakte zu haben.*

*Ich lerne, stärker zu werden und nicht auf die hohe Welle neben mir aufzuspringen, die Simon gerade losgetreten hat. Früher folgte ich jeder Einladung zum Kampf. Jetzt lerne ich, selbst meine Führung zu übernehmen. ICH will nicht streiten. Ich sehe, dass DU gerade ausflippst. Ich möchte aber gerne in meiner Ruhe bleiben. Sobald Du das akzeptierst, können wir gerne miteinander sprechen.*

## Intimität braucht Zeit

»Zeit schenken bedeutet Liebe schenken«, so formulierte es die Schweizer Psychologin und Psychotherapeutin Verena Kast kurz und prägnant in einem ihrer Vorträge. Der Alltag heute ist oft geprägt von einem Zeitnotstand. Wo soll da noch Platz und Raum für Begegnung und Austausch mit dem Partner bleiben? Wie viel Zeit bin ich bereit, für den Austausch mit meinem Partner / meiner Partnerin einzuräumen? Täglich? Wöchentlich? Einmal im Monat? Im nächsten Urlaub?

Intimität und Liebe benötigen Zeit. Sie ist das Fundament, auf dem Liebe gedeihen und wachsen kann. Ohne bewusst gewählte Paarzeit kann sich Zeitnotstand (Cöllen / Holm, 2019) schnell in einen Liebesnotstand wandeln.

### Übung: Wenn du bald stirbst[48]

Diese Übung ist herausfordernd. Wir möchten Sie einladen, sich auf diese Übung einzulassen, denn Sie kommen damit Ihrem Partner / Ihrer Partnerin und sich selbst sehr nahe. Diese Übung konzentriert uns auf das Wesentliche unserer Partnerschaft, fordert uns zur Wahrhaftigkeit heraus. Und sie konfrontiert uns mit dem Umgang mit unserer Zeit und mit dem, was uns wirklich wichtig ist in unserem Leben.

Nehmen Sie sich Zeit und lassen Sie sich von dem Gedanken bewegen, Ihr Partner hätte nur noch ein halbes Jahr zu leben. Versuchen Sie trotz vielleicht auftauchendem Widerstand diesen Gedanken ganz nah an sich heranzulassen. Auch mit dem damit verbundenen Gefühl von Traurigkeit.

Verabreden Sie sich mit Ihrem Partner, diese Übung gemeinsam durchzuführen. Jeder schreibt für sich auf, was er dann aktiv tun und an seinem Verhalten verändern würde: »Wenn du bald stirbst, würde ich …«

Sie können sich dafür Zeit lassen, denn diese Übung wirkt nachhaltig. So können Sie an einem Tag beginnen und sich nach einer Woche erneut für ein Paargespräch verabreden, um sich dann über die Wirkung dieser Übung auszutauschen. Jeder Partner entscheidet sich für eine Aktivität, die ihm und ihr im Verlauf der Woche klar und deutlich geworden ist, und überlegt, wann und wie er diese wirklich in die Tat umsetzen kann. Das müssen keine großen Aktionen sein, es muss nicht die romantische Reise nach Paris sein, es reicht zum Beispiel auch, sich abends bewusst Zeit füreinander zu nehmen und über den Tag auszutauschen (s. »Zwiegespräch«).

Folgende Leitfragen können hilfreich sein:

- Welche Initiative möchte ich ergreifen?
- Was möchte ich dir noch unbedingt sagen? Mit dir sehen und erfahren?

- Was habe ich bisher versäumt und hole jetzt nach? Zum Beispiel dich wieder bewusster anzuschauen, mich wirklich zu interessieren, wie es dir geht. Am Morgen zart deine weichen Lippen zu küssen und am Abend liebevoll deinen müden Nacken zu massieren.
- Wie sähe mein Leben ohne dich aus? Was wäre anders, was würde fehlen?

## Der intime Raum eines Paares

Intimität kann zum Gradmesser für die Liebe der Paare werden – für Wohlbefinden und Gesundheit als auch für Missstimmungen und Krankheit. Spürbar und erlebbar wird dies durch das Geschehen der gegenseitigen Resonanz in einem Verbindungsfeld, das wir in der Paarsynthese »intimer Raum« nennen.

Dieser intime Raum entsteht, wenn ich mich dir anvertraue, du dies aufnimmst und nachempfinden kannst, wie ich mich fühle. Und wenn du dann darauf reagierst, mir Zeit schenkst, mich beantwortest mit deinen Gesten, deinen Worten, deinen Empfindungen und Gefühlen. Wenn ich mich gesehen und beantwortet fühle.

Die Gestaltung dieses intimen Raumes birgt Chance und Risiko zugleich. Weshalb?

Die Chance besteht darin, dass durch die Liebe zum Partner Kräfte lebendig werden, die das vorhandene Liebespotenzial beflügeln und bereichern. Gleichzeitig bietet die resonante Begegnung der Partner die Chance, die Verletzlichkeit des Selbst zu beruhigen und zu heilen. Erfolgt in diesem »Verbindungsfeld«[49] des intimen Raumes durch den Partner eine einfühlsame Beantwortung all dessen, was ich seelisch bisher sorgsam geschützt habe, hat dies direkten Einfluss auf mein Selbsterleben. Das Selbst wird gestärkt. Ich fühle mich gesehen, verstanden, anerkannt, geliebt. Seelische Verletzungen können sichtbar werden, auf die die positive Gefühlsbeantwortung wie Balsam wirkt. Dieser Prozess erfolgt beidseitig und beruht auf der Gleichwertigkeit der Partner.

Meinem Partner gegenüber einen Blick auf meine verletzte und verletzliche, gekränkte, manchmal sogar gequälte Seele zu erlauben, ist riskant. Denn jetzt entscheidet sich, wie dieser »Anblick« beantwortet wird. Liebend, achtsam und einfühlsam – oder stumm, ablehnend, bewertend.

Um im Bild des intimen Raumes zu bleiben: Dieses Verbindungsfeld bleibt lebendig und nährend, sofern eine liebevolle und einfühlsame Beantwortung erfolgt. Zurückweisende und abwertende Reaktionen zerstören dieses Feld und entfalten eine destruktive Wirkung. Eine beschämende Reaktion auf meine Öffnung dir gegenüber verschließt mein Selbst noch mehr. Wir können durch Entblößung tief beschämt werden.[50]

Oft verhindern es Angst, Scham, Unsicherheit oder zu hohe Erwartungen, sich auf die Intimität mit einem Partner einzulassen. Marshall Hodge schildert in seinem Buch *Your fear of love* folgende Episode:

Während er Vorlesungen an einer Universität im südlichen Illinois gehalten hatte, sprach ihn nach einer dieser Vorlesungen eine Frau an und wollte mit ihm über ihre Probleme mit ihrem Freund reden. Sie begann damit, ihre Probleme zu schildern, dann sagte sie: »Ich sorge jetzt dafür, nie wieder verletzt zu werden.« Hodges Antwort darauf war: »Mit anderen Worten, Sie sorgen dafür, nie wieder zu lieben.« Die Frau dachte, er hätte sie nicht verstanden. Nein, das habe sie nicht gesagt, sie wolle nur nicht wieder verletzt werden, sie wolle keinen Schmerz in ihrem Leben. Hodge erwiderte: »Also wollen Sie keine Liebe in Ihrem Leben.« Denn so etwas wie »schmerzlose Liebe« gäbe es nun einmal nicht. »Je näher wir jemandem kommen, desto größer ist auch das Potenzial für Schmerzen.«[51]

Intimität herzustellen fordert die Bereitschaft zum umfassenden Austausch und den Mut, mich dem Partner mitzuteilen, mich zu zeigen mit meinen Potenzialen und Fähigkeiten, aber auch mit meinen Nöten und Unsicherheiten. Manchmal auch mit meinen Abgründen von Angst, Depression und Sucht. Der intime Raum, den wir mit dieser Selbstöffnung initiieren, wird getragen von der Sehnsucht, liebevoll beantwortet zu werden, Nähe, Akzeptanz und Anerkennung zu erfahren, aber auch Hilfe und Unterstützung. Die Sehnsucht richtet sich an den Partner. Dessen Beantwortung, dessen Resonanz auf mich, das sich daraus ergebende Wechselspiel im gegenseitigen Austausch, stärkt uns in unserer Liebesfähigkeit oder wirft uns zurück. Wir können erneut gekränkt, alleingelassen und vom Partner nicht beantwortet werden. Dann werden alte Liebesmuster aktiviert, durch Nähe entstehen Schmerzen.

Die Furcht vor diesen Schmerzen hält uns oft davon ab, Intimität zu wagen. Beide Partner sind in diesem Öffnungsprozess gefordert. Ob dies gelingt, hängt davon ab, wie sicher bzw. wie stabil die jeweiligen Partner sich in ihrem Selbst wahrnehmen und um ihre Person wissen.

Der amerikanische Sexualtherapeut David Schnarch macht an dieser Stelle eine entscheidende Feststellung. Er unterscheidet eine fremdbestätigte von einer selbstbestätigten Intimität. In einer fremdbestätigten Intimität sucht der eine vorwiegend die Bestätigung seiner selbst durch den Partner. Individuelle Unterschiede können bei einer fremdbestätigten Intimität nur schwer ausgehalten werden. So offenbart ein Mann seiner Frau in einer paartherapeutischen Sitzung, dass er einmal die Woche masturbieren würde. Die Frau reagiert darauf empört und anklagend, weil sie es nur schwer aushalten kann, dass ihr Mann außerhalb ihrer gemeinsamen Sexualität noch seine eigene Sexualität lebt.

Eine selbstbestätigte Intimität ermöglicht den Partnern sich als zwei individuelle Wesen mit eigenen Persönlichkeitsmerkmalen zu betrachten. So kenne ich meine eigenen Stärken, aber auch meine Unzulänglichkeiten und Fehler und weiß und respektiere, dass mein Partner, meine Partnerin nicht so denkt, fühlt und handelt wie ich. Dass mein Partner, meine Partnerin anders denkt, fühlt und handelt als ich, löst in mir keine Bedrohungsgefühle aus. Ich kann die Unterschiedlichkeit zwischen uns anerkennen und ertragen. Mit dieser Fähigkeit zur selbstbestätigten Intimität gelingt es den Partnern, »eigene Ängste zu beruhigen sowie flexibel und maßvoll zu handeln und ebenso zu reagieren«[52].

*Paarbeispiel: Verlass mich doch*

Uwe (45) und Nadja (43) sind seit 22 Jahren ein Paar. Sie haben drei Kinder im Alter von 18, 15 und 13 Jahren. Uwe ist im Versicherungsbereich tätig und nach einem Burn-out und dem Beenden seines Arbeitsverhältnisses (mit einer stattlichen Abfindung) seit einem Jahr arbeitslos. Er hat mittlerweile 23 Bewerbungen geschrieben und Vorstellungsgespräche geführt. Alles ohne Erfolg. Er ist verunsichert. Mit jeder Absage steigen seine Selbstzweifel.

Dieser Umstand verstärkt die Paarprobleme. Er ist oft gereizt, sitzt mit seinem ältesten Sohn viel vor dem PC und spielt Computerspiele. Nadja ist Physiotherapeutin, steht jeden Morgen um sechs Uhr auf und geht um sieben Uhr zur Arbeit.

Uwe ist vom Leben und von sich enttäuscht, er beginnt zunehmend und immer gereizter, seine Partnerin anzuklagen und an ihr herumzunörgeln. Sie sei abends immer erschöpft, würde sich in ihrem Beruf zu sehr verausgaben und dann bliebe für ihn nichts mehr übrig!

Sie wehrt sich gegen diese Vorwürfe. Sie würde doch schon alles geben, um sechs Uhr aufstehen und sich den ganzen Tag ohne Pause verausgaben. Diese »Dialoge« führen zu immer wiederkehrenden Streitsituationen. Seine eigene Hilflosigkeit in dieser Situation überträgt Uwe schließlich auf sie, indem er sie auffordert, sich von ihm zu trennen.

An diesem Punkt der Krise entscheiden sie sich für eine Paartherapie. In einer Paarsitzung schildert Nadja den letzten Streit, in dem Uwe zum wiederholten Mal gesagt habe, sie solle sich doch von ihm trennen. Das sei sowieso das Beste für alle Beteiligten. Während sie dies erzählt, weint sie.

Was hat dieses Paar zu lernen? Wie kann die Intimität des Paares wiederbelebt werden? Der intime Raum, das Verbindungsfeld dieses Paares, besteht nur noch aus Vorwürfen und Streit. Wir haben schon darauf hingewiesen, dass Intimität davon lebt, alle Formen des dialogischen Austausches zu nutzen. Um nicht im festgefahrenen Sprachdialog stecken zu bleiben, wechseln wir von der Sprache zur körperlichen Berührbarkeit. Daher folgender Vorschlag von uns: Während Nadja weint, bitten wir Uwe, näher an sie heranzurücken und ihre Tränen zu berühren.

Wir wissen, dass diese Aufforderung oft Widerstand auslöst. Auf diese Weise könnte sofort mehr Nähe und auch Intimität hergestellt werden. Der intime Raum des Paares könnte neu belebt werden. Gleichzeitig können wir durch diese Aufforderung prüfen, ob die Sehnsucht nach Nähe und tieferer Verbindung bei den Partnern überhaupt noch vorhanden ist.

Uwe kommt unserer Aufforderung nach und berührt behutsam die Tränen von Nadja. Daraufhin wird ihr Weinen noch intensiver. Er schreckt davor nicht zurück, bleibt bei ihr und berührt weiterhin vorsichtig die über die Wangen fließenden Tränen.

Durch diese Berührung kann Uwe nun deutlicher wahrnehmen, was seine Nörgelei sowie seine anhaltende Aufforderung, dass Nadja sich doch endlich von ihm trennen solle, auslöst, welche Spuren das hinterlässt. Er kann durch die Berührung der Tränen real und aktiv erleben, was er seiner Frau antut.

Um ihm die Möglichkeit zu geben, in diesem Moment seiner Frau noch näher zu kommen, fragen wir ihn, ob hinter seiner Unzufriedenheit, seiner Nörgelei und seinem Zorn nicht sogar Gefühle von Scham verborgen seien. Daraufhin erzählt er:

Er sei immer der Leitwolf in der Familie gewesen. Er habe seiner Frau oft neuen Mut zugesprochen, wenn sie mit ihrer beruflichen Situation unglücklich war, und er habe für die Familie Geld verdient. Das habe ihm das Gefühl gegeben, wertvoll zu sein. Das sei jetzt alles weg.

Diese Momente des Öffnens einer Grenze zum eigenen Selbst, zu den verborgenen Ängsten, Gefühlen von Scham und Schuld, sind in jeder Partnerschaft kostbar – und notwendig. Sich damit dem Partner anzuvertrauen, ermöglicht die Nähe und Resonanz, die für das Wachsen von Liebe, Vertrautheit und Selbstsicherheit so wichtig sind. Daher bitten wir Uwe, die letzten Sätze noch einmal zu wiederholen und seiner Frau dabei in die Augen zu schauen.

Während er die Sätze wiederholt, röten sich seine Augen und sehen plötzlich ganz müde und traurig aus. Jetzt berührt seine Frau sein Gesicht ganz zart und streicht seine Wangen. Es fällt ihr schwer. Sie ist durch seine Wutausbrüche der letzten Wochen immer noch verletzt. Aber sie tut es. Und sagt dabei, es würde ihr guttun, ihn so wie im Moment zu erleben. Das seien für sie zwei vollkommen verschiedene Männer.

Wir suchen daraufhin gemeinsam nach Begriffen für »die beiden Männer«. Und definieren den einen als den Wüterich und den anderen als den Verletzten und Verzweifelten. Die Aufgabe für Uwe besteht nun darin, zu versuchen, die in dieser Sitzung erlebte Intimität zwischen sich und seiner Frau auch zu Hause herzustellen. Das würde bedeuten, dass er sich auch zu Hause Nadja gegenüber nicht nur als wütender und tobender Mann zeigt, sondern auch mit seiner Enttäuschung, Verzweiflung und Selbstunsicherheit. Zudem erfordert dies, dass er seiner bisherigen Betriebsamkeit Momente des Innehaltens und sich Spürens entgegensetzt und seine pulsierende Wut zu regulieren lernt. Die Aufgabe für Nadja besteht darin, diese »neue Nähe« anzunehmen und zu beantworten, jenseits der Angriffe, die sie durch ihn erfahren hat.

### Übung: Gefühlen nachspüren

Nehmen Sie sich einen Moment der Stille, schließen Sie für einen Moment die Augen oder senken Sie den Blick und denken Sie darüber nach, wann Sie das letzte Mal Ihrem Partner / Ihrer Partnerin vergleichbare verborgene Gefühle gezeigt haben. Gibt es aktuell solche Gefühle? Haben Sie den Mut, sich damit anzuvertrauen? Falls nicht, was hindert Sie daran? Spüren Sie dem, was jetzt an Gedanken, Gefühlen und Körperempfindungen auftaucht, einen Moment nach. Was würde Ihnen helfen oder Sie unterstützen, sich damit Ihrem Partner / Ihrer Partnerin anzuvertrauen?

### Weshalb Paare eine Gefühlssprache brauchen

Die deutsche Kulturwissenschaftlerin Mithu Sanyal formuliert pointiert: »Männlichkeit bringt viele Nachteile mit sich. Männer werden in Kriegen verheizt, werden insgesamt öfter Opfer von Gewalttaten und sterben im Schnitt fünf Jahre früher.« Letzteres habe nichts mit Genen zu tun, sondern liege daran, dass Männer nicht lernten, »mit physischen und psychischen Problemen vernünftig umzugehen. Sie lernen: Stell dich nicht so an. Alles andere wäre weiblich. Die Genderisierung von Gefühlen ist beeindruckend und bedrückend.«[53]

Männer und Gefühle sind ein schwieriges Thema. Nach wie vor besteht insbesondere im Zugang zu und Austausch von Gefühlen bei Männern ein enormer Lernbedarf. Wir beobachten dies wiederholt in unseren Seminaren und Paarsitzungen. Sobald es um das Thema Gefühle geht, entsteht bei den Männern eine große Verunsicherung.

Es geht an dieser Stelle sicher nicht darum, anzuklagen, sondern darum, aufmerksam zu machen, den Dialog und Wege zu suchen, diesen Missstand zu überwinden. Der britische Autor Jack Urwin meint, es sei geradezu eine Notwendigkeit, »Männern Gefühle beibringen zu müssen«[54]. Er begründet dies mit der Beobachtung einer toxischen Form von Männlichkeit. Diese zeigt sich unter anderem darin, dass Männer viel seltener zum Arzt gehen als Frauen, auch die Selbstmordrate unter Männern ist höher.

Michael Cöllen zeigt auf, dass das »Drama der männlichen Liebesfähigkeit«[55] nicht erst mit der Geburt des Einzelnen beginnt. »Männlichkeit« ist ein kulturell und historisch verankertes Konstrukt. Jungs lernen von ihren Vätern. Nur was lernen sie? Die Geschichte der Kriege macht aus Männern »Soldatenmänner«: empfindungslos, hart, verbittert, traumatisiert. Zurückgekehrt aus dem Krieg sind es stumme, abwesende und strafende Väter. Wie sollte man sich als Junge damit identifizieren können?

Unsere heutige Arbeitswelt bringt es mit sich, dass Väter trotz Elternzeit und Neubestimmung der Vaterrolle nach wie vor viel Zeit ihren beruflichen Verpflichtungen opfern. Die Arbeit verschlingt die Männer und verstärkt ihre seelische Verarmung. So wie im Beispiel von David, der sich fragt, ob all das der Sinn seines Lebens sein soll (s. Kapitel 1 »Was ist Liebe?«). Obwohl anwesend, wirken diese Männer abwesend: »Wenn solche Männer nach Hause kommen, sind sie müde, wollen keine Gespräche mehr, vielleicht einmal die Kinder streicheln und dann Fernsehen oder PC«[56], so Cöllen. Das Schlimmste jedoch daran: »Das Geld, das sie nach Hause bringen, ist bald nichts mehr wert, weil die Liebe an dieser Arbeitswelt zerbricht.«[57]

Die sogenannte sexuelle Revolution sowie die voranschreitende Emanzipation der Frauen haben dazu geführt, dass sich auch Männer in Sexualität und Gefühlswelt neu erproben wollen und ihr Bild von Männlichkeit revidieren (müssen). Männer lernen hier von Frauen. Dieser Lernprozess ist lange nicht abgeschlossen: »Bei tieferer Betrachtung ist der seelische Zugewinn besonders für uns Männer durch das Zulassen größerer Gefühlstiefen unermesslich.«[58]

Um eine eher männlich geprägte Frage zu stellen: Was ist der Profit? Die Antwort darauf könnte lauten, dass sich der Mehrwert in einem umfassenderen Verständnis des eigenen Selbst findet, zu dem der Reichtum unserer Gefühle gehört. Dass die männliche Innenwelt kein unentdecktes Land bleiben muss, sondern dort auch eine Quelle für Gesundheit und Vitalität sprudelt, die für einen selbst und insbesondere in der Partnerschaft fruchtbar genutzt werden kann.

»Intimer Raum« wird so zum emanzipatorischen Lernfeld – für Männer und für Frauen. Denn auch Frauen haben im Umgang mit den Männern zu lernen. Sie reden mit ihrer Eloquenz »in Gefühlsdingen« die Männer häufig nieder, zerreden, was sie sich so sehnlichst wünschen. Frauen sind dann nicht in der Lage – meist auch infolge von Kränkungen – die Gefühle so zu transportieren, dass auch für Männer ein Lernfeld im Umgang mit Gefühlen entsteht.

### Klagen zerstört Intimität

In unseren Paarsitzungen hören wir häufig und anhaltend viele Klagen. Beklagt wird das Verhalten des Mannes, das Verhalten der Frau, das Verhalten der Kinder. Klagen im Sinne enttäuschter Erwartungen, so zum Beispiel: »Wir verbringen viel zu wenig Paarzeit miteinander«, »Wir reden zu wenig miteinander«, »Lena (Tochter) sitzt immer nur an ihrem Computer«, »Kai schläft morgens zu lange und ruht sich auf dem schriftlichen Abitur aus, statt sich auf das mündliche vorzubereiten«, »Du kommst abends nicht ins Bett, sondern sitzt stundenlang an deinem Laptop.«

Die Reaktionen auf dieses Klagen sind Gegenangriffe: »Aber du ...«, aggressives Rechtfertigen oder Schweigen und Rückzug. »Wir waren doch diese Woche wieder zusammen tanzen«, »Wir haben doch miteinander geredet, als wir nach dem Tanzen essen waren«, »Ich arbeite nicht nur am Laptop, sondern lese Nachrichten oder kümmere mich um unseren Urlaub«, »Du bist doch auch nicht besser«, »Sei doch froh, dass ich noch etwas von dir will!«, »Die heutige Generation sitzt eben viel am Computer, das lässt sich nicht vermeiden. Alle machen das, der PC ist Teil des gesellschaftlichen und kommunikativen Lebens«, »Kai hat doch alles Recht der Welt, sich jetzt nach den zwölf Schuljahren und nach dem schriftlichen Abitur etwas auszuruhen oder zu chillen.«

Diese Art von Dialog ist das Gegenteil eines intimen Dialoges. Es ist ein trennender Dialog. Denn in der Regel polarisieren sich die Partner. Der eine benennt das Negative, das Defizit, der andere betont das Positive an seinem Tun. Und sie verstärken sich gegenseitig. Je mehr der eine das Negative betont, desto mehr beharrt der andere auf dem Positiven. Beide fühlen sich nicht verstanden und suchen nach weiteren Argumenten. So kommt die Streitspirale richtig in Gang.

Alle Hindernisse können überwunden werden, wenn die Bereitschaft besteht, mich selbst mit allen Aspekten meiner Persönlichkeit in den Blick zu nehmen und mich damit meinem Partner zu offenbaren.

Weshalb nörgle ich ständig? Leide ich passiv, statt aktiv unser Leben zu gestalten, zu meiner und deiner Zufriedenheit? Woher rührt diese Unzufriedenheit in mir, die ich auf alles und jeden übertrage? Warum muss ich mich sofort rechtfertigen? Weshalb reflexartig das Gegenteil behaupten?

Sich diesen Fragen zu stellen, mit aller Unsicherheit, die damit verbunden ist, diesen Austausch zu wagen, erfordert Mut. Wir wissen in diesem Moment nicht, wie der andere darauf reagiert, wie er mich beantwortet. Es ist ein erster Schritt. Ein erster Schritt der Bereitschaft, sich selbst zu hinterfragen, die Klagespirale zu beenden.

### Übung: Bitten statt klagen

Der erste Schritt dieser Übung ist es, dass Sie beginnen, dieser »Gefühlsinkontinenz«, unbedingt klagen und jammern zu müssen, Einhalt zu gebieten. Wenn Ihnen ein Vorwurf oder eine spontane Kritik am Partner schon auf der Zunge liegt, verschließen Sie Ihren Mund. Sie können sich das, was Sie in diesem Moment *auf den Lippen ersterben lassen* und *nicht* aussprechen, aufschreiben. Legen Sie das Aufgeschriebene zur Seite und warten Sie, bis sich Ihr innerer Aufruhr gelegt hat.

In einem zweiten Schritt nehmen Sie sich Ihre Aufzeichnungen noch einmal vor und überlegen, wie Sie Ihre Kritik in eine Bitte umwandeln können. Auch dies schreiben Sie auf.

Als Nächstes bitten Sie Ihren Partner / Ihre Partnerin in einem ruhigen Moment um ein Gespräch. Er oder sie wird schon allein durch diese Bitte die Ernsthaftigkeit Ihres Anliegens spüren. Das ist viel besser, als wenn Sie Ihr Anliegen aufgeregt oder spontan äußern. Setzen Sie sich gegenüber. Sie können Ihrem Partner / Ihrer Partnerin auch mitteilen, dass es Ihnen nicht leichtfällt, ihm oder ihr Ihre Bitten vorzutragen. Dass dieser Schritt aber für Sie sehr wichtig und bedeutsam sei. Dann lesen oder tragen Sie Ihre Bitten vor.

Beispiele für Bitten an den Partner:

- »Ich bitte dich, besser für dich zu sorgen, zum Beispiel wieder mehr Sport zu machen. Ein besonderes Anliegen ist es mir, dich zu bitten, weniger Alkohol zu trinken.«
- »Ich fühle mich mit den Alltagsdingen im Haushalt alleingelassen. Ich bitte dich, dich mehr zu beteiligen. Lass uns überlegen, wie wir die Aufgaben gemeinsam unter uns aufteilen können.«
- »Es stört mich, dass du im Internet so viel auf Shoppingtour bist. Du wirkst dadurch so getrieben und unruhig. Ich bitte dich, abends damit aufzuhören.«

### Was fördert bzw. verhindert Intimität?

*Was ist förderlich?*

- Die Bereitschaft zur Aktivität, etwas für die Liebe zu tun. Liebe ist kein Selbstläufer und wir können nicht erwarten, dass die Impulse immer von unserem Gegenüber ausgehen. Es gilt, dieser Bequemlichkeit entgegenzuwirken. »Sag du doch etwas«, »Mach du doch etwas« oder »Immer muss ich den Anfang machen« – solche Sätze sind Zeichen dafür, dass die Polarität von Aktivität und Passivität nicht ausgeglichen ist. Aktiv zu werden, Impulse für die Liebe, für die Herstellung von Intimität zu setzen, ist Aufgabe jedes Einzelnen.
- Das Bewusstsein der Wirkung unserer selbst. Diesem Wirkprinzip kann sich kein Partner entziehen. Wir stimulieren uns gegenseitig, fördern oder hindern uns permanent, konstruktiv oder destruktiv. Es geht hier um das Wissen, dass allein meine Präsenz schon eine Wirkung auf den Partner hat. Das bedeutet, mir immer wieder ins Bewusstsein zu holen, dass ich mit meinem Wesen, mit allem, was zu mir gehört, mit dem, wie ich gehe, wie ich rede, wie ich rieche, wie ich mich verhalte, ob ich schreie oder verstumme, dass ich mit alldem auf den anderen einwirke. Diese Wirkung löst bei meinem Gegenüber eine Reaktion aus, eine Resonanz. Und diese beeinflusst wiederum mich. Somit kommt diesem Wirkprinzip mit der sich anschließenden Resonanz eine entscheidende Bedeutung für die Gestaltung unseres intimen Zusammenseins zu. Wir beeinflussen uns gegenseitig und gestalten dadurch unsere Liebe.

*Was ist hinderlich?*

- Passivität in jeder Spielart – Müdigkeit, Trägheit, ständiges Erschöpftsein, das Verschwinden hinter Fernseher, Tablet oder Smartphone, zu verarbeitender Arbeitsstress, der anhaltende Wunsch nach Ruhe, Rückzug und Entspannung. Dahinter steht das Bedürfnis nach Regeneration, das sich aus einem Gefühl des »Zuviel« ergibt. »Ständig wollen alle etwas von mir und jetzt auch noch du« ist ein typischer Satz, der diese Haltung zum Ausdruck bringt. Dies bedeutet nicht, dass das Bedürfnis nach Ruhe nicht auch seine Berechtigung hätte. Auszeiten sind in Ordnung und jeder von uns benötigt diese zur individuellen Regeneration. Alarmzeichen für die Partnerschaft ist es, wenn diese Bedürfnisse sich ständig steigern. Dann wird der Wunsch nach Ruhe zum bequemen Argument, keine Anstrengungen mehr für die Liebe unternehmen zu müssen. Intimität verlagert sich zunehmend zu einem Nebeneinanderherleben – ohne tiefere Begegnung, berührungslos, mit nachlassender oder eingeschlafener Sexualität oder mit Aufrechterhaltung eines ritualisierten Gewohnheitssex. Der Wunsch nach intimem Zusammensein wird auf den nächsten Urlaub verschoben.
- Hinderlich kann sein, dass Anzeichen einer sich manifestierenden Krise nicht wahrgenommen oder nicht ausreichend ernst genommen werden. Solche Anzeichen sind Süchte, permanentes Klagen und Nörgeln, eine anhaltende Gereiztheit, die sich im impulsiven Streit entladen kann, im Verstummen, in einer inneren Resignation.

# 5. Liebe und Narzissmus

Narzissmus ist eine Hauptquelle für Partnerschaftskrisen, so unsere These. Damit meinen wir immer die wechselseitigen Auswirkungen narzisstischer Anteile beider Partner. Wir gehen sogar so weit, zu behaupten, dass jegliche Form von Beziehungsstörung in Partnerschaften auf mögliche narzisstische Ursachen zurückgeht. Deshalb sollten wir noch einmal näher erklären: Was bedeutet Narzissmus eigentlich?

Narzissmus ist eine Störung in unserem Selbst, die mit mangelnder Selbstliebe einhergeht und die unsere Fähigkeit zur Partnerliebe erheblich einschränkt. Diese Störung resultiert aus frühkindlichen Erfahrungen, in denen sich für das Kind ein erstes Selbst und, davon unterschieden, die Wahrnehmung eines anderen ausbilden.

Ein stabiles und im späteren Verlauf reifes Selbst entwickelt sich, wenn das kindliche Selbst seine Bedürfnisse nach Liebe, Anerkennung, Wertschätzung und Akzeptanz erfüllt bekommt, andererseits aber auch die wichtige Erfahrung macht, dass die reale Welt Frustration, Enttäuschung und Schmerz beinhaltet. Wichtige Eigenschaften des Selbst, die sich in dieser Zeit ausbilden, sind die Fähigkeit zur Selbstberuhigung, zur Selbstwertregulation, zur Empathie, zur Mentalisierung, letztendlich zur Aufrechterhaltung eines stabilen Selbst.

Wenn diese Fähigkeiten eingeschränkt sind, äußert sich dies im Erwachsenenalter häufig in narzisstischen Reaktionen, wodurch wiederum die seelische Fähigkeit zur Gestaltung partnerschaftlicher Liebe erheblich belastet ist. Narzissmus bezieht sich immer auf ein gestörtes Beziehungsgeschehen. Das Bedürfnis nach Liebe, Anerkennung, Wertschätzung und Akzeptanz, das wir als Kinder haben, lebt auch in unseren erwachsenen Liebesbeziehungen fort. Die Frage ist aber: Wie reagieren wir in unserer Partnerschaft darauf, wenn wir die Beantwortung unserer Bedürfnisse nicht in dem Maße erhalten, wie wir sie uns ersehnen?

Narzisstische Persönlichkeitsanteile zeigen sich, wenn wir diese Spiegelung in einem Übermaß vom Partner brauchen, wenn umgekehrt Frustrationen und Enttäuschung in der Partnerschaft »uns den

Boden unter den Füßen wegziehen« oder uns »in ein tiefes Loch fallen lassen«. »Liebesenttäuschung« oder »Liebesfrustration« soll auf alle Fälle vermieden werden. Viele flüchten dann in ein grandioses Selbst, überschätzen sich und ihre Fähigkeiten maßlos. Andere wiederum flüchten in ein defensives Selbst, sie passen sich dem Partner / der Partnerin an, um geliebt zu werden. Der Partner / die Partnerin bekommt eine klare Funktion. Narzissmus in der Intimität der Paarbeziehung zeigt sich dann zum Beispiel darin, dass sich einer der Partner ständig über den anderen aufwerten will, alles besser weiß, sich in den anderen nicht einfühlen kann, darauf angewiesen ist, dass der andere genauso denkt und handelt wie er selbst. Die Qualität solcher narzisstischer Beziehungen ist dann, wie der US-amerikanische Psychiater und Psychoanalytiker Otto F. Kernberg schreibt, gekennzeichnet »durch eine häufig selbstbezogene Benutzung anderer, dem Übergehen ihrer Bedürfnisse und Gefühle, als ob sie keine abgegrenzte eigenständige Subjektivität hätten«[59].

Die Quelle von Narzissmus finden wir überwiegend in unseren ersten Liebeserfahrungen: Werden wir durch die Liebe unserer Eltern in der Entwicklung unseres Selbst gestärkt bzw. geschwächt, bildet eine gesunde bzw. eine eingeschränkte Fähigkeit zur Selbstliebe den Kern unserer Persönlichkeit. Die Fähigkeit zur Selbstliebe bestimmt gleichzeitig unsere Fähigkeit zur Partnerliebe. Selbstliebe und Partnerliebe stehen in einer bedeutungsvollen Wechselwirkung.

»Zu sich selbst gut zu sein, ist kein Sonntagsspaziergang, sondern eine lebenslange Aufgabe«, macht der Theologe Pierre Stutz deutlich, wie herausfordernd es sein kann, sich selbst zu lieben. »Echte Selbstliebe kreist nicht um sich selbst, sondern beginnt mit dem staunenden Entdecken und Entfalten seiner Gaben. Echte Selbstannahme verwirklicht sich im Integrieren der eigenen Schattenseiten.«[60]

Auch das Annehmen der eigenen dunklen, ungeliebten Seiten gehört zu echter Selbstliebe dazu. Was gerade dann, wenn wir kein stabiles Selbst entwickelt haben, sehr schwerfallen kann. Hier wird deutlich, wie eng Selbstliebe und Partnerliebe zusammenhängen. Können wir uns selbst mit allen Schwächen, mit allen Ecken und Kanten nicht annehmen, wie kann es uns dann beim Partner gelingen? Umso wichtiger ist es, dass wir lernen, uns selbst Liebe, Aufmerksamkeit, Akzeptanz entgegenzubringen.

### Übung: Morgengruß

Wenn wir Selbstliebe als Kinder nicht entwickeln konnten, bleibt dies eine besondere Aufgabe im Erwachsenenalter. Dies zu lernen geschieht nicht von allein. Wir müssen etwas dafür tun. Um diese Fähigkeit zur Selbstliebe zu stärken, braucht es unser aktives und am besten tägliches Tun. So wie die Pflege unserer Zähne kann diese Übung zu einem morgendlichen Tagesritual werden.

Stellen Sie sich an das geöffnete Fenster und begrüßen Sie den neuen Tag: »Guten Morgen, lieber Montag.« Dann öffnen Sie zentimeterweise und langsam Ihre Arme, bis sie weit ausgebreitet sind. »Guten Morgen, Erde, auf der ich leben und von der ich mich ernähren darf. Guten Morgen, Natur und mit mir lebende Kreatur. Guten Morgen Universum, von dem wir kommen und zu dem wir gehen.«

Und dann kreuzen Sie Ihre Hände vor der Brust und danken Sie. Und finden Sie dazu Ihre eigenen Worte. Zum Beispiel: »Danke für unsere zwei Kinder. Danke für all die Menschen, die mein Leben mit mir teilen. Danke für das Geschenk des Lebens, für meinen Körper und für mein Frausein/Mannsein und für meine Fähigkeiten, die ich auch heute wieder zum Nutzen dieser Welt entfalten werde.«

Partner mit ausreichender Selbstliebe fördern und achten einander, Geben und Nehmen stehen in einem ausgewogenen Gleichklang, die jeweilige Autonomie des anderen wird geachtet, Krisen werden aufgegriffen, reflektiert und besprochen, Verzeihen und Versöhnung ist möglich.

Die zerstörerische Kraft des Narzissmus innerhalb einer Paarbeziehung reißt hingegen Gräben zwischen den Partnern auf. Das Leiden an der Liebe weckt die destruktive Seite unserer Persönlichkeit. Der Partner wird vernachlässigt, bekämpft oder ausgebeutet, zur Regulation des eigenen Selbstwertes benutzt, das heißt, sich selber auf Kosten des anderen größer zu machen. Auf dieser Basis entstehen Konflikte und Krisen, die bis hin zu Gewalt und Krankheit führen können.

## Die Geschichte von *Narziss und Echo*

Unsere westliche Gesellschaft wird heute gern als »narzisstisch« beschrieben. Hierfür wird der Mythos von Narziss immer wieder herangezogen, um die Phänomene des aktuellen Zeitgeschehens zu beschreiben. Wenn Menschen von heute als narzisstisch bezeichnet oder andere Personen als narzisstisch dargestellt werden, so wird dies meist im Sinne einer ausschließlichen Selbstbezogenheit oder Selbstverliebtheit verstanden. Ein Narzisst in diesem Sinne ist daher jemand, der nur um sich selbst kreist.

Mit narzisstischer Gesellschaft ist oft übertriebener Egoismus oder Egozentrismus gemeint, wo Individuen sich nur mehr um das eigene statt um das Wohl des anderen kümmern.

Wenn wir abgesehen von dieser alltagssprachlichen Deutung die Erzählung des Narziss aus den *Metamorphosen* von Ovid[61] anschauen, zeigt sich ein vielschichtigeres Bild.

Die vielen bildlichen Darstellungen vom Mythos des Narziss konzentrieren sich zumeist auf das Bild des jungen Mannes, der sich im Wasser eines Teiches spiegelt – sein Selbstbild, in das Narziss sich verliebt. Das ist jedoch nur ein Aspekt der Erzählung.

Betrachtet man die gesamte Erzählung von *Narziss und Echo*, enthüllt sich eine rasante, tödlich endende Geschichte von der Sehnsucht, zu lieben und geliebt zu werden. Das Leben von Narziss ist eine Geschichte voller Beziehungsdramatik. Alle Kennzeichen von Narzissmus, wie wir ihn in diesem Buch beschreiben, lassen sich bereits in diesem alten Text ausmachen.

### *Die Herkunft von Narziss*

Narziss, der Sohn des Flussgottes Kephissos und der Nymphe Leiriope, wird durch Vergewaltigung gezeugt. Der Vater entzieht sich seiner Verantwortung, sodass Narziss vaterlos bei seiner alleinerziehenden Mutter Leiriope aufwächst. Aufgrund dieser Verantwortung stark verunsichert, wendet sie sich hilfesuchend an den Seher Teiresias. Dieser prophezeit, dass Narziss ein langes Leben vor sich habe, »wenn er sich nicht kennt!«.

Schon in diesen wenigen Zeilen werden wir auf Bedingungen aufmerksam gemacht, die direkten Einfluss auf die Entwicklung des heranwachsenden Kindes haben: eine durch sexuelle Gewalt vermutlich traumatisierte Mutter, ein abwesender Vater. Welche konkreten Beziehungserfahrungen sich im entwickelnden Selbst von Narziss abgespeichert haben, wissen wir nicht. Was wir allerdings durch den Mythos erfahren, ist, dass Narziss durch die Prophezeiung des Sehers Teiresias mit einer schweren Hypothek für sein weiteres Leben belastet wird. Ein langes Leben ist ihm nur beschieden, sofern er sich nicht selbst kennenlernt.

Im Umkehrschluss heißt dies, dass Narziss, wenn er sich selbst erkennt, kein langes Leben beschieden ist.

Die Prophezeiung des Sehers erschließt sich uns, wenn wir verstehen, welche Bedeutung die Fähigkeit zur Selbsterkenntnis für die partnerschaftliche Liebe hat. Sich selbst erkennen zu können, ist eng mit unserer Fähigkeit verknüpft, zu lernen, sich zu verändern, Fehler einzusehen und einzugestehen und um Verzeihung bitten zu können. Für Narziss heißt das: In dem Moment, in dem er sich selbst erkennt, wird er verantwortlich für das, was er erkannt hat. Nun muss er sich entscheiden: Lasse ich alles so, wie es ist, oder wage ich neue, andere Schritte.

Wenn sich jemand der Selbsterkenntnis entzieht, bedeutet das, einen Teil der eigenen Persönlichkeit zu leugnen, diese nicht anzuerkennen und keinen wertschätzenden Umgang damit zu erlernen. Übertragen auf aktuelle Partnerschaftsprobleme heißt das: Ich bin, wie ich bin, ich bleibe, wie ich bin; nimm mich, so wie ich bin, Veränderung ist mit mir nicht möglich. Solche Partner verharren lieber in ihrer komfortablen Blindheit. Sich auf sich selbst nicht einlassen zu können, bedeutet im Umkehrschluss, sich auch auf den Partner nicht einlassen zu können.

Sich selbst zu erkennen, bedeutet bereit zu sein, das eigene Selbstbild infrage zu stellen, sich auch mit seinen Fehlern und Schwächen auseinanderzusetzen. Dies kann ein mit Schmerz und mit Scham verbundener Prozess sein. Öffnet aber den Schritt zur Veränderung. Der Veränderung meiner selbst und der Fähigkeit zur Gestaltung der Partnerschaft.

Folgen wir weiter dem Mythos von *Narziss und Echo.*

### *Das Schicksal von Echo*

Echo ist eine grausam Bestrafte. Sie erzürnt die Göttergattin Hera, die Zeus gerne in flagranti mit einer Nymphe erwischen würde. Echo, die sich den anderen Nymphen schwesterlich verbunden fühlt, verhindert dies, indem sie Hera in lange Gespräche verwickelt. Als Hera dies durchschaut, tobt sie vor Zorn und bestraft Echo damit, nicht mehr über ihre Sprache verfügen zu können. Alles, was Echo bleibt, ist zu wiederholen, was andere zuvor gesprochen haben.

Auch bei Echo finden wir eine Bürde, die ihre Beziehungsfähigkeit in hohem Maße einschränkt. Durch die Bestrafung der »Göttermutter« Hera wird Echo in ihrer Vitalität und ihrer Fähigkeit zum Selbstausdruck in zerstörerischer Weise eingeschränkt. Voller Sehnsucht nach Liebe und einem Liebespartner kann Echo sich einem möglichen Partner nur annähern, indem sie stereotyp auf dessen letzten Worte antwortet. Aus sich heraus ist sie zu keiner eigenen Sprache fähig. Die Liebe, die von der Zwiesprache lebt, bleibt ihr verschlossen.

*Das Scheitern von Narziss und Echo*

Echo verliebt sich in Narziss. Doch wie kann sie sich ihm nähern, ihm ihre Liebe offenbaren, obwohl sie keiner eigenständigen Sprache mächtig ist? Eines Tages erblickt sie Narziss im Wald, ohne dass dieser sie bemerkt. Sie versucht, auf sich aufmerksam zu machen. Narziss merkt, dass jemand in seiner nächsten Nähe ist und ruft: »Ist jemand da?« Auf diesen Moment hat Echo gewartet. Mit aller Verführungskraft antwortet sie: »Da!« Narziss schaut sich um und erblickt niemanden. Also ruft er: »Komm.« Und Echo antwortet sehnsuchtsvoll: »Komm!« Immer noch niemand erblickend ruft Narziss: »Warum fliehst du mich?« Und Echo gibt diese Frage neckisch werbend zurück: »Fliehst du mich?« Als Narziss nun Echo mit dem Satz anruft: »Vereinen wir uns!«, versteht dies Echo als Liebesangebot und tritt voller Vorfreude mit dem Satz: »Einen wir uns« aus dem Wald, um Narziss liebend zu umarmen. Aber Narziss entwendet sich der Umarmung, flieht und ruft: »Eher den Tod, als dass du mir nahtest in Liebe.«

Echo, verschmäht von Narziss, kann diese Kränkung nicht überwinden. Sie zieht sich in die Wälder und das Gebirge zurück, verweigert die Nahrung und stirbt letztendlich.

Narziss, der nicht nur Echo, sondern auch viele weitere, weibliche und männliche, Liebesangebote zurückweist, wird schließlich von einem der verschmähten Liebhaber – anderen Quellen zufolge von der Göttin Nemesis – verflucht: Soll er sich doch selbst lieben und niemals in der Liebe Glück finden.

Und so kommt es: Narziss verliebt sich, in einen Teich blickend, in sein Spiegelbild. Er hält dieses Bild zunächst für einen anderen Jüngling, bis er merkt, dass er es selbst ist. Sein ganzes Begehren richtet sich auf dieses Bildnis im Teich, das ihm bei jedem Versuch einer körperlichen Umarmung entschwindet. Vor Sehnsucht zu sich selbst verzehrt, stirbt er.

Ein tragischer Mythos, voller leidvoller Liebeserfahrungen. Bei Echo würde man in der Folge der nicht erwiderten Liebe heute von einer Suchterkrankung (Anorexie) sprechen, bei Narziss von einer Persönlichkeitsstörung.

Narziss und Echo stehen im Bann »göttlicher« (elterlicher) Weisungen. Diese Fesseln können sie nicht abstreifen. Die Altlast der Prophezeiung, die Narziss bestimmt, dass er nur ein langes Leben habe, wenn »er sich nicht kennt«, sowie Echos Einschränkung, keine eigene Sprache (und damit keine Autonomie) zu haben, verhindern die Entwicklung ihrer Liebesfähigkeit. Beide bleiben in sich selbst gefangen und finden keinen Weg zum anderen. Eine partnerschaftliche Liebe bleibt ihnen versagt.

Der Ovid'sche Mythos um Narziss und Echo verweist auf das klassische »Stirb und Werde«, dem Prinzip des ewigen Wandels. Sich selbst zu erkennen öffnet die Tür zu unserer »inneren« Persönlichkeit und konfrontiert uns mit den Möglichkeiten, Altes hinter uns zu lassen und Neues zu entwickeln. Die Optionen zu Veränderung und Weiterentwicklung liegen vor uns. Es liegt an jedem Einzelnen, diese Chance zu nutzen, zu wachsen und zu reifen. So hat jede Selbsterkenntnis einen Preis. Etwas »stirbt« in mir, damit sich Neues entfalten und gestalten kann. Oder aber ich verharre und verbleibe in meinem gewohnten »Selbstbild« und »Selbstverständnis«, dann stirbt eventuell die Liebe meines Partners, meiner Partnerin zu mir.

Narziss als auch Echo verweigern sich dem Werden. Echo, die Verschmähte, verharrt in ihrem Liebeskummer, verweigert die Nahrung, bis »die Säfte des Leibes schwinden«. Narziss verzehrt sich nach sich selbst, unfähig, sich von diesem flüchtigen Selbstbild zu lösen, in vollem Wissen über die Unmöglichkeit seines Tuns, bereit, alle Konsequenzen auf sich zu nehmen, auch den Tod.

Die Weise, in der Narziss und Echo ihrem Selbst verhaftet bleiben und wie sie jeweils auf den anderen reagieren, gibt uns Auskunft über zwei zu unterscheidende Formen von Narzissmus, die in Partnerschaften wirksam werden: den *offensiven* Narzissmus und den *defensiven* Narzissmus.

Narziss verkörpert den Typus des offensiven Narzissten: sich in seiner Grandiosität selbst spiegelnd, selbstüberzeugt, das eigene Selbst aufwertend bei gleichzeitiger Abwertung des anderen. Echo verkörpert den Typus des defensiven Narzissten: angepasst, eher gehemmt, sich selbst eher minderwertig fühlend, bei gleichzeitiger Aufwertung des anderen. Beide Formen behindern die partnerschaftliche Liebe, beide Formen sind Ausdruck eines im Kern unsicheren und verletzlichen Selbst.

Menschen mit narzisstischen Persönlichkeitsmerkmalen haben keine ausreichenden Möglichkeiten, sich in sich selbst wohl, gesund, zufrieden und beheimatet zu fühlen. Sie brauchen von außen, durch den Spiegel anderer Menschen, in übersteigertem Maße Anerkennung und Bestätigung. Erst durch den anderen können sie sich selbst spüren und in ihrer Existenz bestätigt fühlen.

Diese Menschen sind stärker »von außen« als »von innen« bestimmt. Die Wirkung auf andere und das, was ihnen zurückgespiegelt wird, lässt sie sich in ihrem Selbsterleben und besonders in ihrem Selbstwert sicher bzw. unsicher fühlen. Daraus erwachsen häufig Neidgefühle, Eifersucht und Konkurrenzverhalten: auf andere Frauen und Männer – manchmal sogar auf die eigenen Kinder und in Patchwork-Beziehungen auf die Kinder aus der früheren Beziehung des Partners.

Dominiert werden solche Menschen von einer inneren Unruhe, die sie ständig antreibt und die es ihnen schwer macht, sich kontinuierlich auf etwas einzulassen. Denn immer wieder erscheint etwas Neues am Horizont, das sie auch interessiert. Dann wird das gerade Begonnene oder nur kurzzeitig Ausgeübte beendet und zum Nächsten übergegangen. Die digitalen Medien verstärken auf vielfältige Weise diese innere Unruhe. So erzählt ein Mann: »Es ist so nervig. Jeden Abend liegt meine Frau mit dem Tablet neben mir im Bett und ist auf Shoppingtour. Ich lese in meinem Buch und sie fragt mich alle fünf Minuten, wie ich diesen Sessel oder jene Schuhe finden würde.«

Es gehen »Innerlichkeit« und Achtsamkeit verloren. Die äußeren Reize – die Informationsflut, ständiges Konsumieren – nehmen uns komplett in Beschlag und vergiften den Alltag eines Paares. Der Motor dieser permanenten Unruhe ist das Ringen um Anerkennung, die rastlose Suche nach Aufwertung des eigenen Selbstwertes. Wird etwas gefunden, das Anerkennung und Aufwertung verspricht, lädt sich das Selbst auf. Solche Menschen wirken wie elektrisiert. Es ist das erregende Gefühl, wichtig zu sein und gesehen zu werden. In seiner pathologischen Form kann dieser Hunger nach Anerkennung[62] bis zur Auszehrung des eigenen Selbst (Essstörungen, Sucht, übertriebener Körperkult usw.) führen.

In einer harmloseren Form können Sie narzisstisches Verhalten zum Beispiel in Gesprächen erkennen, wenn Ihr Gegenüber nicht mehr aufhören kann zu reden, wenn das Gespräch zur Selbstdarstellung wird und Ihr Gegenüber Sie durch sein ununterbrochenes Reden zum langen Zuhören zwingt. Gute Gespräche sind wie ein Ballspiel, in dem der Ball von einem zum anderen geworfen wird und zurück. Der eine nimmt den Ball auf, bezieht sich auf das, was sein Gegenüber gesagt hat, und antwortet darauf, indem er das Gespräch mit Fragen oder eigenen Gedanken anreichert. Damit wird der Ball zurückgespielt und der andere kann die Partie entsprechend fortsetzen. In narzisstisch geprägten Gesprächen landet der Ball beim Gegenüber und verbleibt dort. Das Gespräch wird zum Monolog. Es ist kein Interesse am Du vorhanden und somit auch keine wirkliche Begegnung möglich. Der andauernde Selbstbezug resultiert aus der Einsamkeit eines nicht gesehenen Kindes und führt im Erwachsenenalter tragischerweise wieder in die Einsamkeit.

## Offensiver und defensiver Narzissmus

Mit der Beschreibung eines offensiven und defensiven Narzissmus[63] werden zwei unterschiedliche Typen von Menschen mit narzisstischen Anteilen charakterisiert. Dies entspricht Unterscheidungen narzisstischer Auffälligkeiten, die »auf einem Kontinuum zwischen den Endpunkten eines unbeirrten [dies umschreibt einen offensiven Typus, Anm. d. A.] und eines hypervigilanten Narzissmus [dies umschreibt einen defensiven Typus, Anm. d. A.] eingeordnet werden.«[64] Mit Kontinuum ist gemeint, dass es zwischen diesen beiden Endpunkten graduell unterschiedliche Ausprägungen von Narzissmus gibt. Wir möchten an dieser Stelle betonen, dass wir Narzissmus nicht im Sinne der Klassifikation psychischer Störungen meinen. Menschen mit einer Persönlichkeitsstörung können ihre

Erkrankung auch durch verstärkte Bemühungen, Selbstdisziplin oder Willenskraft nur schwer oder gar nicht beeinflussen. Folgen der psychischen Symptomatik sind dann meist große Probleme, den Alltag zu meistern. Menschen mit narzisstischen Persönlichkeitsmerkmalen können in der Regel ihren Alltag meistern, aber in ihren Beziehungen tauchen die in diesem Buch beschriebenen Schwierigkeiten zwischen den Partnern auf.

*Paarbeispiel: Auftritt offensiver und defensiver Narzissmus*
Frank und Hannah sind seit dreißig Jahren ein Paar. Sie haben drei Kinder. Frank hat Hannah einen Brief geschrieben, in dem er ihr mitteilt, dass er so nicht mehr weiterleben könne. Er schlägt eine räumliche Trennung vor.

Hannah schildert Franks Unzufriedenheit. Die Firma, in der er arbeite, sei ein »Scheißladen«; jeden Abend, wenn er nach Hause käme, würde er darüber schimpfen. Auch die aktuelle Politik sei scheiße, die Gesellschaft, in der wir leben, sei scheiße, die Arbeit im Sportverein, in dem er ehrenamtlich tätig sei, alles scheiße. Er habe keine Freunde und auch in der Familie und im Zusammensein mit den Kindern sei er nicht sehr präsent. Wenn sie allerdings ein paar Tage mit ihren Freundinnen verreist sei, würde er aus dem Zuhause ein Erziehungscamp machen.

Sie ertrage diese Unzufriedenheit nicht mehr und habe sich deshalb emotional ganz von ihrem Mann zurückgezogen. Sie habe auch lange – mehrere Monate lang – nicht mehr mit ihm schlafen können. Jetzt würde sie es wieder tun, weil sie sehe, wie sie ihn durch ihre Ablehnung verletze.

Er beklagt, dass diese sexuelle Zurückgezogenheit seiner Frau nicht erst seit ihrer aktuellen Krise bestehe. Er habe in der dreißigjährigen Beziehung unzählige Ablehnungen erlitten. Er habe häufig gehört, dass es zu spät am Abend sei oder sie Kopfschmerzen habe oder dass er nach Bier rieche. Um seine Worte zu unterstreichen, überreicht er uns einen Aufsatz über eine wissenschaftliche Studie zum Thema Hormone und Sexualität. Aus dieser Studie geht hervor, wie sich das Wohlbefinden und auch die Lebensqualität bei regelmäßig ausgelebter Sexualität erhöhen würden.

Hannah schaut etwas irritiert, da sie von diesem Artikel nichts wusste. Aber sie bestätigt, dass sie sich tatsächlich eine Zeit lang sexuell zurückgezogen habe, weil sie seine ständige Unzufriedenheit genervt habe. Aber jetzt würde sie sich wieder mehr einlassen, habe den gemeinsamen Sex sogar ein paar Mal selbst initiiert.

Daraufhin ergibt sich folgender Wortwechsel:

Frank: »Das machst du nicht, weil du auch Lust hast und mich begehrst, sondern nur um es mir recht zu machen.«

Hannah: »Das stimmt nicht: erinnerst du dich, wie viel Lust ich beim letzten Mal hatte?«

Frank: »Aber anschließend bist du gleich eingeschlafen. Ich hätte noch gerne länger mit dir zusammen wach gelegen.«

Hannah erlahmt an dieser Stelle. Ihr fällt dazu nichts mehr ein. Erneut dominiert seine Unzufriedenheit. Auf jeden Einwand findet er ein Gegenargument. Es zählt einzig und allein seine eigene Wahrnehmung, Hannahs Wahrnehmung wird entwertet und zunichtegemacht.

Frank steht in diesem Paarbeispiel für den Typus des offensiven Narzissten, Hannah für den Typus des defensiven Narzissten. Beide ringen um ihre Liebe, jeder auf die ihm mögliche Weise. Frank verhält sich fordernd und rechthaberisch, Hannah schwankend zwischen Anpassung und Rückzug. Beide sind in ihrem Selbst verletzt. Beide reagieren in unterschiedlicher Weise. In der Intimität ihrer Partnerschaft wird diese Verletzlichkeit akut und zunehmend krisenhaft: Beide fühlen sich durch den jeweils anderen nicht richtig gesehen, anerkannt und geliebt. Die fehlende Anerkennung und Liebe wird als Kränkung erfahren.

Die narzisstische Reaktion auf diese Kränkung wird von Frank offensiv und von Hannah defensiv ausgelebt. Frank kann es niemand recht machen. Weder im Beruf noch in der Gesellschaft, nicht die Kinder, nicht seine Frau. Schuld an seiner permanenten Unzufriedenheit sind immer die anderen. Jegliche Eigenverantwortung wird abgewehrt und reflexhaft den anderen schuldhaft in die Schuhe geschoben. Sex wird zum Liebesbeweis machtvoll und als »lebensnotwendig« eingefordert. Die Sexualität ist der Kanal, auf dem sich Frank das ihm zustehende Recht auf Liebe (und damit Selbstwertzufuhr) holen kann. Der offensive Typus des Narzissmus stellt den anderen in den Dienst seines Selbst.

Hannah wiederum passt sich an. Jahrelang hört sie geduldig zu und erträgt Franks Poltern. Innerlich wird ihr geringes Selbstwertgefühl durch seine Kritik an ihr, dem Gefühl, nichts richtig zu machen und damit selbst falsch zu sein, verstärkt. Mit der Zeit erlahmt auch ihr sexuelles Begehren und sie schläft nicht mehr mit Frank. Als sie allerdings mitbekommt, wie sehr Frank unter diesem Sexentzug leidet, belebt sie erneut ihre sexuelle Aktivität mit ihm. Der defensive Typus des Narzissmus stellt sein Selbst in den Dienst des anderen.

Beide beziehen ihren Partner in das eigene »narzisstische System« ein. Es ist im Grunde ein anhaltender Missbrauch: Ich benutze dich, um mich selbst gut zu fühlen.

## Wie Narzissten mit Kränkungen umgehen

Sowohl der offensive als auch der defensive Typus des Narzissmus haben ein verletzliches und unsicheres Selbst. Menschen mit einem verletzlichen und unsicheren Selbst reagieren in Belastungssituationen schnell emotional impulsiv oder erschrocken nachgebend. Jeder kleinere oder größere Hinweis, nicht gesehen, anerkannt und geliebt zu sein, trifft sie und sie reagieren gekränkt. Kränkbarkeit ist ein wesentlicher Indikator für Narzissmus (s. auch das Unterkapitel »Erkenne dich selbst – unsere schwelende Kränkbarkeit« in Kapitel 2). Wir reagieren, wenn dieses verletzliche und unsichere Selbst mit seinen bedrohlichen Gefühlen ins Schwingen gebracht wird.

> Kränkbarkeit ist ein wesentlicher Indikator für Narzissmus.

Wie können diese Kränkungen bewältigt werden? Für den offensiven Narzissten besteht eine Strategie darin, sich in überhöhte Größenfantasien zu flüchten. Er nimmt sich zum alleinigen Maßstab in der Betrachtung seiner selbst und der Beurteilung anderer, auch in der Partnerschaft. Damit umgeht er die für ihn bedrohliche Selbsterkenntnis, dass es durchaus noch andere berechtigte und gleichwertige partnerschaftliche Haltungen und Meinungen geben könnte und seine Meinung nicht unbedingt die richtige ist. Dadurch wehrt er unbewusst alle damit verbundenen unangenehmen Gefühle ab, wie zum Beispiel Unsicherheit, Scham und Angst. Vor diesem Hintergrund setzt er seine Sicht der Dinge rigoros und aggressiv durch. Schuld hat immer der andere. Er demonstriert Macht und beutet den Partner aus.

Der defensive Narzisst wiederum bewältigt seine Kränkung, indem er sich in die Verschmelzung mit einem idealisierten anderen rettet. So bleibt dieser Partner von der Stabilisierung durch den Partner abhängig, braucht und benutzt ihn dafür. Er nimmt sich eher zurück, wirkt gehemmt, ist ein guter Zuhörer. Er macht sich ganz klein, damit der andere sich groß fühlen kann und sich dann um ihn kümmert. Dies kann bis zur Erstarrung oder Selbstaufgabe führen, statt die eigenen Anliegen angemessen durchzusetzen. Auch hier finden sich aggressive Impulse, doch zeigen sie sich eher subtil, manipulativ oder verweigernd (wie zum Beispiel im Rückzug aus der gemeinsamen Sexualität bei Hannah). Die Schuld und Verantwortung der partnerschaftlichen Misere wird bereitwillig und vorschnell auf sich genommen. Im Übernehmen dieser Opferrolle zeigt sich der defensive Narzisst »einsichtig« und als der scheinbar »Gute« und moralisch »Bessere«. Auf diese Weise wertet sich der defensive Narzisst in seinem Selbst auf Kosten des anderen auf und geht jeglichem Konflikt aus dem Weg. Abgewehrt werden auch hier die mit der Selbstwertverletzung verbundenen Gefühle wie Unsicherheit, Scham, Angst und auch Wut.

Typisch für den defensiven Narzissten ist sein Taumeln zwischen einer unguten Selbstaufwertung (durch Nachgeben bis hin zur Selbstaufopferung, der Bessere sein zu wollen), um bald darauf einen »Selbstwertkollaps« zu erleiden, indem er sich ganz minderwertig und falsch fühlt. So staunen wir in unseren Seminaren und Therapiesitzungen immer wieder, mit welch kompetenten Menschen wir es in Wirklichkeit zu tun haben. Menschen mit hohen Qualitäten und vielfältigen Begabungen, die sich selbst aber als unbedeutsam und unwichtig erachten. So auch Hannah. Sie ist eine sehr kluge Frau, die im Beruf und im Alltag selbstbestimmt und kompetent handelt. Aber sie lässt sich jahrelang in ihrer Beziehung immer wieder abwerten und als Ursache aller Probleme hinstellen. Sie ist trotz all dieser Schmähungen in der Paarbeziehung geblieben, hat zwischen dem Vater und den Kindern vermittelt und ausgeglichen. Auch körperlich-sexuell hat sie sich immer wieder auf ihren Mann eingelassen. Nach außen verteidigt sie sich stets gegenüber ihrem Mann, nach innen wachsen zunehmend Unsicherheit und Zweifel an ihren Fähigkeiten. Um die damit verbundenen Gefühle nicht zu stark werden zu lassen, wertet sie sich innerlich dadurch auf, dass sie sich für die moralisch Bessere hält. Ihr Partner ist der auch für die Kinder sichtbare aggressive Polterer, sie in ihrer sanftmütig und duldenden Art die »Gute«.

Der offensive Narzissmus berauscht sich hingegen an seinem eigenen Selbst. Sein vorherrschendes Gefühl ist das der Euphorie. Allerdings hält dieses Gefühl der Euphorie nicht lange an. Es weicht schnell einem »schalen Gefühl«, denn nichts von all der Großartigkeit zeigt Nachhaltigkeit, führt zu grundlegender Zufriedenheit oder einer »Sättigung«. Viel heiße Luft um nichts.

Der offensive Narzisst berauscht sich am eigenen Selbst, der defensive Narzisst zweifelt am eigenen Selbst.

Der defensive Narzisst ist derjenige, der das aushält, sich anpasst bis unterordnet und dem offensiven Narzissten alle Aufmerksamkeit schenkt. Mit der Zeit wendet dieser sich genervt und resigniert ab, beginnt auch seinerseits in der Partnerschaft zu nörgeln und bei Freunden über den Partner zu schimpfen.

Wie empfinden Narzissten ihr Leben? Bei den offensiven Narzissten dominiert das Gefühl der Gereiztheit, des Missmuts und der Unzufriedenheit, bei den defensiven Narzissten dominiert das Gefühl von Ängstlichkeit und Selbstzweifel. Alles wird eher grau statt bunt gesehen. Beiden fällt es schwer, ganz im Hier und Jetzt, in der Kostbarkeit des Augenblicks zu verweilen.

Sowohl der offensive als auch der defensive Narzisst wehren die mit ihrer Verwundbarkeit verbundenen Gefühle wie Scham, Angst, Schuld, Einsamkeit und innere Leere ab. Dem Gefühl der Scham kommt dabei eine besondere Bedeutung zu.

Scham ist ein mächtiges Gefühl. Angst oder Wut zu zeigen fällt uns leichter. Die Scham versteckt sich. Scham entsteht, wenn wir die Empfindung haben, den Anforderungen unserer Umwelt und insbesondere unserer geliebten Bezugspersonen in einer wesentlichen und unentrinnbaren Hinsicht nicht zu genügen.[65] Scham ist eines der stärksten und quälendsten Gefühle, das Menschen haben können. Leere und Sinnlosigkeit sind möglicherweise leichter zu ertragen als Scham. Also lieber leer sein und nichts fühlen, als diese quälende Scham wahrzunehmen, die uns von anderen ausschließt.

Hinzu kommt für beide Formen des Narzissmus, dass diese Grundgefühle mit negativen Gedanken und Feststellungen wie »ich bin minderwertig«, »ich bin ein Nichts«, »ich bin alleine« verbunden sind. Solche negativen Grundannahmen, bezogen auf die Umwelt oder andere Menschen, lauten zum Beispiel: »Andere Menschen mögen mich nicht«, »andere Menschen sind dumm« oder »andere Menschen sind gefährlich«. Solche Gefühle und Gedanken verankern sich in unserem Selbst und werden zu »einer wesentlichen treibenden Kraft der gesamten narzisstischen Problematik«[66].

Mit solchen Gefühlen und Gedanken, die die eigene Identität und das Bild von sich selbst bedrohen, will niemand gerne in Berührung kommen. Die Intimität einer Partnerschaft bringt es aber mit sich, dass der Partner diese verborgenen Gefühle und Gedanken in uns wachruft. Denn niemand kommt uns in der Regel so nahe wie unser Partner. Wir lernen uns gegenseitig umfassend kennen, körperlich, geistig, seelisch. Deshalb sind wir in der Intimität unserer Partnerschaften besonders verwundbar. Niemand kann uns so bloßstellen wie der eigene Partner. Im Streit, im Konflikt und in der Krise wird dieses Verletzliche in uns berührt und wir reagieren darauf.

### Merkmale von offensivem und defensivem Narzissmus

Kennzeichnende Zuordnungen sind problematisch, da sie sehr schnell plakativ wirken und die Gefahr der Eins-zu-eins-Übertragung in sich bergen. Der Realität entsprechen eher fließende und graduelle Unterschiede, die stärker und schwächer ausgeprägt sind. Trotzdem wagen wir im Folgenden den Versuch einer typisierenden Zuordnung narzisstischen Verhaltens, um Ihnen einen Überblick zu ermöglichen. Bei der folgenden Aufzählung können Sie und Ihr Partner / Ihre Partnerin prüfen, wo Sie sich wiederfinden. Seien Sie selbstkritisch.

*Der offensive Narzisst*

- besteht darauf, recht zu haben,
- kann nichts auf sich sitzenlassen, beantwortet Kritik mit Gegenkritik,
- stellt sich oft in den Mittelpunkt; er geht davon aus, dass seine Vorstellungen auch für andere richtig sein müssen,
- braucht viel Bewunderung und Zuspruch. Bleibt dies aus, wird er/sie missmutig und verbreitet schlechte Stimmung,
- richtet seine Aufmerksamkeit auf äußere Anerkennung (Mode, Kosmetik, körperliches Aussehen, Fitness, sozialer Status),
- ist rastlos und selten zufrieden,
- kann nicht wirklich genießen, muss bald nach neuer Befriedigung Ausschau halten,

- hat viele Freunde, aber keinen engen Freund / keine richtige Freundin,
- funktionalisiert sein Gegenüber und macht andere zum Objekt seiner Selbstaufwertung,
- ist im Beruf ehrgeizig und strebsam; steht unter dem Druck, Besonderes leisten zu müssen, und neigt dazu, ein Workaholic zu werden,
- erkennt eigene Grenzen, Schwächen oder Fehler nicht mehr oder leugnet sie,
- schätzt die eigene Kompetenz unrealistisch hoch ein und macht sie für alle Bereiche geltend.

*Der defensive Narzisst*

- ist oft gehemmt und verzagt, wirkt ängstlich und unsicher,
- ist gut angepasst, fällt kaum auf, ist hilfsbereit und gutmütig,
- lebt kaum noch sich selbst; tendiert zur Selbstaufgabe,
- klagt oft über Minderwertigkeitsgefühle,
- identifiziert sich mit negativen Zuschreibungen aus der Kindheit (»du bringst mich noch ins Grab«; »was soll bloß aus dir werden«; »du enttäuschst mich«),
- traut sich wenig zu, stellt sich nicht öffentlich in den Mittelpunkt,
- tut sich schwer damit, sich feiern und würdigen zu lassen und die guten Eigenschaften und Fähigkeiten bei sich selbst anzuerkennen,
- wertet eigene Erfolge ab: Das ist doch selbstverständlich, das ist doch meine Pflicht, das war nur Glück oder Zufall. Gleichzeitig reagiert er/sie gekränkt, wenn das Lob, die Anerkennung für die Leistungen ausbleiben sollten,
- fällt dadurch auf, dass er/sie sich entwürdigen, demütigen, beleidigen und im Extremfall sogar schlagen lässt,
- tut alles, um den Partner zu unterstützen, und hebt ihn auf einen Thron,
- benutzt Ausdrucksformen wie betteln, klagen, jammern, stöhnen (»das ist mir zu viel«; »das schaffe ich nicht«; »lass mich nicht allein«; »das wird sowieso nichts«).

Oft wird die Verantwortung in Krisen an den Partner delegiert. Umso schwieriger ist die Einsicht, dass jeder Einzelne an dieser Konfliktdynamik beteiligt ist. Die Fähigkeit zur Selbsterkenntnis verlangt die Bereitschaft, Neues zu üben. Im Fachjargon ist hier immer wieder von Selbstregulation die Rede.

Was bedeutet dies ganz konkret? Ein erster Schritt ist es, sich dem verletzten inneren Kind zuzuwenden und es zu beruhigen (s. den Abschnitt »Die Fähigkeit, die eigenen Gefühle zu steuern – Selbstregulation I« in Kapitel 3). Außerdem gilt es, Gefühle und negative Gedanken in den Griff zu bekommen. Die dominierenden Grundgefühle von Scham, Angst, Schuld, Einsamkeit und innerer Leere beeinflussen die Gedanken über das eigene Selbstbild und die Einschätzung des Partners. Narzissten können ihre eigenen Schwächen nicht ertragen, ertragen sie deshalb auch nicht bei ihrem Partner. Wenn Narzissten »in diesen Wahrnehmungspfad hineingeraten, dann verengt sich ihr Blick beispielsweise auf die etwas zu lange Nase der Partnerin, während ihre Vorzüge aus dem Gesichtsfeld verschwinden«[67]. So wird vieles »schwärzer als schwarz« gesehen, noch negativer, als es in Wirklichkeit ist.

Selbstregulation heißt nun, bewusst dieser Abwertung des eigenen Selbst bzw. des Partners aktiv und willentlich positive Fakten entgegenzustellen.

Negativen Gedanken, wie zum Beispiel »Ich habe ihn wieder enttäuscht« und »Ich bekomme das sowieso nicht hin«, sollten positive – gerade im Hinblick auf die Partnerschaft – entgegengesetzt werden. Zum Beispiel: »Ich habe ihm bei seiner Berufskrise regelmäßig zugehört und bin ihm dabei eine treue Begleiterin«; »Ich habe letzte Woche aufregenden Sex mit ihr gehabt«; »Ich bin seit fünfzehn Jahren an ihrer Seite«.

Eine weitere Übung zur Selbstregulation besteht darin, die oftmals automatisch negative Bewertung eines Ereignisses zu hinterfragen und ins Positive umzudeuten. So zum Beispiel die negative Aussage: »Sie ist gleich nach dem Sex eingeschlafen, also hat sie eigentlich gar kein Interesse an mir« in: »Sie hat mit mir geschlafen und dabei sogar Lust empfunden. Also muss es ihr Freude machen, mit mir zu schlafen« umzudeuten. Solche Gedanken entfalten ihre Wirkung in der regelmäßigen Wiederholung. Am besten jeden Tag. Manchmal auch in jedem Augenblick, wenn ein negativer Gedanke uns erfasst.

### Übung: Waagschale

*Erster Schritt:*
Überlegen und notieren Sie drei negative Gedanken über sich selbst.

Dann lassen Sie sich ein wenig Zeit und suchen Sie drei positive Gedanken bzw. konkrete positive Handlungen, die Sie zufrieden machen oder auf die Sie sogar stolz sind, und schreiben Sie diese neben die negativen Gedanken.

*Zweiter Schritt:*
Überlegen und notieren Sie drei negative Gedanken über Ihren Partner, Ihre Partnerin.

Dann lassen Sie sich ein wenig Zeit und suchen Sie drei positive Gedanken bzw. konkrete positive Handlungen, die Sie bei Ihrem Partner, Ihrer Partnerin erlebt haben. Schreiben Sie diese neben die negativen Gedanken.

*Dritter Schritt:*
Lesen Sie sich die drei positiven Gedanken bzw. Handlungen laut vor. Langsam. Wort für Wort betonend und auf die Resonanz Ihrer eigenen Worte achtend. Lassen Sie das laut Gesprochene in sich eindringen, damit es sich in Ihnen verankert, im Gefühl, aber auch in Ihren Gedanken. Danach nehmen Sie einen tiefen Atemzug.

Der erste Schritt hat eine große Bedeutung für die eher defensiven Narzissten, der zweite Schritt für die eher offensiven Narzissten. Gerne können Sie sich in beidem üben. Wie ich mich bewerte, steht letztendlich in einer engen Beziehung zu dem, wie ich dich bewerte – und umgekehrt.

Generell sind Kreativität und Erfindungsreichtum in der Erweiterung von Techniken zur Selbstregulation gefordert. Grundsätzlich hilfreich dabei ist es, auf eine gute Selbstfürsorge zu achten und regelmäßig in einen Zustand von Ruhe und Zufriedenheit zu finden. So schreibt Frieda, die um ihre hohe seelische Verletzlichkeit weiß und im Streit immer wieder von heftiger Wut auf ihren Mann überflutet wird:

*Mir hilft, dass ich insgesamt achtsamer mit mir umgehe. Ich achte immer wieder auf meine Atmung und nehme diese wahr. Ich achte darauf, zu essen, wenn ich Hunger habe, denn ich habe festgestellt, dass ich immer gereizter werde, wenn ich nicht esse. Ich achte in meinem Alltag darauf, einen körperlichen Ausgleich zu finden und regelmäßig an die Luft zu gehen. Mir hilft unser Kater, ihn anzuschauen und zu kraulen beruhigt mich. Manchmal hilft mir auch, dass ich eine Kerze anzünde.*

Überlegen Sie einmal für sich: Welchen Stellenwert hat eine gute Selbstfürsorge in Ihrem Leben? Wie sorgen Sie dafür, in einen Zustand von Ruhe und Achtsamkeit zu finden?

### Die Kunst der Konfrontation

Die beiden Formen des Narzissmus benötigen auch den Mut zur Konfrontation. Auch dies gehört zur Intimität der Liebe. Hier liegt die große Chance, die Masken des Narzissmus zu enttarnen.

Doch der Zeitpunkt muss richtig gewählt sein. Im erhitzten Streit verliert jegliche Konfrontation ihren Nutzen. Die Konfrontation mit den störenden Verhaltensweisen des Partners und deren Auswirkungen auf die Partnerschaft erfolgt am besten in Friedenszeiten.[68] Entscheidend ist, dass nicht aus der eigenen Kränkung heraus agiert wird. Es helfen Verabredungen zur gemeinsamen Reflexion des Krisenszenarios und die innere Bereitschaft, sich selbstkritisch mit eigenem Fehlverhalten auseinanderzusetzen. Unterstützend wirkt, mit eigenen Fehlern und Schwächen offen und akzeptierend umzugehen sowie an positives Erleben innerhalb der Partnerschaft anzuknüpfen. Dann sind auch konfrontative Sätze möglich wie zum Beispiel:

»Ich würde gerne wissen, ob du merkst, welche Stimmung du verbreitest und wie diese Stimmung auch mich trifft?«

»Ich habe den Eindruck, dass dich ›mein Verhalten‹ getroffen oder sogar gekränkt hat.«

An dieser Stelle kann der konkrete Anlass benannt und gemeinsam identifiziert werden: »… dass ich erneut zu spät gekommen bin, … dass ich zu viel Zeit mit meinen Freunden/Freundinnen verbracht habe, … dass ich gestern nicht mit dir geschlafen habe« usw.

»Ich spüre, wie ich mich immer weiter von dir entferne.«

»Um meine Liebe zu dir wieder zu spüren, brauche ich ein Zeichen, dass dir deine Selbstfürsorge auch wichtig ist.« (Da du viel arbeitest, kaum noch Sport machst, viel Alkohol trinkst, Freundschaften vernachlässigst …)

»Sex geht bei mir nicht auf Knopfdruck – es wäre schön, wenn mich auch im Alltag kleine Liebeshinweise von dir erreichen.«

»Ich bitte dich, in einem anderen Ton mit mir zu sprechen.«

»Ich bitte dich, die ewige Kritik bleiben zu lassen. Ich brauche auch positive Rückmeldungen von dir.«

»Du kreist nur um dich selbst. Kannst du sehen, was das mit mir macht?«

»Das ist deines, nicht meines. Bleib du bitte bei dir.«

»Wenn du zumachst, bist du unglaublich mächtig, fast brutal.«

## Wie man zum »Täter« am Partner wird

Wenn sich Narzissten im Streit hochschaukeln, hinterlässt das Spuren, manchmal sogar »verbrannte Erde«. Es fallen Worte und passieren Taten, die den Partner treffen und verletzen. Die Intimität des Paares bringt es mit sich, dass genau der »wunde Punkt« des Partners getroffen wird. Individuelle Bewältigungsstrategien – das heißt der Umgang des Narzissten mit der eigenen verborgenen Verletzlichkeit – lösen den Kränkungsmechanismus des Partners aus.

Um Zeiten der Erstarrung, der Distanzierung, der Abwendung, des anhaltenden Kampfes zu beenden, sollte der Blick auf die eigene Verantwortung gerichtet werden. Wie begann der Streit, welchen Anteil habe ich selbst daran? Wie habe ich reagiert und wie meinen Partner verletzt? Die im Streit, der Streiteskalation und der Entfremdung geschaffenen Tatsachen machen mich zum verantwortungsvollen Täter.

Verantwortungsübernahme kann geübt werden, Partner können zum Beispiel einen »Täterbrief« schreiben und diesen dem Partner vorlesen.

Der liebende Blick weiß sehr genau, welche Spuren das eigene Verhalten beim Partner hinterlässt und was es zu verantworten gilt. Dieses Selbstbekenntnis, verbunden mit dem Einfühlungsvermögen in den Partner ist es, was den anderen erreicht. Liebe verlangt diese Selbstbekenntnisse. Sie weisen den Weg zum Verzeihen und Versöhnen.

Die folgenden beiden Täterbriefe verdeutlichen, welche Folgen das eigene Verhalten für den Partner hat. Und wie hilfreich es ist, sich zu dieser Selbsterkenntnis durchzuringen, dies dem Partner gegenüber zu benennen und sich darüber hinaus zu den Wirkungen dieses Verhaltens zu bekennen.

Die beiden Täterbriefe stammen von zwei unterschiedlichen Paaren. Im ersten Beispiel dominiert der Typus des offensiven Narzissten, im zweiten der des defensiven Narzissten.

### Täterbriefe

*Brief von Bernd: Die Affäre*

Bernd (47) ist mit seiner Frau (48) seit 23 Jahren zusammen. Bernd hatte seit mehreren Jahren eine Affäre. Als seine Frau dies entdeckt, will sie sich von ihm trennen. Um zu prüfen, ob an ihrer Beziehung noch etwas zu retten sei, entschließen sie sich zu einer Paartherapie. Im Verlauf der Therapie verfasste Bernd folgenden Täterbrief:

*Liebe Elli,*

*eigentlich hatte ich mich seit Jahren in unserer Beziehung nicht mehr gut gefühlt und habe aber nicht die Konfrontation und das Gespräch mit Dir gesucht, sondern bin den Problemen ausgewichen und heimlich eigene Wege gegangen. Ich habe eine Affäre begonnen und habe dadurch Dein Vertrauen in mich und unsere Beziehung tief verletzt. Es waren sehr viele Lügen damit verbunden. Du hast immer wieder nachgefragt und ich habe alles abgestritten. Ich habe so getan, als sei alles in Ordnung, was es längst nicht mehr war. Ich habe mein Verhalten vor mir selbst damit gerechtfertigt, dass Du lange nicht mehr mit mir geschlafen hast.*

*Heute weiß ich, dass ich selbst dazu beigetragen habe. Ich habe mich nicht mehr wirklich für Dich interessiert, habe nicht mehr gefragt, wie es Dir geht, wie Du Dich fühlst, was Du brauchst. Ich habe Urlaube, Wanderungen und Bergtouren organisiert, auch mal Kinokarten besorgt und Dir Blumen mitgebracht. Dadurch konnte ich mich selbst als guten Partner betrachten. Wehe, Du fandest das nicht toll und hast nicht mitgemacht, dann war ich beleidigt und habe mich zurückgezogen von Dir oder habe meines durchgesetzt. Eigentlich wollte ich vor allem, dass Du das machst, was ich für gut befunden habe. Deine Ideen, Deine Wünsche haben mich kaum noch interessiert.*

*Als meine Erektionsstörungen in unserer Beziehung begannen, wollte ich nicht mit Dir darüber reden. Ich habe Situationen vermie-*

*den, in denen wir uns näherkamen, damit ich nicht unter Druck geraten konnte. Ich habe meine Not mit mir selbst ausgemacht und Dich damit alleingelassen. Ich wollte uns die Enttäuschung ersparen, doch anstatt das mit Dir zu bereden, habe ich es in mich reingefressen und Dich mit Deiner eigenen Frustration alleingelassen. Ich wollte zwar Deine Nähe und Zärtlichkeit, doch wenn Du mehr wolltest, habe ich nach Ausflüchten gesucht, um der unangenehmen Situation aus dem Weg zu gehen.*

*Heute weiß ich, dass ich nie gelernt habe, über meine Gefühle zu sprechen. Ich habe auch nicht gelernt, dass mich jemand auffängt, wenn ich mich verletzlich und schutzbedürftig zeige. Manchmal bin ich fast erstickt an all dem, was sich in mir angesammelt hatte. Die Affäre war wie ein Ventil – zumindest für den Moment. Heute stehe ich vor einem Scherbenhaufen. Ob es eine neue Chance für uns gibt?*

*Dein Bernd*

*Brief von Susanne: Der Streit um gesunde Ernährung*

Susanne (35) und Frieder (37) sind seit acht Jahren ein Paar. Anlass für die Paartherapie war, dass Susanne nach einem beruflichen Burn-out eine Kur bewilligt bekam. Dort verliebte sie sich in einen anderen Mann, mit dem sie zweimal schlief. Susanne beendete bei der Abreise von der Kur zwar diese Affäre, berichtete aber Frieder davon. Dies war für Frieder der Anlass, Susanne eine Paartherapie vorzuschlagen. Susannes Brief an Frieder:

*Lieber Frieder,*

*Womit belaste ich unsere Beziehung?*

*Ich überfordere Dich durch immer wiederkehrende Selbstzweifel mit Weltuntergangsstimmung (ich bin nicht gut genug in der Firma, habe den falschen Beruf, ich kann nichts richtig, ich bin zu dick etc.).*

*Vieles mache ich erst kompliziert, dramatisiere ich. Das passiert oft im Urlaub (aus der gewohnten Umgebung heraus). Ich habe extreme Stimmungsschwankungen, bei denen Du oft nicht mehr mitkommst, weil Du noch nach Lösungen für das letzte Problem suchst.*

*Ich habe unser Leben belastet durch immer neue Ernährungstrends, die ich ausprobiert, entdeckt und vehement verteidigt habe, obwohl die Ursache für meine Beschwerden (Verdauungsprobleme, Sodbrennen, Haarausfall, Stein-im-Magen-Gefühl) ganz woanders liegen.*

*Ich habe Dich bekehren wollen, zum Beispiel zu glutenfreiem Essen, und Du hast Dich daraufhin aus der Küche komplett zurückgezogen.*

*Ich gehe in den enttäuschten Rückzug – wenn Du nicht fröhlich bist oder Dich nicht von meiner guten Laune anstecken lässt – anstatt in die offene Konfrontation.*

*Ich mache Dir ein schlechtes Gewissen durch Sätze, die ich nebenbei fallen lasse, wie »Wir waren schon lange nicht mehr aus« oder »Du hast mich diese Woche noch kein einziges Mal richtig gestreichelt«.*

*Ich belaste Dich durch meine Passivität, wenn ich mich nicht genügend um Haushaltsangelegenheiten wie Reparaturen oder Instandhaltung kümmere. Ich überlasse alles komplett Dir, mit der Begründung: »Ich mache ja Wäsche, Social Networking und Einkauf«, aber Dich hat die Verantwortung oft belastet.*

*Ich flüchte ins Tanzen, auf der Suche nach emotionaler Beantwortung (Du würdest gerne mehr Zeit mit mir verbringen, aber ich glaube, positive Emotionen bei Dir nicht mehr in dem Maße bekommen zu können).*

*Ich überfordere Dich durch Abladen von emotionalem Ballast oder Ärger über tägliche Dinge, weil ich es selbst nicht durchstehen kann, aus mangelndem Vertrauen in meine eigenen Fähigkeiten.*

*Ich gebe mich zufrieden, wie wir uns arrangiert haben, in dem Glauben »so ist es eben«, statt mich für Veränderung und Offenheit einzusetzen.*

*Die schlimmste Verletzung, die ich Dir angetan habe, ist die, als ich mich in der Reha auf den anderen Mann eingelassen hatte. Heute weiß ich, dass er mir einfach zeigte, dass etwas nicht gut läuft. Dass wir uns emotional, seelisch voneinander entfernt hatten. Und dazu habe ich selbst beigetragen.*

*Ich wünsche mir sehr, dass wir wieder zueinanderfinden.*

*Susanne*

### Übung: Einen Täterbrief schreiben[69]

Stören Sie sich nicht an dem Begriff »Täter«. Wir wissen, dass dieser Begriff emotional sehr belastet ist und Widerstand auslöst. Dennoch ist es wichtig, zu begreifen und auch zu erkennen, wie ich in der hitzigen Erregung des Streits mit meinen Taten (verletzende Worte, Schweigen, Impulsivität, Verweigerung, Trotz …) meinen Partner / meine Partnerin gewollt oder ungewollt verletze. In diesen Momenten werde ich durch mein

Tun zum Täter. Diese Verantwortung anzuerkennen und sich dazu zu bekennen, darum geht es uns. Wir wissen, dass dies kein einfacher Schritt ist. Doch wenn er gelingt, ist die Wirkung spürbar. Der Partner / die Partnerin erfährt dadurch eine große Entlastung, fühlt sich gesehen, verstanden und anerkannt. Der Boden für ein Verzeihen wird bereitet.

Sollten Sie sich zum ersten Mal an diese Übung wagen, ist es gut, diesen Schritt gemeinsam durchzuführen. Das bedeutet, beide Partner schreiben solch einen Brief. Verabreden Sie sich zu dieser Übung und sorgen Sie für einen Rahmen, bei dem Sie Zeit haben, ungestört sind und beide bereit sind, diese Briefe zu schreiben.

Lassen Sie sich Zeit für diesen Brief. Schon das Aufschreiben fällt oft nicht leicht, da Sie sich zum einen erneut mit der Streit- oder Zerwürfnissituation konfrontieren, sich dabei aber selbstverantwortlich in den Blick nehmen. Das löst in der Regel viele Gefühle aus, eventuell erneut Wut und Zorn, aber auch Scham und Trauer. Nehmen Sie diese Emotionen wie im Vorbeigehen wahr, ohne sie allzu groß werden zu lassen. Konzentrieren Sie sich wieder auf Ihre Verantwortungsübernahme, auf das, was als Folge passiert ist und wie Sie Ihren Partner / Ihre Partnerin getroffen und auch verletzt haben.

Wenn Sie beide Ihren Brief geschrieben haben, einigen Sie sich darauf, wer zuerst vorliest. Die Briefe werden unkommentiert, ohne Diskussion vorgelesen. Derjenige, der den Brief vorgelesen bekommt, hört offen und aufmerksam zu und bedankt sich am Ende für die Offenheit, die ihm entgegengebracht wird.

Wie geht es weiter?

Beobachten Sie Ihre eigenen Reaktionen beim Vorlesen des Briefes. Sie werden feststellen, was für ein großer Unterschied es ist, einen Brief zu schreiben oder diesen Brief in Anwesenheit Ihres Partners / Ihrer Partnerin vorzulesen. Das laute Vorlesen kann Sie selbst noch einmal erschüttern und sehr berühren. Keinem von uns fällt es leicht, sich mit seinem eigenen Tun zu konfrontieren und gleichzeitig mitzubekommen, was er dadurch bei dem anderen angerichtet hat. Sollte in Ihnen auftauchen, wie leid Ihnen das tut, dann bitten Sie am Ende des Vorlesens Ihren Partner / Ihre Partnerin dafür um Verzeihung.

# 6. Sexualität, Sinnlichkeit, Erotik

## Intimität und Sexualität

> »Nicht mehr so jung, mein Romeo, ein alter Knacker, wie er im Buche steht, ebenfalls mit Bauch, die meisten Haare an den Beinen ausgefallen, und zu seiner Überraschung nun glatte Haut! Er ist nicht mehr jung! Was ist passiert? Er macht sich Sorgen wegen des Samenflusses, etwas schwach, verglichen mit vergangenen Tagen. [...] aber von Angesicht zu Angesicht und Schamhaar an Schamhaar oder rittlings und reitend oder Finger hier und da in zarten Öffnungen. Gott, ich kann's kaum erwarten, mich über diesen dicken Mann herzumachen und seinen runden Hintern zu küssen.«[70]

So lustvoll, sinnlich, voller Freude und Erwartung, wie hier von Siri Hustvedt beschrieben, kann sich eine (auch reifere) Beziehung gestalten. Eine lebendige und beständige Partnerschaft kann Sexualität und Intimität miteinander verbinden. Und weiß um die Bedeutung von beidem. Sexualität und Intimität bedingen einander. Körperlich, geistig und seelisch. Paare, die sich in diesem Sinne vereinen, begegnen sich nackt an Leib und Seele.

Es gibt erotische Darstellungen und Beschreibungen, die nicht nur die körperliche Vereinigung, sondern auch die seelische Nähe, die in diesen Momenten sichtbar wird, zum Ausdruck bringen. Wenn wir solche Kunstwerke betrachten, erfüllen und berühren sie uns, machen uns neugierig und wecken unsere Lust. Sie lassen uns förmlich spüren, wie aus der Verbindung von *Amor* (Eros) und *Psyche* (Seele) Lust und Freude *(Volupta)* entsteht. So wie zum Beispiel die sinnlich-erotischen Skulpturen von Auguste Rodin und Camille Claudel oder das oben von Siri Hustvedt beschriebene schon etwas ins Alter gekommene Paar.

In der Alltagssprache wird »intim sein miteinander« oft mit sexuellen Handlungen verknüpft. »Viele Paare schlafen zusammen, sind aber nicht wirklich intim miteinander«[71], differenzieren Cöllen und Holm. Auch die käufliche Liebe geschieht in der Regel ohne Intimität, obwohl genau diese häufig neben der sexuellen Befriedigung gesucht wird. Ein Mann berichtete, dass er einer Prostituierten nur seine Hand eine Zeit lang auf ihren Bauch legen wollte. Mehr nicht. Sie schlug seine Hand daraufhin weg und fragte, ob er pervers sei.

Die Werbung, die uns umgibt, ist voller sexueller Anspielungen. Die sexuelle Bestimmtheit des Menschen wird aus wirtschaftlichen Interessen schamlos ausgenutzt, der Mensch in seiner körperlichen Nacktheit öffentlich dargeboten. Ist das Intimität? Es mangelt nicht an Büchern mit Ratschlägen für gelingende und erfüllende Sexualität. Die alltäglichen Nöte und Schwierigkeiten mit der Sexualität, insbesondere in langjährigen Partnerschaften treffen auf eine Kultur, die sexuelle Leistungsfähigkeit fordert und die Paare mit ihren sexuellen Nöten allein und hilflos zurücklässt. Der Sexualtherapeut Ulrich Clement fragt zu Recht: »Im postmodernen Kontext dagegen wird die Lust zum neuen Rätsel: Wieso entfaltet sie sich nicht, obwohl ihr doch alle Türen offenzustehen scheinen?«[72]

Und er meint außerdem: »Sexualität berührt Kernbereiche unserer Persönlichkeit.«[73] Wenn ich mich »in meinem Kern«, in meinem Selbst sicher und wertvoll fühle, bin ich von kulturellen Normen und modernen Maßstäben unabhängiger. Dann kann ich besser für mich prüfen, ob ich zum Beispiel einem bestimmten Körperbild entsprechen möchte, ob ich mich täglich mit unbequemen Schuhen, mit chemischem Lack und Färbemitteln malträtieren möchte oder ob ich mich auch in meiner Natürlichkeit begehrenswert und attraktiv fühle. Ob ich mein Älterwerden verleugnen und kaschieren muss ober ob ich es zulassen und sinnlich ausleben kann. Ob ich bis zum Exzess Sport treiben und im Bett immer können muss, oder ob ich aus Freude an der Bewegung und für meine Gesundheit Sport treibe. Und ob ich mich immer wieder auch der Ruhe und Sinnlichkeit und Zärtlichkeit hingeben möchte.

Wie hochsensibel dieser intime sexuelle Dialog ist und mit welchen normativen Maßstäben Sexualität heute sowohl für Frauen als auch für Männer verbunden ist, sollen die beiden folgenden Beispiele verdeutlichen.

Die Bloggerin Theresa Lachner (31) schreibt im Internet auf lvstprinzip.de offen über ihre Liebe zum Sex. Ihr normatives Problem: ihr Übergewicht. Ihren eigenen Worten nach gilt sie »nach Fashionmaßstäben als Plus-Size«. Ihre Sexualpartner beantworten diese körperliche Fülle überwiegend mit wahrscheinlich gut gemeinten, jedoch allesamt kränkenden Aussagen wie, dass sie »ganz falsche Muskelgruppen« trainiere oder sich »mehr auf Krafttraining fokussieren« solle, wenn sie abnehmen wolle. Sie erzählt von einem Mann, der neben ihr im Bett sagte, für ihn »sei es Teil seines spirituellen Wachstums gewesen, zur Abwechslung auch mal einen Körper wie meinen als orgasmisch zu akzeptieren«.[74]

Der Autor Daniel Schulz (38) äußerte sich zusammen mit seiner ehemaligen Partnerin in einem taz-Interview offen über die auftretenden partnerschaftlichen Probleme durch sein nachlassendes sexuelles Interesse. Er selbst beschreibt sein Gehirn »wie ein übersteuertes Überwachungssystem«, das immer wieder das Gleiche fragte: »Na, willst du sie? Na? Na? Na? Ich fühlte mich unendlich müde. Dabei fand ich Ariane immer noch schön. Sie hat eine aristokratische Eleganz, dieses dreieckige Gesicht von Königinnen. Nur meinem Schwanz war ihre Schönheit ziemlich egal. Andere Frauen begehrte ich, sie nicht. Ich versuchte das vor ihr zu verheimlichen und vor mir. Sie bekam es trotzdem mit und es verletzte sie.«[75]

Im Kern suchen wir in der Intimität der sexuellen Begegnung die umfassende Beantwortung unseres Selbst. Wenn das eigene Selbst den in der Öffentlichkeit dargebotenen Normen und Bildern nicht entspricht, gerät das Selbst in einen Konflikt. Und sucht sich zwangsläufig meist passende Bewältigungsstrategien, statt sich mit all den Widersprüchen und Unsicherheiten dem eigenen Partner, der eigenen Partnerin anzuvertrauen. So wie auch Daniel Schulz im Beispiel oben – er trägt seinen inneren Konflikt mit sich selbst bzw. seinem »übersteuerten Überwachungssystem« aus, anstatt sich Ariane, seiner Partnerin, anzuvertrauen. Dies zu tun, daran hindern uns wiederum Scham-, Schuld- und Angstbarrieren unserer Persönlichkeit. Komme ich damit an? Versteht sie mich? Wird er mit mir nachsichtig sein? Enttäusche ich ihn? Stattdessen wird alles getan, um den scheinbaren Erwartungen zu genügen oder einen Status quo aufrechtzuerhalten, so wie auch Daniel Schulz, der weiter von seinem Konflikt erzählt: »Ich wies Ariane ab und fühlte mich schuldig. Die Schuld versuchte ich abzutragen, indem ich Ariane dann doch berührte, sie streichelte. Sex verwandelte sich von etwas Schönem zu einer Pflicht, die ich mit Unwillen erledigte. Beim nächsten Mal war es noch schwerer.«[76]

Der Gegensatz zu der eingangs zitierten Passage von Siri Hustvedt, in der Sexualität als lustvoll-sinnliche (= alle Sinne ansprechende) Begegnung und Austausch erfahren wird, könnte kaum größer sein. Gibt es im Beispiel von Theresa Lachner immerhin noch Raum für das erotisch-lustvolle Ausleben ihrer Körperlichkeit und Sexualität, offenbaren die abwertenden Reaktionen ihrer Sexualpartner aber den eklatanten Mangel an echter Intimität. Verbindende Intimität sucht man auch bei Daniel Schulz und Ariane vergebens. Ariane erfährt nichts von Daniels innerem Konflikt. Der von ihm trotzdem und mit Unwillen vollzogene sexuelle »Pflichtakt« verhindert eine wahrhaftige Begegnung.

Wie tief normative Maßstäbe in die Sexualität der Paare hineinwirken, möchten wir anhand eines Beispiels aus unserer therapeutischen Arbeit aufzeigen.

*Paarbeispiel: Nach der Operation*

Luisa und Max sind seit zwanzig Jahren ein Paar und in zweiter Ehe miteinander verheiratet. Luisa hat eine Tochter (35) aus erster Ehe und Max einen Sohn (38) aus erster Ehe.

Max erhielt vor drei Jahren die Diagnose Prostatakrebs. Er unterzog sich einer Radikaloperation und leidet seitdem an Erektionsschwierigkeiten und Inkontinenz. Die beiden erlebten in dieser Zeit eine Achterbahnfahrt der Gefühle: in der Zeit der Diagnose und der Operation eine große Nähe, Verbundenheit und Innigkeit, auch angesichts der plötzlich in ihr Leben getretenen Erfahrung von Versehrtheit und Endlichkeit der Existenz. Dann breitete sich aber nach und nach fast unbemerkt eine immer stärker werdende Distanz und Sprachlosigkeit aus. Hauptursache war die veränderte Sexualität.

Der bisher gewohnte Ablauf war nicht mehr möglich. Luisa vermisste den voll erigierten Penis ihres Mannes, der ihr in all den Jahren ihrer Partnerschaft viel Lust geschenkt hatte. Sie zog sich zurück und Max wurde immer drängender. In ihren seltenen sexuellen Begegnungen fühlte Luisa sich gedrängt, ihn zu befriedigen. Er wollte auch ihr »Gutes« tun, aber sie verschloss sich weiter, weil sich etwas nicht mehr »stimmig« anfühlte. Bei ihr verstärkte sich der Eindruck, Max benutze sie, um sich selbst und ihr seine doch noch »funktionierende« Potenz zu beweisen. Auch würde sie sich ekeln, vor der Inkontinenz und den damit verbundenen Beeinträchtigungen beim Lieben. »Aber damit pralle ich bei ihm ab. Er will das nicht hören. Sagt dann sofort, er könne doch einen Penisring benutzen, der den Harndrang zurückhält … ich sei so eingefahren, wollte mich nicht auf Neues einlassen.« Luisa reagiert auf diese Vorwürfe mit Wut und weiterem Rückzug.

So kommen die beiden in eines unserer Seminare. Sie stehen kurz vor der Trennung, weil sie nur noch streiten und nicht mehr zueinanderfinden können.

Im Paardialog vor der ganzen Gruppe wird deutlich, dass das intime Gespräch zwischen den beiden verstummt ist. Sie kämpfen auf der Oberfläche darum, ob der Sex stattfindet und wie er stattfindet, ihre inneren Grenzen zu ihrem Selbst sind verschlossen und verbarrikadiert. Wir bitten beide, die Welle der gegenseitigen Vorwürfe zu stoppen und sich darauf zu konzentrieren, was die eigenen Anteile an dieser Krise sein könnten.

Luisa gesteht Max ein, dass sie sich verschlossen habe. »Ich bin so oft bei dir abgeprallt in letzter Zeit. Ich fühle mich einsam. Und war monatelang wie erstarrt. Wenn ich denke, ich muss mich schützen, baue ich einen Panzer um mich und werde hart.« Dieses Muster hat sie in ihrer Kindheit mit einem alkoholkranken Vater und einer hilflosen Mutter gelernt, die sie oft in die Kneipen geschickt hatte, um den Vater nach Hause zu holen. Und sie sagt weiter: »Wir haben nicht wirklich getrauert nach der Prostata-Operation. Du wolltest stattdessen schnell wieder alles herstellen, wie es war. Was aber gar nicht geht! Du hast Sex eingefordert und warst wütend auf mich, wenn ich deinen Wünschen nicht nachgegeben habe. Dadurch habe ich mich unter Druck gefühlt, in einer Zeit, in der es keine wirkliche Nähe zwischen uns gab, in der es auch kaum noch Zärtlichkeiten zwischen uns gab.«

Max hört ihr aufmerksam zu und beginnt plötzlich zu weinen. »Ich bin verletzt. Ich fühle mich nicht mehr ganz. Sexualität ist für mich und meine Identität in meinem Leben immer wichtig gewesen. Und ich wurde dabei schon als Junge sehr verletzt. Wenn ich onanierte, musste ich es dem Priester beichten. Dann habe ich mir immer wieder vorgenommen, es zu lassen. Wenn es dann doch wieder passierte, habe ich mich geschämt und als Versager gefühlt. Ich habe Jahre meines Lebens darum gekämpft, mir mein Recht auf Sexualität zurückzuerobern. Ich war in Therapie und in Männergruppen … und mit dir habe ich viele Jahre wunderschöne Sexualität erlebt. Und jetzt das!« Er wird von heftigem Weinen geschüttelt. Jetzt wird Luisa ganz weich, setzt sich zu ihm und legt ihre Arme um ihn.

Max gesteht Luisa, dass er sie tatsächlich benutzt habe. Dass er ihr seine tiefen Selbstzweifel aufgebürdet habe. Dass er, statt zu trauern, zu ihr geschaut habe. Dass er oft wütend gedacht habe: »Sie will nicht. Sie ist intolerant. Sie will mich nur ohne Inkontinenz haben.« Dass er gefordert habe, statt »seine eigenen Hausaufgaben« zu machen. »Ich habe mir in dieser Zeit eine Frau gewünscht, die meinen Forderungen nachgibt, statt dass ich mich dir gegenüber verletzlich zeige.«

Die ganze Gruppe atmet auf. Max und Luisa sind einander durch diese Begegnung wieder sehr nahegekommen. Beide konnten ihre eigenen Anteile an dieser Krise erkennen und sich gegenseitig bekennen. Beide können sich vorstellen, einander nun auch sexuell wieder anzunähern.

## Der Dreiklang von Erotik, Sinnlichkeit und Sexualität

Um Sex wird oft gestritten. Gegenseitige Lust, erotische Spannung, sinnliches Vergnügen, seliges Verschmelzen, liebevolle Öffnung und Hingabe lassen sich jedoch nicht herbeistreiten. Und ein befriedigender Orgasmus kann nicht erzwungen bzw. durch Streit erkämpft werden. Beschämender, anklagender und demütigender Streit ist kein Dialog, der Erotik, Lust und Sinnlichkeit fördert.

Um eine Ahnung davon zu vermitteln, wie elementar Sexualität unser Grundbedürfnis nach einer Bestätigung unseres Selbst anspricht, wenden wir uns in unseren Vorträgen mit der folgenden kurzen Zentrierung direkt an die Zuhörer. Wir bitten sie um einen Moment der Konzentration, um sich von den Worten berühren zu lassen:

> »In keinem anderen Lebensbereich werden wir so umfassend beantwortet wie in der sexuellen Begegnung mit einem geliebten Menschen. Deine liebevolle, erregende körperliche Berührung beantwortet mein Körperselbst, es beginnt zu vibrieren, zu strömen, zu schmelzen … Deine zärtlichen, lustvollen Worte lassen meine Seele, mein Selbst schwingen, der Glanz in deinen Augen

zeigt mir, wie wertvoll, kostbar und begehrenswert ich bin. Es gibt keinen deutlicheren Spiegel als die Freude in den Augen und im Körper meines Geliebten. Dein Körper, deine Lust, deine Erregung, deine Ekstase ausgelöst durch mich, ermöglichen mir eine mich ganz umfassende Erfahrung in der Begegnung mit dir.«

Der »Dreiklang von Erotik, Sinnlichkeit und Sexualität«[77] führt in Lustbefriedigung. Gerade auch die sexuelle Lustbefriedigung gehört zu unserem Paarsein. Mit welchen Hindernissen und Schwierigkeiten dies versehen ist, erfahren wir in unserer paartherapeutischen Praxis täglich. Es gilt die hier wirkenden narzisstischen Störungen für das Paar erfahrbar zu machen und neue Schritte zur Selbst- und Paargestaltung einzuüben. Parallel dazu gilt es die häufig dominierende sexuelle Einseitigkeit in ebenjenen Dreiklang von Erotik, Sinnlichkeit und Sexualität zu überführen.

Die rein körperliche Befriedigung und Fixierung bedienen nur einen Kanal unserer menschlichen Möglichkeiten. Lust und Lustbefriedigung schöpfen aus vielen Quellen. Erotik, Sinnlichkeit und Sexualität leben vom Reichtum unserer körperlich, seelisch und geistigen Qualitäten. Diese gilt es zu entdecken, zu fördern und in einen resonanten stimulierenden Austausch zu bringen.

Erotik wird von dem Sexualtherapeuten Ulrich Clement mit »Begegnungsneugierde« übersetzt. Ich bin neugierig auf dich, auf uns. Ich möchte dir begegnen, dir meine Lust zeigen und deine Lust wecken. Erotik wird auch als sexuelle Kommunikation bezeichnet. Aber wie? Wie kann ich dich erreichen, »erwecken«, dich für mich und mein Anliegen gewinnen?

Natürlich können wir unsere Partner fragen, zeigen, wie wir berührt werden möchten, die erogene Landkarte der Körper erforschen, uns gemeinsam über die jeweiligen erotischen Fantasien austauschen, Übungen und Rituale vereinbaren. Schon dies ist für viele Paare eine große Herausforderung, da der eindimensionale individuelle Blick in eine gemeinsame Begegnung überführt wird.

Die größte Herausforderung liegt allerdings etwas tiefer. Das sind die Momente, wenn nur der eine etwas will und der Partner sich gerade nicht in dieser erotischen Energie befindet. Wie diesen Weg beschreiten und gestalten? Hier zeigt sich, wie selbstsicher und autonom sich jeder Einzelne in der Partnerschaft erlebt. Wie sicher wir im Umgang mit unserem Kränkungspotenzial sind und über welche

Liebeskompetenz wir verfügen: »Die Sexualität ist eine Bühne, auf der wir die Wahrheit über unser Selbst entdecken und lernen, darüber zu reden, und auf der zugleich dessen Autonomie geformt wird«[78], formuliert es die Soziologin Eva Illouz.

Beide Partner sind in den Momenten einer erotischen Annäherung in ihrer Autonomie und Selbstgestaltungskraft gefordert, und bei beiden finden sich jeweilige Hindernisse. Auf denjenigen, der den Anfang machen will, stürmen Fragen ein, wie: »Findet er das jetzt unangemessen?« »Will sie nicht lieber schlafen?« »Wird sie wieder die Augen rollen?« »Wird er das ablehnen?« Und bei demjenigen, der begehrt wird: »Will ich darauf eingehen oder will ich nicht?« »Ich bin eh schon so fertig, jetzt soll ich mich auch noch auf ein erotisches Abenteuer einlassen!« »Will ich nicht lieber lesen?« »Muss das jetzt sein?«

Den Mut zu haben, sich in diesen Grenzbereich hineinzuwagen, fordert und fördert Selbst und Partnerschaft. Die Angst vor Ablehnung, Zurückweisung und Scheitern zementiert den Status quo und lässt die Partner in ihrer individuellen und damit auch paarbezogenen Blockierung erstarren.

All die vielen Ratgeber und Tipps helfen nicht weiter, solange wir uns nicht der wahren Hindernisse auf dem Weg zu einer sinnlich, erotischen und sexuellen Stimulierung bewusst sind. »So können wir sexuelle Funktionsstörungen und Luststörungen auch als Folge einer inneren Ambivalenz zwischen Abgrenzung und Grenzöffnung sehen«[79], analysiert es Cöllen. Das Beispiel von Daniel Schulz im vorangegangenen Unterkapitel illustriert genau diesen inneren Konflikt. Erst wenn wir ein Bewusstsein und damit eine umfassendere Wahrnehmung von unseren inneren Hindernissen (Ambivalenzen) entwickeln, können wir lernen, diese zu überwinden. Schritt für Schritt. Manchmal Millimeter für Millimeter. Wenn wir auf Coolness und Durchsetzung verzichten lernen, genauso wie auf Rückzug und Verweigerung, und uns ehrlich und aufrichtig an diesen inneren Ambivalenzen entlangtasten, dann fallen die Masken des Narzissmus auch im Bereich von Intimität und Sexualität.

An dieser Stelle möchten wir noch einmal betonen, dass uns die soziokulturellen Einflussfaktoren auf Liebe und Partnerschaft bewusst sind. Erotik, Sinnlichkeit und Sexualität sind ein Wirtschaftssektor, der mit unseren Sinnen und Gefühlen spielt und Männer- und Frauenbilder durchdringend beeinflusst. »Im Kapitalismus sind Männer gezwungen, möglichst viel wirtschaftliche und gesellschaftliche Macht anzuhäufen. Soziologisch gesehen, hat sie das auf Distanz zum weiblichen Reich der Gefühle und der Häuslichkeit gebracht«, beschreibt Eva Illouz den soziokulturellen Einfluss. »Zudem haben sich Männer das kulturelle Modell der seriellen und der Entspannung dienenden Sexualität in weitaus höherem Maß zu eigen gemacht als Frauen, wodurch auch ihre emotionale Beteiligung stärker abgenommen hat.«[80]

In den Frauen hingegen lebt ein jahrhundertealtes Frauenbild von Passivität und sexueller Zurückhaltung fort, das trotz aller Emanzipation und Gleichstellung der Geschlechter immer noch wirksam ist. Unsere Mütter, Großmütter, Urgroßmütter haben keine sexuelle Selbstbestimmung gelernt, sie wollten, was er wollte.[81] So hat sich über einen sehr langen Zeitraum eine männlich geprägte Sexualität verbreitet, die den Frauen ein umfassendes Gefühl für den eigenen Körper und die eigenen Bedürfnisse immens erschwert hat.

All diese Einflussfaktoren fließen in die Psychologie des Paares mit ein. Hier findet das Ringen um die Liebe statt. Hier suchen die Partner nach Antworten, für sich und für ihre Partnerschaft.

### Was macht Pornografie mit der Sexualität von Paaren?

Heute schämt man sich vor allem dafür, dass man sich noch schämt – »weil die Scham doch vorbei sein soll«[82]. Auch die Männer tragen schwer an der Flut der Bilder, die auf sie einstürmen bzw. die sie auf sich einstürmen lassen und die ihnen den stets aktiven und potenten Mann vorspiegeln. Studien belegen, dass mehr als 60 Prozent der Männer und über 10 Prozent der Frauen regelmäßig Pornos konsumieren, »mit einem Einstiegsalter in der frühen Jugend«[83]. Die Porno-Industrie dominiert den sogenannten Unterhaltungsbereich im Internet und millionenfach werden diese »Adult-Seiten« angeklickt. Obwohl die Virtualität der Pornos bekannt ist, dringt die erregende Bildgewalt in die Köpfe, erzeugt Maßstäbe (anhaltend und dauernd zu können), beeinflusst Körperbilder (Größe des Penis und der Brüste) und gibt vor, wie Sex zu funktionieren habe.

Der regelmäßige Besuch von Internet-Pornografie zerstört Intimität. Der schnelle und problemlose Zugang über den visuellen Kanal, die damit verbundene Lusterzeugung und Selbstbefriedigung verkürzt und verformt den insbesondere in langjährigen Beziehungen oft »mühsamen« Weg zur Lusterzeugung und Lusterfüllung. Es geht eben nicht nur um Leistung, sondern um Empfinden, Spüren, Fühlen, Zulassen, sich Hingeben und sich Ausliefern.

Viele Paare beschreiben in unseren Therapiesitzungen, wenn sie einmal »dort in der Lust angekommen« seien, dann sei »alles gut«. Dann würde der Körper die Regie übernehmen und sie könnten sich gemeinsam ihrer Lust überlassen. Schwierig sei es immer wieder, den Einstieg und den Weg dorthin zu finden. Wie beginnen? Wie streicheln? Wie sprechen? Das lehren die Pornos nicht.

Wie beginnen? Wie streicheln? Wie sprechen? Das lehren Pornos nicht.

*Paarbeispiel: »Ich finde deinen Hintern so geil«*

Jonathan legt seine Hand auf den Po seiner Frau und sagt: »Ich finde deinen Hintern so geil.«

Lisa schiebt seine Hand weg und reagiert nicht weiter darauf. Worauf Jonathan gereizt konstatiert, sie habe einfach ein Problem mit Sex.

Jonathan versucht, Lisa zum Sex zu animieren. Doch diese Art von Stimulation scheitert. Lisa fühlt sich nicht angesprochen und reagiert abweisend. Jonathan reagiert gekränkt, sieht das Problem nicht bei sich, sondern bei Lisa. Jonathans Vorgehen kann als eine Art »Übersprunghandlung« betrachtet werden: vom erregenden Anblick direkt zum sexuellen Vollzug. Dabei vergisst er Lisa.

Es gelingt ihm nicht, Lisa so anzusprechen, zu berühren, zu verführen, dass in Lisa ihr Interesse geweckt wird. Erotische, sinnliche und sexuelle Stimulierung stehen in einem engen Zusammenhang. Stimulierung ist ein Resonanzgeschehen, wechselseitig, spielerisch, erfinderisch. Dazu braucht es den partnerschaftlichen Austausch: Was ist erregend, welche Berührungen wecken die Lust, welche Worte erreichen mich, welche Atmosphäre erzeugt einen stimulierenden Raum …?

In der paartherapeutischen Arbeit mit Jonathan und Lisa wird sichtbar, wie viel Gleichgültigkeit und emotionale Kälte Jonathan in seiner Kindheit erlitten hat. So hat sich in ihm der Gedanke verfestigt: »Ich bin nicht willkommen. Ich bin nicht liebenswert.« Diese kognitive Grundannahme dominiert seinen Selbstwert. Die zugehörigen Gefühle von Scham und Unsicherheit blieben ihm lange verschlossen. Die Sehnsucht nach Liebe, Geborgenheit und sexueller Verschmelzung sind in ihm – wie in jedem von uns – erhalten geblieben und suchen nach Beantwortung. So nähert er sich seiner Frau in einer offensiven »Übersprunghandlung«: Er »überspringt« diese innere Unsicherheit, ob er willkommen und angenommen sein wird, dieses innere Zittern und Zagen, und nähert sich ihr stattdessen ganz »cool« – mit einer »Anmache«, die ohne Resonanz bleibt. Lisa zieht sich sofort zurück. Tragischerweise verstärkt dies den dominierenden Grundkonflikt in Jonathan, nicht willkommen und nicht liebenswert zu sein. Um dies nicht zu spüren, macht er reflexartig Lisa dafür verantwortlich.

Auch Lisa hat keine Sprache für ihr Empfinden. Ihr blieb bisher nur die »Grenzschließung«. Sie kann gerade noch spüren, was ihr nicht guttut, was sie befremdet und von Jonathan trennt. In der therapeutischen Arbeit mit ihr wird deutlich, dass sie in ihrer Kindheit sexuelle Grenzüberschreitungen erlebt hat. Dazu hatte sie bisher noch keinen Zugang. So trägt auch sie viel Selbstunsicherheit und Scham in sich. Sie beginnt, langsam ein eigenes Empfinden für ihre erotisch, sinnlichen und sexuellen Vorstellungen zu entwickeln und darüber mit Jonathan in einen Austausch zu gehen. Und sie lernt, statt ihn ganz abzuwehren, ihn so zu führen und zu lenken, wie es gut für sie ist. Dabei hilft ihr, dass sie um das Gefühl ihres inneren Kindes, einem Mann ausgeliefert zu sein, weiß. Als erwachsene Frau lernt sie, dieses Gefühl zu regulieren und ihre Sexualität mit Jonathan mitzugestalten.

## Die Kunst der Stimulierung

### Lust beginnt mit Sinnlichkeit

Übermäßige Gier in der sexuellen Liebe verhindert den Austausch und damit die Intimität zwischen den Liebenden. Gier sucht nach Sättigung, will haben, nimmt vom anderen ausschließlich für sich. Wenn der andere benutzt wird, um das eigene Selbst aufzuwerten, beginnt Missbrauch. Die Begrenzung von Gier öffnet den intimen Raum für Resonanz und Austausch und weist den Weg zu unseren sinnlichen Qualitäten.

> Die Begrenzung von Gier öffnet den intimen Raum für Resonanz und Austausch.

Der Weg zur gemeinsamen Lusterfüllung beginnt mit unserer Sinnlichkeit. Von Geburt an ist der Mensch ein sinnliches Wesen, das saugt, drückt, aufnimmt und abstößt. All das ist mit seelischem

Erleben verbunden: »Unsere Sinne und unsere Sinnlichkeit sind wie die Pforten der Wahrnehmung, durch die das Leben eintritt und uns im Innersten berührt. Unsere Sinne sind wie Brücken, die uns mit allem Leben verbinden«, beschreibt es die Paartherapeutin Ulla Holm-Cöllen. »Wir hören, sehen, riechen, schmecken, fühlen und ahnen das Leben, das in uns ist und das uns umgibt. Je sensitiver wir sind, desto lebendiger sind wir und desto offener dafür, Sinn zu erfahren – Sinn meines Lebens und des Lebens mit dir.«[84]

Die Bedeutung des Tastsinns wird am Haptik-Forschungslabor der Universität Leipzig untersucht. Erste Ergebnisse weisen darauf hin, wie grundlegend unser Tastsinn für die Entwicklung unserer Fähigkeit ist, Nähe zuzulassen und Berührung nehmen und geben zu können: »Fühlen und tasten ist viel wichtiger für unser Überleben als sehen, hören, riechen und schmecken«[85], sagt Martin Grunwald, Deutschlands führender Tastsinn- und Berührungs-Forscher. »Der Tastsinn ist der basalste aller unserer Sinne«, erklärt er weiter. Demnach kann ein Mangel an »adäquaten Berührungsreizen« zu gravierenden Entwicklungsstörungen führen, da das Hormon Oxytocin, das bei Berührung ausgeschüttet wird, »ein wichtiger Wachstumsmotor für die Entwicklung von Gehirn und Körper« in der frühen Kindheit ist.[86] Zärtliche und liebevolle körperliche Berührungen fördern Nähe, Vertrauen und die Bereitschaft, sich dem Partner zu öffnen, bis hinein in die Sexualität. Fehlende körperliche Berührung, Schläge, Gewalt und Missbrauch hinterlassen schwere seelische und auch körperliche Störungen. So konnte Grunwald bei Magersüchtigen eine Körperschemastörung in Verbindung mit einer hirnfunktionellen Störung feststellen, die sich bei Menschen entwickelte, denen es an liebevoller körperlicher Berührung in der Familie gemangelt hat.[87]

Die Stimulierung unserer Sinne von Tasten, Hören, Sehen, Riechen, Schmecken wird zu einem grundlegenden Pfeiler erotischer und sexueller Begegnung. Michael Cöllen spricht in diesem Zusammenhang von der Kunst der Stimulation[88].

Wie bewusst sind wir uns als Partner über die Wirkung unserer sinnlichen Qualitäten? Wie ich mich pflege, wie ich gehe, wie ich spreche, wie ich rieche, wie ich fühle … all das wird von unserem Partner wahrgenommen, beflügelnd oder ernüchternd. So hören wir immer wieder, wie insbesondere Frauen diese fehlende Sinnlichkeit die Lust an der männlichen Sexualität verleidet. Männer haben hier

Entwicklungsbedarf. Sich in der Kunst der Stimulierung zu üben, öffnet und erweitert vielfältige Wege zur Lust.

### Körperliche Stimulierung

Signale wie Haltung, Kleidung, Körpergeruch, Körperausdruck, Mimik regen uns an – oder stoßen uns ab. Sich hier in Achtsamkeit und Selbstfürsorge zu üben, ist wichtige Voraussetzung, um beim Partner Offenheit und Bereitschaft zu erzeugen. Zarte Berührungen unterscheiden sich von festen oder massierenden Berührungen. Jeder reagiert anders auf das, was er als lustfördernd oder lustverhindernd empfindet.

Es gibt Tausende verschiedene Arten, sich zu liebkosen. Wenn wir uns auf wenige begrenzen, wird die körperliche Stimulierung auf Dauer monoton. Können wir darüber sprechen, wie lange, wie intensiv wir etwas brauchen? Ob es Bewegung braucht oder Verweilen an einer bestimmten Stelle? An welchen Stellen unseres Körpers wollen wir berührt werden?

Wollen wir die Lust erzwingen oder können wir sie einfach geschehen lassen? Manchmal kommt sie und manchmal eben auch nicht. Es ist jedes Mal anders und von so vielen Faktoren abhängig: Sind wir körperlich angespannt, weil uns der Alltag belastet oder wir uns durch den Partner unter Druck fühlen? Helfen wir uns gegenseitig bei der Entspannung? Zum Beispiel, indem wir zusammen tief atmen? Oder indem wir Töne finden? Gemeinsam tanzen oder meditieren? Oder auch mal zusammen raufen, als Auftakt des Liebesspiels, der hohe Ansprüche, inneren Druck und Vorstellungen im Kopf lösen kann.

Die sexuelle Lust zu stimulieren und in einen Orgasmus hineinzufinden, bedeutet gemeinsam Energie aufzubauen und wieder zu entladen. Wie unterstützen wir uns dabei, und können wir mit dieser mächtigen Energie umgehen? Sie aufbauen, halten und zur Entladung bringen? »Bei der Ladung kann der Partner sehr behilflich sein, bei der Entladung höchstens indirekt durch Bejahung, Zustimmung, Ermutigung. Insgesamt ist aber die Aussage zutreffend, dass man keinem den Orgasmus machen kann – er kann nur zugelassen werden«[89], heißt es treffend bei Maaz.

### Geistige Stimulierung

Tamara Dietl, die Ehefrau des verstorbenen Filmregisseurs Helmut Dietl, bemerkte rückblickend über ihren Ehemann, dass nach dessen Worten sie als Paar nicht nur eine starke körperliche Erotik, sondern auch eine Erotik des Geistes verbinde.[90]

Sie können sich als Paar fragen: Wie nehmen wir uns gegenseitig wahr? Haben wir gemeinsame Interessen? Kann ich dich mit dem, was ich erlebt, gehört, gesehen habe, begeistern? Interessiere ich mich für dich, versuche ich, dich »zu begreifen, zu verstehen, dir zuzuhören, neugierig auf dich zu sein – immer und immer wieder, auch im Alltag, auch nach 30 Jahren?«[91]. Bin ich bereit, deine Fragen zu beantworten, deine Kritik ernst zu nehmen? Fordern wir uns gegenseitig heraus, sodass der Hinweis auf die eigenen Fehler durch den Partner zur »stimulierenden Konfrontation« werden kann? Manche Partner, die im Laufe ihrer Paarbeziehung fremdgegangen sind, haben oft genau diese Stimulierung gesucht, diesen geistigen Austausch, den sie in ihrer Partnerschaft vermisst haben.

### Seelische Stimulierung

Unsere Augen werden als »die Fenster zur Seele« bezeichnet. Wenn wir uns gegenseitig in die Augen schauen, auch in der sexuellen Begegnung, lassen wir uns seelisch berühren. Wir zeigen unser Begehren und unsere Lust, aber auch unsere Scham und Unsicherheit. Mich dir seelisch zu öffnen, dich teilhaben zu lassen, an meiner Sehnsucht, meinen Wünschen und Bedürfnissen, aber auch an meiner Verzagtheit, meinem Stammeln, meinem Ringen um Worte – das schafft Verbindung. Und seelische Verbindung stimuliert Lust. Wenn wir uns seelisch nahe sind, können wir uns auch körperlich nahe sein. Und wenn wir uns körperlich nahe sind und dabei unsere Seele »sprechen« lassen, vertieft und verstärkt das die erotisch-sexuelle Begegnung.

# 7. Von Flügeln und Fesseln der Liebe – Konflikten auf den Grund gehen

Wir sehnen uns nach den »Flügeln der Liebe«, der damit verbundenen Leichtigkeit, dem Lachen, dem Glücksgefühl. In Zeiten der Erstarrung und Entfremdung können wir uns kaum noch an diese Momente erinnern. Dann dominieren plötzlich Sätze wie: »Du verstehst mich einfach nicht!«; »Ich kann deine Anwesenheit nicht mehr ertragen!«; »Du machst mich krank!« Trennung steht im Raum. Noch einen Versuch wagen? Eine zweite oder dritte Chance? Macht das alles überhaupt noch Sinn?

## Streit und narzisstische Kränkungen

Wir können in unserer Praxis immer wieder sehen, dass viele Streitigkeiten mit narzisstischen Kränkungen zusammenhängen. Manche Kränkungen hinterlassen Spuren, die sich wie Fesseln um unsere Seele legen und die Partnerschaft zur Qual werden lassen. Dann herrscht ein Zustand, in dem das beflügelnde Gefühl der Liebe, der Antrieb gegenseitiger Inspiration und Vitalität, wie erlahmt sind. Wir fühlen uns einsam in der Zweisamkeit.

Ausmaß und Intensität solch einer Streitspirale hängen mit dem Grad der Verletzlichkeit unseres Selbst und den damit verbundenen bisherigen Bewältigungsmechanismen zusammen (s. Kapitel 3: »Das verletzte innere Kind in der Beziehung«). Je sicherer wir uns in unserem Selbst wahrnehmen, desto hilfreichere Bewältigungsmöglichkeiten und konstruktiv-liebevolle Zuwendungen können wir für den Partner auch in Streitsituationen entfalten. Je gravierender die innere Selbstunsicherheit, je größer das Ausmaß narzisstischer Kränkung, desto heftiger und für die Beziehung gefährlicher gestaltet sich der Streit der Paare. Intensive abwertende Gefühle gegenüber dem Partner können die Partnerschaft grundlegend infrage stellen.

*Paarbeispiel: Dann trenn dich doch von mir*

Jörg (46) ist Betriebswirt und arbeitslos. Tine (42) ist in der IT-Branche tätig und sorgt zurzeit überwiegend für den Lebensunterhalt der Familie. Ihre Tochter Mara (16) hat erhebliche Probleme in der Schule, ein Thema, das die Partnerschaft zusätzlich belastet. Beide fühlen sich mit der aktuellen Situation überfordert.

Schon diese Kurzbeschreibung wirft viele Fragen auf. Wie verarbeitet Jörg seine Arbeitslosigkeit? Wie beeinflusst es sein Selbstwertgefühl, insbesondere, dass seine Frau nun die Hauptverdienerin ist? Wie geht Tine mit ihrer Überforderung um? Was erwartet sie von ihrem Mann? Wie geht das Paar mit den Schulproblemen der Tochter um? Ist dies ein Streitthema? Gibt es Vorwürfe? Schuldgefühle?

Es stellt sich heraus, dass die Tochter tatsächlich häufig auch Streitthema ist. Tine macht sich große Sorgen um ihre Tochter, die aktuell einen neuen Freund hat, der sich punkig kleidet und aus ihrer Sicht keinen guten Einfluss auf Mara hat. Dies belastet sie erheblich. Was sie als Eltern machen könnten? Was Jörg davon halte? Der Dialog der beiden lautet dann so:

Tine: »Gestern habe ich die halbe Nacht mit Mara über ihren Freund geredet.«

Jörg (in ärgerlichem und gereiztem Ton): »Ich kann mir das nicht mehr anhören.«

Tine: (ebenfalls sehr gereizt, genervt und vorwurfsvoll): »Ja genau! Du willst dir das nicht mehr anhören, weil du mit allem überfordert bist und alles zu persönlich nimmst. Am besten nimmst du dir mal vier, fünf Tage Auszeit.«

Jörg (impulsiv): »Dann trenn dich doch von mir!« (steht auf und rennt aus dem Therapieraum).

Tine (allein im Therapieraum, zu den Therapeuten): »Das ist doch nicht normal. Der ist doch krank.«

Was ist geschehen? Beide reagieren gereizt und impulsiv aufeinander. Um den ganzen Streit zu verstehen, müssen sich beide dem zuwenden, was sie verletzt und wo sie sich von ihrem Partner nicht gesehen und anerkannt fühlen.

Tine hat damit zu kämpfen, dass ihre Tochter so viele Probleme in der Schule hat. Unbewusst nagt dies an ihrem Selbstwert: Habe ich alles richtig gemacht? Trage ich als Mutter Verantwortung für ihre schlechten Noten? Diese Selbstzweifel wehrt sie zum einen ab, indem sie sich noch mehr anstrengt, noch mehr zuhört und noch mehr Zeit mit der Tochter verbringt, obwohl sie selbst am Rande ihrer Kräfte ist. Gleichzeitig baut sie einen Widerstand gegen ihren Mann auf, indem sie ihm die Schuld gibt, sich zu wenig um die Tochter zu kümmern. Er würde sich insgesamt um alles zu wenig kümmern, immer würde alles an ihr hängen bleiben, er würde sich nur für seinen Computer interessieren, er habe schon wieder zwei Stunden mit dem Sohn am Tablet Computerspiele gespielt usw. Und jetzt, da sie mit ihm über die Tochter reden wolle, habe er kein Gehör dafür und würde gereizt reagieren.

Jörg fühlt sich seinerseits angegriffen und in seinem Selbstwert herabgemindert. Die Erwerbslosigkeit und auch die Problematik seiner Tochter belasten auch ihn. Doch dafür hat er keine Sprache. Er wehrt sich gegen die Angriffe seiner Frau, indem er ihr wütend aufzählt, was er im Haushalt und mit den Kindern alles leiste und geleistet habe. Ihm reicht's. Er weiß nicht mehr weiter. Für ihn bleibt nur die Notbremse. Ihr ewiges Nörgeln mache ihn wahnsinnig. Am besten wäre es, sie würde sich von ihm trennen.

### Der Teufelskreis eines narzisstischen Streits

Im eskalierenden Streit, aber auch in Phasen des Stillstands, der Resignation und der inneren Entfernung vom anderen, sind die Partner ständig damit beschäftigt, ihr eigenes Selbst zu retten. Der Versuch, das eigene Selbst in Sicherheit zu bringen, ist mit dem Kampf gegen den vermeintlichen Aggressor gekoppelt. Das passiert auf beiden Seiten. Nach außen wird mit allen zur Verfügung stehenden Mitteln gekämpft, nach innen wird versucht, den dort herrschenden Gefühlsaufruhr zu ordnen.

Beide Seiten fühlen sich nicht gesehen, verstanden, (an)erkannt, letztendlich nicht geliebt. Die gesamte Krisendynamik narzisstischer Paare tobt zwischen der Abwehr von Gefühlen, die Ausdruck unseres verletzten Selbst sind, und dem Widerstand gegen den Partner als vermeintlichen Verursacher dieses Leids. Michael Cöllen hat aus unserer Sicht als erster Paartherapeut diesen für Paare so bedeutungsvollen Zusammenhang erkannt und beschrieben.[92]

Kennzeichen einer narzisstischen Paardynamik ist somit ein Abwehr- und Widerstandskampf, der in einer Doppelfunktion auftritt: Ich gehe fast automatisch und reflexartig gegen dich in den Widerstand, weil du etwas in mir auslöst, was mich in meinem Selbst bedroht. Die damit verbundenen Gefühle will ich nicht spüren, deshalb wehre ich sie ab. Meine Reaktion geht aber nach außen, gegen dich, als den Auslöser dieser Gefühle. So zeigt sich Widerstand nach außen gegen den Partner bei gleichzeitiger Abwehr nach innen. Der Widerstand nach außen wird aber, und das ist die fatale Dynamik dieser narzisstisch fundierten Wirkung, zum Auslöser der Kränkungsreaktion beim Partner: Mit meinem Widerstand gegen dich treffe und verletze ich dich. Und löse bei dir deinen eigenen Abwehr- und Widerstandskampf gegen mich aus. Ein Teufelskreis.

Die narzisstische Streitspirale bringt es mit sich, dass es im akuten Konfliktgeschehen mit dem Partner schwer bis fast unmöglich ist, die Bedürfnisse und Motive des Partners als gleichwertig anzuerkennen. Alles wird dem Partner angelastet: Unzufriedenheit, Frustration und Gereiztheit. Dieser wird für die Zerrüttung als Alleinverantwortlicher identifiziert und bekämpft.

Offensiv, indem über den Partner hinweggegangen wird, eigene innere Maßstäbe rigoros durch- und umgesetzt werden.

Oder defensiv, indem eine Schonhaltung aus Angst vor weiteren Eskalationen eingenommen wird. Dies führt dazu, dass eigene Bedürfnisse, Sehnsüchte oder Wünsche, die dem Partner nicht gefallen könnten, von vorneherein unterdrückt werden, um gar nicht erst eine Auseinandersetzung zu riskieren. Das eigene Selbst verkümmert, während »alle Kräfte für den Partner und dessen Wohlergehen verbraucht werden«[93]. Sätze wie »Ich weiß, dass eine gemeinsame Bergtour meiner Frau nicht gefallen würde, also schlage ich sie erst gar nicht vor« oder »Ich werde meinen Mann um keine Sterilisation bitten, weil dies seiner labilen Psyche nicht guttun wird« fördern letztlich die eigene Unzufriedenheit. Grollender Rückzug oder aggressive Kritik am Partner sind die Folgen: »Immer muss ich tun, was du willst«, »Wegen dir muss ich das alles ertragen.«

Die Reaktionen im Streit narzisstischer Paare sind in der Regel zu stark und zu heftig für den gegebenen Anlass. Im Vergleich zu einem partnerschaftlichen Streit, der aufflammt und gemeinsam aufgelöst wird, ohne dass dies nachhaltige Spuren in der Partnerschaft hinterlässt, gleicht die Streiteskalation narzisstischer Paare einem wahren Orkan. Die intime Verbindung der Partner bringt es mit sich, dass sowohl das Erleben der Mächtigkeit des anderen als auch Reaktionen gegen ihn eine Intensität und Wucht bekommen, die verstanden werden sollten. In solchen Momenten des erbitterten Streits werden Verunsicherungen und gespeicherte Verletzungen im Selbst der Partner wieder wachgerufen. Daraus erklärt sich die Heftigkeit, aber auch das passiv-aggressive Verhalten des Verstummens und Schweigens, mit dem gestritten und gekämpft wird.

## Abwehrkämpfe und Widerstand

Betrachten wir das Zusammenspiel narzisstischer Paare genauer, stellen wir fest, dass die im Folgenden beschriebenen fünf Grundthemen dabei eine besondere Rolle spielen:[94] die Angst vor Hingabe, die Angst vor Schuld sowie die Kämpfe um Fremdbestimmung versus Selbstbestimmung, Aufwertung und Abwertung sowie Konstanz und Veränderung.

### Erstes Thema: Angst vor Hingabe

Sich hingeben zu können, belebt und bereichert jede Partnerschaft. Uns dem Partner ganz anzuvertrauen, in seinen Armen und Berührungen zu versinken, stärkt und belebt jede Pore unseres Körpers. Wir fühlen uns geliebt, gestärkt, genährt. Durch die Hingabe wird unser Selbst gesättigt und gestärkt. Das hilft uns wiederum, auch Trennungserfahrungen ohne Verlustängste zu überstehen.

Wenn wir lieben, riskieren wir immer auch die Möglichkeit des Verlustes – durch Ablehnung, Trennung, Krankheit und Tod. Je mehr Verlusterfahrungen unser Selbst bereits geprägt haben, desto intensiver schützen wir uns davor, neue Verluste zu erleiden. Oder anders ausgedrückt: Wir vermeiden es, uns dem Partner ganz hinzugeben. Es soll die Angst vor Ohnmacht ausgeschaltet werden, die Angst vor Einsamkeit, Verzweiflung oder dem Schmerz, den wir einmal als Kinder oder auch als Erwachsene in Liebesbeziehungen erfahren und erlitten haben. Trotzdem lebt in uns die Sehnsucht nach Hingabe, nach Verschmelzung mit einem Partner, nach vollständiger Annahme unserer Person weiter.

Auf diese Weise baut sich innerlich ein mächtiger Konflikt auf. Einerseits ist da der Wunsch nach Hingabe und Verschmelzung mit dem Partner, andererseits die Angst vor möglichen »schädlichen« Folgen des sich Ausgeliefertfühlens – beides blockiert einander.

Der Widerstand gegen ein solches Dilemma richtet sich dann oft gegen die Hingabe als solche. Dann werden alle Situationen vermieden, in denen ich mich zum Beispiel meinem Partner anvertraue. Sichtbar wird das etwa, wenn ein Partner in der Therapie eingeladen wird, den Kopf in den Schoß des anderen zu legen und sich seinen Berührungen zu überlassen. Schon allein die Vorstellung, sich auf solch eine Übung einzulassen, kann Widerstand auslösen. Dahinter stehen Ängste und alte Verwundungen im Umgang mit Hingabe.

Der Widerstand gegen Hingabe kann sich aber auch darin zeigen, dass permanent über alles gestritten wird und so der Gedanke an Nähe überhaupt nicht aufkommen kann. Auch die Nähe selbst kann zum beliebten Streitobjekt werden: »Wieder hast du dich neben mir ins Bett gelegt und dir sofort dein Buch vor die Nase gehalten«, oder: »Wieder hast du mich falsch berührt, obwohl du doch weißt, dass ich das so nicht leiden kann.« Viel Arbeiten, viele Beschäftigungen aller Art und keine Zeit haben – all dies sind bekannte probate Mittel, sich vom anderen fernzuhalten und jede Form von Hingabe zu vermeiden.

### Zweites Thema: Angst vor Schuld

Wir alle sind fehlerhaft. Wir machen Fehler. Ob wir wollen oder nicht. Doch können wir unsere Fehler sehen und dazu stehen? Verantwortung dafür übernehmen? Können wir unseren Partnern gegenüber eingestehen, wenn wir einen Fehler gemacht haben?

Gelingen Ihnen Sätze wie: »Es lag an mir, dass unser Abend gestern gescheitert ist.« »Es tut mir leid, dass ich dich so angefahren habe. Ich bin gerade sehr gestresst.« »Obwohl ich es mir so fest vorgenommen habe, ich schaffe es einfach nicht, regelmäßig Sport zu machen.«

Liebe lebt davon, Verantwortung zu übernehmen. Schuld blockiert eine solche Verantwortungsübernahme. Ein wie auch immer geartetes Schuldgefühl lastet schwer und führt, wenn der Streit von Paaren eskaliert, zu heftigen Abwehr- und Widerstandskämpfen.

Gefühle von Schuld können sich tief in die kindliche Seele eingraben. Die Motive sind vielfältig. Das Kind fühlt sich vielleicht schuldig am Streit der Eltern, schuldig, nicht den Erwartungen der Eltern zu genügen, schuldig an der Mühsal der alleinerziehenden Mutter, schuldig, dass all seine Bemühungen nicht geholfen haben, die Mutter aus ihrer Depression oder ihrer Kränkungswut zu holen, weil der Vater sie verlassen hat. Es fühlt sich vielleicht sogar schuldig am Missbrauch durch ein Familienmitglied.

Solche tiefgehenden Schuldgefühle werden abgewehrt, um das verletzte innere Kind vor der Last der empfundenen Schuld zu schützen. Um diese Schuld nicht zu spüren, strengt sich das Kind (und der spätere Erwachsene) übermäßig an, verlangt von sich selbst Höchstleistungen, verbunden mit einer starken Kontrolle von sich selbst und anderen. Kleinste Fehler führen zu starken Selbstzweifeln, berühren das abgewehrte Gefühl der Schuld.

Wird das Thema Schuld im Zuge eines eskalierenden Streits eines Paares getriggert, indem die Partner einander gegenseitig ihre Fehlleistungen vorhalten, geht es im Kern darum, auf keinen Fall die eigene Schuld einzugestehen. Denn dahinter liegt die alte schwelende Urangst verborgen, schuldig zu sein. Diese Altlast einer früheren Schuld ist erdrückend. Es werden alle Register gezogen, um sich den Partner, der daran rühren könnte, vom Leibe zu halten. Schon ein kleines Stirnrunzeln, eine Unkonzentriertheit im Gespräch, ein bestimmter Ton in der Stimme, ein vermeintliches Lächeln auf den Lippen und erst recht eine direkt vorgetragene Kritik kann einen solchen Abwehrkampf auslösen.

Recht haben zu müssen, sich stets im Recht zu fühlen, es besser zu wissen, Fehler nicht einzugestehen, das alles macht das innere Zusammenspiel eines Paares äußerst angespannt. Um Verzeihung zu bitten für etwas, was ich im Streit meinem Partner angetan habe, kommt einem Schuldeingeständnis gleich. Dagegen wehrt sich alles. Die Folge: Der Kampf gegen den Partner wird kontinuierlich aufrechterhalten.

### Drittes Thema: Fremdbestimmung versus Selbstbestimmung

Die Fähigkeit zur Selbstbestimmung ist ein zentrales Merkmal unseres Menschseins. Selbstbestimmung in Partnerschaften bedeutet aber nicht einfach nur die Fähigkeit zur Durchsetzung eigener Interessen. Im Gegenteil: In Partnerschaften heißt dies die Einsicht, dass Selbstbestimmung genauso ein wesentliches Merkmal des Partners ist und dass beide sich daher gegenseitig in ihrem Streben nach Selbstbestimmung akzeptieren.

»Immer muss ich machen, was du willst.« Bei einem solchen Vorwurf wird die eigene Fähigkeit zur Selbstbestimmung aufgegeben und dem Partner dies sogar angelastet. Selbstzweifel und Unsicherheit verhindern die wirkungsvolle Selbstbestimmung und Selbstentfaltung. Der andere wird als Verursacher dafür angesehen und bekämpft. Er wird angeklagt, zu dominieren, den Partner zu wenig zu unterstützen, dessen eigene Bedürfnisse nicht wahrzunehmen.

Häufig wird die Sexualität zum Schauplatz dieses Kampfes zwischen Selbst- und Fremdbestimmung. So berichtet eine Frau, dass sie im immer wiederkehrenden Streit mit ihrem Mann ihren Körper als letzte Bastion ihrer Selbstbestimmung empfindet. Wenn er Sex wolle, sei das so, »als ob sie ihm das auch noch geben müsse«. Das bringe sie in einen inneren Konflikt. Was sollte sie tun? Etwa klein beigeben? Dann lande sie ja wieder bei dem Gefühl der Fremdbestimmung, wobei sie doch schon so viel für ihn getan, so oft nachgegeben habe. Der Mann wiederum ist diesem Schutzmuster der Verweigerung zunehmend hilflos ausgeliefert und sieht sich seines Wunsches nach verwirklichter Sexualität »beraubt«. Auch er fühlt sich dadurch fremdbestimmt.

Das Bedürfnis nach Zugehörigkeit führt in der Phase der Verliebtheit zu vielerlei Zugeständnissen, auch und gerade in der Sexualität. Frauen und Männer verfolgen hier eine unterschiedliche Strategie: »Frauen investieren Sex, um Liebe zu erhalten, Männer suchen Liebe durch Sex«[95], so die knappe Formel des Sexualtherapeuten Joseph Ahlers. Problematisch ist, dass in dieser frühen Phase das Bestreben nach Selbstbestimmung der jeweiligen sexuellen Identität in den Hintergrund gerät. Die Identitätssuche drängt sich erst im weiteren Verlauf der Partnerschaft wieder mehr in den Vordergrund. Dann sind die Partner aufgefordert, ihre jeweiligen sexuellen Bedürfnisse, Interessen und Fantasien auszudrücken und in den Austausch mit dem anderen zu bringen.

Sich in Selbstbestimmung und Selbstgestaltung zu üben ist oft Millimeterarbeit. Das Beharren auf der Feststellung »Er will ja immer nur das eine« ist zu einfach. Denn was ist »das andere«? Hier beginnt die Arbeit.

Welche Vorstellungen von erotisch-sexueller Begegnung und Berührung habe ich jeweils selbst? Erlaube ich mir denn diese? Wo, an welchen Stellen und in welchen Situationen empfinde ich Lust? Habe ich den Mut, mich damit meinem Partner anzuvertrauen? Erlaube ich mir mit Herzklopfen und zitternden Händen meinem Partner zu zeigen, was mich erregt und meine erotischen Fantasien zu offenbaren? Bin ich bereit zu lernen, den Partner zu führen? Bin ich bereit, alte Gewohnheitsmuster, die auch mir Sicherheit gegeben haben, infrage zu stellen und mich Neuem zu stellen? Den Weg in die Selbstbestimmung zu finden, bedeutet die eigenen gestörten, ängstlichen und unsicheren Teile unseres Selbst zu kennen und zu überwinden.

### Viertes Thema: Aufwertung – Abwertung

Die größte Kraft, die wir durch die Liebe erfahren und dem anderen geben, besteht in der gegenseitigen Aufwertung. »Ich liebe dich« ist die größte Aufwertung, die es gibt. Erotisch begehrt zu werden, lässt uns unsere Vitalität als Mann und als Frau fühlen und erfüllt uns. Zu Beginn jeder Liebe ist diese enorme Kraft deutlich zu spüren. In uns allen existiert eine Antriebskraft zur Entfaltung unserer Potenziale. Die Liebe des Partners stimuliert uns, diese Kräfte und Potenziale zu aktvieren und sie zur Entfaltung zu bringen (s. Kapitel 1 »Was ist Liebe?«).

In den Abwehr- und Widerstandskämpfen innerhalb narzisstisch geprägter Paarbeziehungen zeigt diese Kraft ihre destruktive Seite: Die eigene Aufwertung wird zur Abwertung des Partners. Abgewehrt werden die eigenen Gefühle, des Sich-klein-Fühlens und Versagens, des Nicht-richtig-Seins, der eigenen Minderwertigkeit. Um diese nicht zu spüren, bekämpfe ich den Partner. Um mich selbst nicht klein zu fühlen, mache ich den anderen klein. Denn dann habe ich wieder »Oberwasser«. Dies zeigt sich in ständigem Nörgeln, Kritisieren, Besserwissen, Rechthabenmüssen, darin, den anderen im Gespräch niederzuringen oder niederzumachen. Unter dieser Verstrickung leiden viele Paare.

Hinter einem solchen Verhalten steht, dass die betroffenen Partner nicht gelernt haben, für eine ausreichende Aufwertung des eigenen Selbst zu sorgen, nicht in der Lage sind, Mängel im eigenen Selbstwerterleben auszugleichen. So bleiben sie von der Stabilisierung durch den Partner abhängig, brauchen und benutzen ihn dafür (s. Kapitel 5 »Liebe und Narzissmus«).

Der offensive Typus des Narzissten sorgt schon bei der Partnerwahl dafür, eher jemanden zu finden, der ihm unterlegen erscheint. So schützt er sich vor der eigenen Versagensangst und bestätigt sich in seinem eigenen Selbstwert. Diese scheinbar befriedigende Lösung verliert aber mit der Zeit ihre Wirkung. Sicherheit verwandelt sich in Langeweile. Jetzt wendet sich das Blatt. Der Partner, der zu Beginn der Partnerschaft für die eigene Bestätigung so wichtig war, wird nun abgewertet, vernachlässigt, betrogen. Andere potenzielle Partner werden interessant, es werden Nebenbeziehungen eingegangen.

Menschen, die dem defensiven Typus des Narzissmus zuzuordnen sind, gehen scheinbar klüger vor: Sie suchen sich einen Partner, der ihnen überlegen, schöner, besser erscheint. Sie werten den Partner auf und idealisieren ihn, um sich dadurch in seinem Glanz zu sonnen. Doch auch diese Strategie hat ihren Preis. Die über den Partner gewonnene Selbstaufwertung kompensiert auf Dauer nicht das eigene Empfinden des Ungenügendseins und des Sich-klein-Fühlens. Zumal wenn der Partner durch sein offensiv-narzisstisches Verhalten zur eigenen Selbstabwertung beiträgt. Dieser Teufelskreis kann bis zur Depression und Selbstaufgabe führen.

### Fünftes Thema: Konstanz und Veränderung

Wir alle leben in der Polarität von Konstanz und Veränderung – ich bin zeit meines Lebens der- bzw. dieselbe, ich erkenne mich selbst in meiner Identität immer wieder und befinde mich gleichzeitig im stetigen Werden und Wachsen, in jedem Augenblick der-/dieselbe und schon ein anderer, eine andere. Je selbstsicherer wir sind, desto mehr erfreuen wir uns an unserem Wachstum. Je stärker wir in unserem Selbst verunsichert worden sind, desto mehr Angst erzeugt jede Form von Veränderung: Bin ich dem »gewachsen«? Deshalb soll bitte lieber alles so bleiben, wie es ist.

Die Abwehr von Veränderung richtet sich gegen die Angst vor existenzieller Verunsicherung. Wir brauchen die Spiegelung des Partners für die Bestätigung der eigenen Identität. Durch den anderen weiß ich, wer ich bin. Durch seine Blicke, Worte, Berührungen sagt er mir, dass ich bin. Besonders schmerzlich und tiefgreifend wird dies bei Trennungen erfahrbar: Der verlassene Partner gerät in eine existenzielle Krise, muss sich erst wieder finden, hat einen Teil seiner Identität verloren. Deshalb leisten so viele Widerstand gegen jegliche angedeutete Veränderung beim Partner. Je stärker diese Veränderungsangst die Partnerschaft dominiert, desto mehr greifen Stillstand, Langeweile und Erstarrung um sich.

Auch im Bereich von Erotik und Sexualität wird dies besonders deutlich. Offenheit, Neugier und Wünsche nach erotischer und sexueller Abwechslung in der Partnerschaft bedrohen die Partner, für die jede Veränderung zur innerlichen Bedrohung wird. In diesen

Partnerschaften dominieren ritualisierte und sich auf Dauer abnutzende erotisch-sexuelle Abläufe – oder die Sexualität schläft ganz ein. »Ungewissheit zuzulassen erfordert manchmal nicht mehr als die Preisgabe der Illusion von Sicherheit. Wenn wir diesen Wahrnehmungswechsel vollziehen, erkennen wir das unabdingbar Geheimnisvolle an unserem Partner«[96], so die Paartherapeutin Esther Perel. Gerade in langjährigen Partnerschaften sind Paare immer wieder zu diesem Wahrnehmungswechsel aufgefordert. Jede Altersstufe ist dem »Gestaltungswandel der Liebe« unterworfen: »Wünsche, Gefühle, Werteinstellungen, Sexualität und Ausdrucksformen verändern sich«[97] und verlangen von uns als Paar, sich diesem Wandel immer wieder neu zu stellen und den Austausch darüber zu pflegen.

## Warum streiten wir?

### Konstruktives Streiten

»Streit und Aggression haben eine wichtige psychologische Funktion und sind Teil der Liebesdynamik. Intimer Dialog braucht den streitbaren Dialog, um die eigene Position zu finden«[98], stellt Michael Cöllen heraus. Konstruktives Streiten hilft uns zum einen, die Konturen unserer Persönlichkeit nach innen und nach außen sichtbar zu machen und unser Selbst zu vertreten, indem wir deutliche Grenzen setzen bzw. unsere Grenzen vertreten. Konstruktives Streiten kennzeichnet zum anderen die Bereitschaft, zu lernen und sich selbst infrage zu stellen. Unsere Partner sehen sehr deutlich unsere Schattenseiten und können uns mit unseren blinden Flecken konfrontieren. Hier liegt das enorme Entwicklungspotenzial jeder Partnerschaft. Streit fordert uns heraus. Streiten hilft uns, Veränderungen zu initiieren, zu wachsen, zu reifen.

Streit und Aggression haben eine existenzielle Bedeutung. Mancher Streit gleicht in seiner Wucht dem Kampf ums Überleben des Einzelnen, besonders, wenn Zusammenbleiben oder Trennung im Raum stehen. Partnerschaften, die von starkem Suchtverhalten, von Gewalt und anhaltendem Treuebruch dominiert werden, brauchen den Streit. Aber auch zunehmender Stillstand und Resignation machen ihn erforderlich. Wird all dies tabuisiert, verdrängt oder erduldet, führt dies zu einem Konfliktstau, der sowohl das eigene Selbst als auch die Partnerschaft existenziell bedroht. Der Streit dient dann dazu, das eigene Selbst wiederzubeleben, wachzurütteln und Veränderung anzustoßen. Führt dies auf Dauer zu keiner Veränderung bzw. ist der Partner nicht bereit, Veränderungsschritte einzuleiten, ist es sinnvoll, über Trennung nachzudenken oder eine Trennung zu vollziehen.

Streit hat viele lebensnotwendige Funktionen. Dauerhafte Harmonie kann ihn einfach nicht ersetzen. Zu den vitalen Funktionen des Streitens gehören: Selbstfindung, Selbstbestimmung, Selbstschutz, Positionierung, Grenzfindung, Reifung durch Auseinandersetzung. Aggression ist eine von Natur aus angeborene, evolutionär bedingte Fähigkeit, nicht zuletzt zum notwendigen Überleben. Ausgelöst wird Aggression in Bedrohungssituationen. Auch Tiere kennen dieses Verhalten – in Form von Flucht, Angriff oder Erstarrung. Das sind Primärreaktionen. Die Sprache ermöglicht dem Menschen aber außerdem, eine Brücke der Verständigung aufzubauen. Im Streit versuchen wir, unsere erlebte Bedrohung kenntlich zu machen.

*Beispiel für konstruktives Streiten*

Ich sage dir mit Kraft und Autorität das, was ich dir zu sagen habe, und das Gleiche gilt für dich. Ich habe zu lernen, mir deine Kritik anzuhören, ohne reflexartig in die Verteidigung zu gehen – und dies gilt auch für dich. Ich habe zu lernen, deine konfrontierenden Worte auszuhalten und mich davon berühren zu lassen.

In einem sehr reifen Zustand können wir uns sogar beim Partner bedanken: »Danke, dass du mir das aufgezeigt hast. Ich hätte es selbst nicht bemerkt.« »Danke, dass du mich immer wieder mit meinem Verhalten konfrontierst. Es würde mir sonst nicht gelingen, es zu verändern.«

Konstruktives Streiten ist begrenztes Streiten und wahrt die Würde der Streitenden.

### Übung: Was stört mich an dir?

Diese Übung erfordert Mut. Mut, den Partner zu konfrontieren, und Mut, sich konfrontieren zu lassen. Jeder kann dabei seine eigene Kritik- und Kritikannahmefähigkeit prüfen.

Zur Durchführung der Übung ist die Methode des »Aktiven Zuhörens« hilfreich. Beim aktiven Zuhören geht es darum, den Schwerpunkt beim »Du« statt beim »Ich« zu halten. Der Reflex, sich zu verteidigen und zu rechtfertigen, ist ein ichbezogener Reflex. Beim aktiven Zuhören verlagert sich der Schwerpunkt der Konzentration von sich selbst auf die Realität des Gesprächspartners. Es soll versucht werden, den anderen zu verstehen und zu erfassen, was in ihm vorgeht, und zu hören, was er mitteilen möchte (s. auch das »Zwiegespräch« im Abschnitt »Liebe braucht Worte« in Kapitel 4).

*Erster Schritt:*
Wählen Sie einen passenden Ort und eine günstige Zeit für diese Übung. Jeder überlegt für sich, was ihn am Partner, an der Partnerin stört.

Welches Verhalten des anderen distanziert Sie von Ihrem Partner / Ihrer Partnerin?

Welche störenden Verhaltensweisen des Partners / der Partnerin lösen in Ihnen starke Gefühle aus? Machen Sie sich am besten Notizen zu diesen störenden Verhaltensweisen und versuchen Sie dann, das eigene Gefühl so auszudrücken, dass es nicht zur Anklage wird. Statt: »Ich habe dir schon hundertmal gesagt, dass du deine Straßenschuhe im Flur ausziehen sollst«, besser: »Ich möchte noch einmal mit dir über das Ausziehen der Schuhe sprechen. Ich fühle mich zunehmend hilflos, da ich das Gefühl habe, einfach nicht gehört zu werden.«

*Zweiter Schritt:*
In einem nächsten Schritt geht es darum, sich gegenseitig das Geschriebene vorzulesen oder vorzutragen. Der andere übt sich dabei im aktiven Zuhören.

Das wird nicht leicht sein, da er oder sie vermutlich Unangenehmes zu hören bekommt und reflexartig ein Verteidigungsimpuls aufsteigt.

Drei Regeln helfen dabei:

1. Nachdem der andere gesprochen hat, wiederholen Sie, was Sie gehört haben: »Ich habe gehört, dass…« Dieser Schritt ist schwerer, als er sich im ersten Moment anhört. Denn manchmal ist das, was gesagt wurde, und das, was beim anderen ankommt, nicht dasselbe.

2. Stellen Sie nur Verständnisfragen, z. B. Wie hast du das gemeint? Kannst du es mir noch genauer erklären?
3. Versuchen Sie, sich für das Gehörte zu bedanken.

*Dritter Schritt:*
Dann beenden Sie das Gespräch und wenden Sie sich anderen Dingen zu. Hilfreich kann es sein, wenn jeder im Anschluss an dieses Gespräch für sich allein ist. Vielleicht bei einem Spaziergang. Denken Sie über das Gehörte nach. Was können Sie daraus lernen? Welche Anregung gibt es? Gibt es einen Impuls zur Korrektur eigener Verhaltensweisen?

### Destruktives Streiten

Alle destruktiven Streite haben eines gemeinsam: Sie entspringen einer inneren Not. Wir fühlen uns nicht mehr geliebt und reagieren aus der Kränkung unserer Seele heraus. Wenn unsere Fähigkeit zur Selbstliebe instabil ist, wenn wir uns dauerhaft nicht ausreichend vom Partner geliebt fühlen oder wir unser Selbst anhaltend in den Dienst des Partners stellen, wachsen Unzufriedenheit, Trauer, Resignation und Wut. Unser Gefühlszustand pendelt zwischen Aggression und Depression.

Der Streit dient als Ventil, den inneren Druck zu entlasten. Er ist Ausdruck einer seelischen Konfliktlage.

*Paarbeispiel: Streit über den Sohn*

Hans sagt zu Anna: »Du machst unserem Sohn zu viele Vorwürfe. Er jammert bei dir über die Schule, und du sagst zu ihm, Schule sei eben kein Zuckerschlecken. Dann fühlt er sich nicht verstanden und von dir angegriffen.«

Worauf Anna kontert: »Das stimmt so nicht. Ich lobe ihn auch ganz oft und sage ihm, wie toll er seine Hausaufgaben macht.«

Hans: »Trotzdem geratet ihr zwei dauernd aneinander, weil du ihn dauernd belehrst und es immer besser weißt.«

Anna: »Was regst du dich so auf? Du machst das Problem viel größer, als es ist. Ich liebe doch meinen Sohn.«

Hans: »Ja, es regt mich auf. Erst gestern hast du ihm wieder gesagt, dass er sich halt neben einen anderen Schüler setzen soll, nachdem er dir von seinen Problemen mit seinem Sitznachbarn erzählt hatte.«

Anna: »Ich darf meinem Sohn ja wohl mal einen Ratschlag geben.«

Hans: »Du verstehst mich einfach nicht und hörst mir auch nicht richtig zu. Genau wie bei unserem Sohn.«

Anna: »Das ist ja jetzt die größte Unverschämtheit. Du willst mich einfach nur fertigmachen.«

So geht es immer weiter, bis sich beide wütend anschreien.

Was passiert in solch einem Streitszenario? Wir haben beschrieben, dass destruktives Streiten der Verletzlichkeit und Verletztheit unserer Seele entspringt. Betroffene Menschen fühlen sich in sich selbst nicht sicher. Es fehlt ihnen die Sicherheit, auf positive Seiten von sich zurückzugreifen, um ein bejahendes Gefühl für sich selbst aufbringen zu können. Sie sind auf die Bejahung »von außen«, durch den Partner angewiesen. Wenn sie Kritik erfahren, verletzt sie diese daher immer in ihrem ganzen Selbst. Narzisstische Menschen können demzufolge nicht zwischen Kritik und Ablehnung ihrer ganzen Person unterscheiden.

Narzisstische Menschen können nicht zwischen Kritik und Ablehnung ihrer ganzen Person unterscheiden.

In dem beschriebenen Streitszenario kommt Hans mit einer klaren Kritik auf Anna zu. Dies weckt in Anna ihr verletzbares Selbst – sie fühlt sich angegriffen. Im Streitgespräch will Anna Hans »beweisen«, dass doch alles nicht so schlimm sei. In der Art und Weise, wie Hans reagiert, wird deutlich, dass auch er nicht konstruktiv streitet, sondern immer neue »Beweise« bringt, um sich mit seiner Kritik durchzusetzen. Er will von Anna hören, dass sie ihn verstanden habe und seine Kritik ernst nimmt. Beide versuchen, ihren Selbstwert über den anderen zu regulieren. Das ist, als würden sich zwei Ertrinkende aneinander festklammern, in der Hoffnung, dadurch nicht unterzugehen. Die physiologische Erregung (das Durchfluten des Körpers mit Adrenalin und Noradrenalin), der psychische Aufruhr durch die sich auftürmenden subjektiv erlebten seelischen Verletzungen halten das Streitgeschehen lebendig. Jedes weitere im Zorn ausgesprochene Wort, jeder aus der Kränkung herausbrechende Vorwurf entfacht das Streitfeuer neu. Das Streiten kann sich endlos hinziehen, und nichts wird besser.

Partnerschaftliche Streitszenarien eskalieren, weil die Partner jeweils nur das »Außenverhalten« des Partners erleben. Im Inneren sieht es ganz anders aus. Im Inneren leidet dessen »verletztes Kind« und wehrt sich (s. den entsprechenden Abschnitt in Kapitel 3). Wenn Partner laut brüllen oder trotzig schweigen, fühlen sie sich im Inneren hilflos und verzweifelt. Das verletzte innere Kind legt sich zum nötigen Selbstschutz eine drohende Rüstung an. Mit dieser Rüstung wird im Außen gestritten. Die Folgen eines Dauerstreits sind: Die Zartheit, die Romantik, die Würde und der Respekt voreinander werden platt gewalzt oder gar zerstört. Im Schlachtfeld gegenseitiger Kränkungsmechanismen verhungern die Partner emotional, und das gute Potenzial der Paarbeziehung kann sich nicht mehr entfalten.

Beide sind in Not. Im Streit werden die verletzten inneren Kinder wach und führen einen »Stellvertreterkrieg«. Sich mit dieser Verletzlichkeit dem Partner zu zeigen, das gilt für beide Seiten, und die dann entstehende Intimität dafür zu nutzen, einander liebend zu stärken, ist der eine Weg. Er entbindet jedoch keinen der Partner davon, weitere Wege dafür zu finden, wie die starke Emotionalität des verletzten und gekränkten Selbst in diesen Momenten in etwas Positives umgewandelt werden kann. Erst dann gelingt der Ausstieg aus dem Streitszenario.

Für das erwähnte Beispiel von Anna heißt das, sich bewusst zu machen, dass sie trotz der augenblicklichen Kritik von Hans und der sich in ihr ausbreitenden reaktiven Wut grundsätzlich kein »schlechter Mensch« ist. Dadurch unterstützt sie sich und schafft die Voraussetzung dafür, die Kritik von Hans anzunehmen. Sich und ihm einzugestehen: Ja, so ist es. Ich bin oft mit unserem Sohn ungeduldig und gereizt.

Und für Hans gilt, sich nicht von dem Impuls des Rechthabens und der aggressiven Durchsetzung mitreißen zu lassen, sondern sich selbst zu beruhigen durch Gedanken wie: »Ich habe sie konfrontiert, ihr mein Feedback gegeben. Das ist genug, auch wenn sie es im Augenblick anscheinend nicht annehmen kann.«

So versucht beispielsweise die Frau eines Paares, das jahrelang erbitterte Kämpfe geführt hatte, sich selbst zu regulieren, indem sie sich im aufflammenden Streit bzw. bei Meinungsverschiedenheiten in eine distanzierte Haltung zu sich selbst begibt und sich selbst sagt: »Ich werde jetzt die Bestätigung für meine Meinung nicht von ihm bekommen können.« Sie arbeitet für sich heraus, dass das »jetzt« wichtig sei: Jetzt, in diesem Moment, in dieser Auseinandersetzung werde ich von ihm nicht bestätigt. Aber es gibt viele andere Situationen, in denen er mir zuhört und mich ernst nimmt.

Wie wir am Streit von Anna und Hans erkennen können, führt die Kritik von Hans zu einer erbitterten Auseinandersetzung. Worum letztlich wirklich gestritten wird, ist für beide nicht ersichtlich. Beide sind mit den Kränkungsreaktionen des Partners befasst. Diese nehmen sie wahr und diese verletzen sie. Sie versuchen, ihr eigenes Selbst über den anderen zu regulieren. Es ist nichts als ein verzweifelter »Bewältigungsversuch für Einbrüche im Selbstwertgefühl«[99]. Erhofft, gewünscht und ersehnt wird die Anerkennung durch den Partner. Und zwar in dem Moment, jetzt und sofort, mitten im tobenden Streit. Das kann nicht gelingen, sondern »verursacht die charakteristische, heillose Verwirrung und endlose Verirrung im Partnerstreit«[100].

Weshalb nun die einen eher offensiv und die anderen eher defensiv streiten, ist etwas komplizierter, da dabei viele Faktoren eine Rolle spielen. Die Lerntheorie geht davon aus, dass wir unser Verhalten durch Vorbilder, Nachahmung und positive Verstärkung anderer lernen. Das Streitverhalten der Eltern und anderer wichtiger Bezugspersonen kann dabei als Modell und Vorbild gewirkt haben. Auch der Umgang der Geschwister untereinander scheint unser Streitverhalten als erwachsene Partner zu prägen.

Oft hören wir in Therapien die Geschichten von Kindern, die es mit ihren Geschwistern nicht leicht hatten. Da gibt es Kinder, die zum Sündenbock in der Familie gemacht wurden – »wegen dir geht es unserer Mutter schlecht«, da gibt es Kinder, die von anderen gemobbt und gehänselt wurden, und wieder andere, denen schon als Kind Verantwortung für jüngere Geschwister übertragen wurde, mit der sie heillos überfordert waren. All dies kann in der Folge zu heftigem Streit und Konkurrenz unter den Geschwistern führen. Die einen lernen eher laut und aggressiv, die anderen eher still und manipulativ zu streiten.

Michael Cöllen definiert neben den beiden Erscheinungsformen von offensivem und defensivem Narzissmus zwei Formen des Streitverhaltens: das »Aktivstreiten« – das bevorzugte Mittel des offensiven Narzissten – und das »Passivstreiten«, das bevorzugte Mittel des defensiven Narzissten.

Merkmale aktiv und passiv Streitender

*Aktiv Streitende*

- weisen Fehler nach, demütigen und machen klein,
- brüllen, toben, schlagen, zwingen,
- bedrohen, üben Macht aus und lösen Angst aus,
- beschuldigen, greifen an, klagen an und haben (in Streiteskalationen) keine Einfühlung,
- machen sich selbst zum Maßstab,
- fühlen sich schnell angegriffen und gekränkt. Werden sie angegriffen, gehen sie sofort zum Gegenangriff über,
- können nicht verzeihen,
- dürfen nicht ins Unrecht geraten,
- Angst und Scham schlagen um in Aggression.

*Passiv Streitende*

- verfallen bei Streit in Einsilbigkeit oder Schweigen oder werden müde,
- gehen schnell in Rückzug, werden krank oder depressiv,
- fühlen sich unter Druck gesetzt,
- leiden schweigend (oder nörgelnd),
- kämpfen nicht offen, sondern manipulieren,
- geben schnell Fehler zu,
- erinnern sich noch nach Jahren an einzelne Kränkungen,
- Wut, Zorn und Enttäuschung äußern sich in Tränen.

Um zu verstehen, was sich tatsächlich in einem Streit abspielt, dafür brauchen wir psychologisches Wissen und Begriffe für das Geschehen und darüber hinaus ein wahres und aufrichtiges Interesse an uns selbst. Ich kann nur sehen und erkennen, was ich weiß. Bei mir selbst und bei meinem Partner. Selbsterkenntnis und Du-Erkenntnis verbinden sich. Wenn ich bereit bin, mir meiner Selbstunsicherheit bewusst zu werden, insbesondere in den Momenten, in denen sie virulent wird, und wenn ich dich in deiner Selbstunsicherheit erkennen und wahrnehmen kann, dann kann ich lernen, mein Abwehr- und Widerstandsverhalten, das sich im erbitterten Streit zeigt, aufzugeben.

Wir wissen, dass dies Schwerstarbeit ist. Denn dann werden die so »gut« abgewehrten Gefühle von Einsamkeit, Schuld, Angst, Scham und auch von Minderwertigkeit frei und sofort spürbar. Wir können uns in solchen Momenten sehr elend fühlen – vielleicht sogar existenziell bedroht.

Gerade dann ist Innehalten und ein Sichaushalten notwendig. Dann braucht es ein Stopp im Streit, ein Loslassen vom Partner und ein Sich-selbst-Zuwenden. Es braucht den liebevollen Blick auf sich selbst und den Blick hinter das streitende Außenverhalten des Partners. Das liebevolle Annehmen und Verstehen meines und deines Selbst vor dem Hintergrund meines Gewordenseins und meiner Geschichte – und deines Gewordenseins und deiner Geschichte. Sichtbar werden dann die verletzten inneren Kinder, die vom Partner genau die Erlösung ersehnen, die dieser im hitzigen Streitkampf nicht geben kann.

Hat sich das Streitszenario beruhigt, ist der darauf folgende Schritt nicht minder einfach. Denn nun werden die im Streit einander zugefügten Schäden sichtbar. Nun ist die Fähigkeit, um Verzeihung zu bitten und Verzeihen gewähren zu können, gefordert. Dies gelingt, wenn wir erkennen, welche Wucht in unserem Streitverhalten steckt und welche Spuren dies in der Seele unseres Partners hinterlässt.

## Sucht – die Belastungsprobe für Paare

Das Zusammenleben mit einem suchtkranken Partner ist erheblich erschwert: Es gibt nur ein zentrales Thema – die Sucht. Die Sucht umfasst alle Lebensbereiche und zentriert alle Betroffenen (Partner, Kinder) wie ein riesiger Strudel auf dieses eine Thema. Jegliche Formen von Suchtverhalten sind hier gemeint: substanzbezogene Süchte wie die Abhängigkeit von Alkohol, Drogen oder Medikamenten, aber auch Verhaltenssüchte wie Computerspiele, Glücksspiel, Internetsex, die mit der Zeit chronisch werden können. Das jeweilige Suchtmittel steht immer zwischen den Liebespartnern. Ihm gilt alle Aufmerksamkeit. Die Sucht setzt sich in den Köpfen fest. Sowohl bei den direkt Betroffenen selbst als auch bei deren Partnern. Das bleibt auch so, wenn sich der Suchtkranke entschließt, aufzuhören. Die jahrelangen Kämpfe um den Ausstieg aus der Sucht, die damit verbundenen Hoffnungen und Enttäuschungen, verstärken sich, wenn der Nichtbetroffene die eigene Hilflosigkeit und Ohnmacht auf seinen Partner überträgt. Die große Gefahr dabei ist, dass der Betroffene vom Partner in der Rolle des Süchtigen fixiert wird.

*Paarbeispiel: »Du schaffst es sowieso nicht!«*
Maria fragt ihren Mann Ernst fast jeden zweiten Abend: »Warum bist du so unruhig? Bestimmt willst du gleich wieder zur Tanke fahren … Du schaffst es eh nicht durchzuhalten!«

Und es passiert tatsächlich immer wieder. Er schafft es ein bis zwei Wochen, trocken zu bleiben. Dann zieht er wieder los.

So fragt Maria ihren Mann in der Therapiestunde: »Was kann ich denn tun, damit du endlich aufhörst?« Und Ernst antwortet: »Das Schlimmste sind deine Vorwürfe. Wenn du damit aufhören könntest, würdest du mir am meisten helfen.«

Der Kampf gegen die Sucht in Partnerschaften ist kein auswegloser Kampf, erfordert aber eine hohe innere Bereitschaft, sich auf eine sich manchmal sehr lange hinziehende Wegbegleitung aus der Sucht einzulassen. Das betrifft beide Seiten: Der Suchtkranke, der sich auf seinem Weg in die Abstinenz immer wieder neu erlebt und prüfen muss, der mit Rückfallgedanken konfrontiert ist, starkes Suchtverlangen spürt, manchmal auch wieder rückfällig wird und weiß, dass es seine primäre Aufgabe ist, diesen Kampf anzunehmen. Der Partner, der vor der großen Aufgabe steht, sich in einer liebevollen Begleitung darin zu üben, anwesend zu sein, ohne permanent zu kontrollieren, zu verurteilen oder den Partner in seiner Suchtrolle zu fixieren. Beide müssen lernen, dass es ein Leben ohne das dominierende Suchtthema gibt.

Lassen sich Suchtkranke auf eine Entwöhnung ein, werden sie in starkem Maße mit ihrem unsicheren Selbst konfrontiert. Die Sehnsucht, Liebe leben und geben zu können, besteht für sie unvermindert fort. Doch nun, im Zustand des Nüchtern- oder Cleanwerdens, treten alle bisher gut abgewehrten und betäubten Gefühle mit aller Macht in das Bewusstsein. Schuld- und Schamgefühle überfluten die Betroffenen. Sie sehen zunehmend klar und deutlich die Auswirkungen ihrer Sucht, vor allem im Spiegel der geliebten Menschen, des Partners und der Kinder. Zeitgleich erleben sie Gefühle von Ohnmacht und Hilflosigkeit gegenüber dem immer wieder auftretenden Suchtverlangen.

Aus der Suchttherapie wissen wir, mit welcher Vehemenz Süchtige im Entzug gegen die Entblößung der inneren Unsicherheit und Verletzlichkeit sowie dem damit verknüpften sofort auftretenden Betäubungsdrang ankämpfen müssen. Die Suchtmittel aktivieren unser biochemisches Belohnungssystem, das wiederum all das auszuschalten verspricht, was innerlich für Unruhe, Unzufriedenheit und Stress sorgt.

Dieser Zusammenhang ist bei suchtkranken Partnern mit der Zeit leicht zu durchschauen, aber für die Betroffenen selbst schwer abzulegen. Sich im Angesicht des Partners damit zu offenbaren und mit ihm darüber in den Austausch zu gehen, ist für viele zunächst unvorstellbar.

Das würde bedeuten:

- sich dem Partner gegenüber nackt und bloß zu zeigen,
- den eigenen »schwachen Kern« offenzulegen,
- mit einem inneren Bild eines Versagers oder Losers konfrontiert zu werden,
- den alltäglichen Kampf gegen die Sucht, das immer wiederkehrende mal schwächer, mal stärker auftretende Suchtverlangen zu beschreiben,
- die lauernde Angst vor dem Rückfall zuzugeben.

Sich damit zu öffnen, um in den partnerschaftlichen Austausch zu gehen, das verlangt sehr viel Mut und Entschlossenheit. Bei allen Widerständen, die sich bei diesen Schritten regen, ist es aber ein entscheidendes Puzzleteil auf dem Weg zur Bewältigung der Sucht. Die Intimität in der Partnerschaft, die sich in solchen Momenten des Benennens und Bekennens einstellt, die hier mögliche positive Resonanz durch den Partner ist ein Schritt, der den unsicheren Kern des suchtkranken Partners erreichen kann. Selbstwert, Selbstachtung und Selbstliebe können in diesen Momenten wieder aufscheinen. Aufseiten von beiden Partnern. Das Fragile in von Sucht dominierten Partnerschaften wird etwas beruhigt. Ein Weg aus der Sucht tut sich auf.

Die Gefühlsbeantwortung durch den Partner ist in diesen Momenten entscheidend: Kann durch diese Spiegelung eine Stabilisierung im Selbstwerterleben des Betroffenen entstehen oder nicht? Die Gratwanderung dieser Gefühlsbeantwortung besteht darin, dem Suchtkranken auf der einen Seite Mitgefühl für die in diesen Momenten auftretenden Schuld- und Schamgefühle entgegenzubringen, sie andererseits aber nicht zu beschönigen oder herunterzuspielen, welches Leid und welche Not der Betroffene durch seine Sucht in der Partnerschaft und im familiären Umfeld auslöst.

Häufig gelingt dies nicht, weil die Partner der Betroffenen selbst gegen die erlittenen Kränkungen ankämpfen müssen. Die Sucht des Partners mit allen Folgeerscheinungen oft über Jahre hinweg mitgetragen, erleidet und erduldet zu haben, hinterlässt tiefe Spuren von Resignation und Enttäuschung. Häufig ist dies mit der Frage und dem Selbstvorwurf gekoppelt: Weshalb habe ich all diese Jahre diesem Mann / dieser Frau geopfert und einen Großteil meines Lebens verschenkt? Das Vertrauen in den anderen ist erschüttert, auch durch immer wiederkehrende Rückfälle.

*Beispiel: Der Schamturm*

Ernst, Marias Partner, beschreibt die Situation aus seiner Sicht so: Die Vorhaltungen seiner Frau, dass er sowieso gleich wieder rückfällig werde, aktivieren seine Scham- und Schuldgefühle. Er beschreibt, dass er sich wie in einem »Schamturm« fühle und dass ihre Vorwürfe ihn immer mehr in diesen »Turm« einsperrten. Das sei ein schrecklicher Teufelskreis: Er würde wieder trinken, sich entsetzlich dafür schämen, ihre Vorwürfe hören und sich noch viel mehr schämen. Dann trinke er wieder, um diese entsetzliche Scham nicht mehr zu spüren.

Partnerschaften von Suchtkranken brauchen Entlastung durch begleitende Unterstützung. Denn ein weiteres Merkmal belastet solche Partnerschaften: Der nicht suchtkranke Partner wird projektiv zum stabilisierenden Anker erkoren, der für den suchtkranken Partner lebensspendend da zu sein hat. Die Vorstellung, es könnte zur Trennung kommen, löst massive Ängste aus. Allein der Gedanke daran erzeugt eine innere Unruhe bis hin zur Panik, die unmittelbar Suchtverlangen auslöst. »Wenn du dich von mir trennst, gibt es bei mir kein Halten mehr.« Diese Bürde kann keine Partnerschaft tragen.

Die dahinterstehende Verlustangst ist als Altlast in der Biografie des/der Betroffenen zu suchen. In der Therapie geht es darum, die ungestillten Sehnsüchte nach Anerkennung, gesehen und geliebt zu werden, genauso wie Missachtungs-, Demütigungs- und Gewalterleben in der Geschichte des/der Suchtkranken aufzuspüren und kenntlich zu machen. Die Aufgabe zur Auseinandersetzung mit diesem starken Gefühlserleben sowie dem Erlernen von Fähigkeiten, mit dieser existenziellen Bedrohung umzugehen, liegen bei den Betroffenen selbst. Der sehnsuchtsvolle Wunsch nach einer liebevollen Partnerschaft kann Ziel und Unterstützung sein. Den Partner an sich binden zu wollen im Sinne von »Du darfst mich niemals verlassen« oder »Du musst immer bei mir bleiben«, um der eigenen Not zu entgehen, führt in die Irre.

So wie sich der/die Suchtkranke selbst im Strudel der Sucht verliert, überträgt sich diese Dynamik der Sucht auf die Partnerschaft. Der Kampf mit der Sucht erfordert Langmut in der liebevollen Begleitung des Partners und Distanzierung von der Sucht – sei es durch professionelle medizinische und therapeutische Begleitung oder durch die Einbindung in das Netz der vielfältigen Selbsthilfegruppen. Auch für die Partner.

Ist Sucht in Ihrer Partnerschaft ein Thema?

- Halten Sie sich selbst oder Ihren Partner / Ihre Partnerin für suchtgefährdet oder suchtkrank?
- Sind Sie darüber im Austausch miteinander? Konstruktiv oder negierend, verharmlosend und vorwurfsvoll?
- Sucht ist oft ein Tabuthema. Trifft das auch auf Ihre Partnerschaft zu?
- Vereinbaren Sie Abstinenzzeiten. Dies ist ein Merkmal zur Überprüfung von Suchtgefährdung oder bereits ausgeprägtem Suchtverhalten.
- Holen Sie sich professionelle Hilfe.

# 8. Wenn die Masken des Narzissmus fallen

Wenn die Masken des offensiven und defensiven Narzissmus fallen, wächst die Intimität innerhalb der Partnerschaft. In diesem letzten und abschließenden Kapitel möchten wir anhand von einigen wenigen Beispielen deutlich machen, wie dies gelingen kann. Die Liebe in ihrer Komplexität und energetischen Auf- und Entladung lebt vom Austausch, vom Dialog der Partner. Hier vollzieht sich eine Synthese, ihre Spannung ergibt sich im liebenden Ineinander von Männlich und Weiblich (auch bei gleichgeschlechtlichen Partnerschaften). Partner beflügeln und konfrontieren einander und können so zu gegenseitigen Entwicklungshelfern werden. In der Partnerschaft liegt die große und einmalige Chance, unseren narzisstischen Verstrickungen auf die Spur zu kommen, die gekränkte Liebe in uns zu entdecken und gemeinsam mit dem Partner zu bearbeiten. Liebe heilt. Narzisstische Verletzungen können in der Intimität der Partnerschaft überwunden werden.

*Paarbeispiel: Ein Brief von Klaus – Heilung von Liebeskummer*
*Als Sandra und ich mit der Paartherapie begannen, hatte ich wirklich Liebeskummer. Zwar ging es nicht um die Frage, ob wir zusammenbleiben oder nicht, dennoch wollte und musste ich etwas verändern. Ich fühlte mich von Sandra oft missverstanden. In Auseinandersetzungen redeten wir aneinander vorbei, ohne es wirklich zu merken oder beeinflussen zu können. Die Sexualität war zum Erliegen gekommen und ich habe nicht verstanden, warum. Aber sie fehlte mir eindeutig. Sexualität gehört für mich zu einer Partnerschaft, sonst wird sie zu einem Geschwisterverhältnis oder einer sehr guten Freundschaft, die Unterschiede aber verschwinden. Schließlich war ein Gefühl von Einsamkeit und Verlorenheit zurückgekehrt, das ich schon aus Zeiten vor dem Zusammensein mit Sandra kannte. Es war nicht so heftig wie früher, sodass ich es auch ein Stück weit leugnen konnte. Dennoch spürte ich – mal mehr, mal weniger – eine Distanz zu Sandra, die mich so sehr bekümmerte, dass ich etwas unternehmen musste.*

*Anfangs habe ich mich gewehrt, mich wieder einmal mit meiner Biografie befassen zu sollen. Ich hatte es schon so oft getan. Ich wollte auch den Schmerz nicht wieder spüren müssen. Wie heftig er letztlich war und ist, war mir in den Anfängen nicht bewusst, und ich fürchte, die Dimension reicht weiter, als ich es derzeit erfasse.*

*Die Erfahrungen, die ich dann aber im Verlauf der Paartherapie gemacht habe, waren für Sandra und mich enorm wichtig. Ich habe verstanden, dass in mir alte seelische Verletzungen rumoren, die sich aus dem Erleben mit meiner Mutter speisen. Nie hatte sie wirklich nach meinen Bedürfnissen gefragt oder sie gar zur Grundlage ihres Handelns oder ihrer Entscheidungen gemacht. Wenn doch, dann nur sehr halbherzig. Wie ich inzwischen nur mühsam erkenne (»Ist doch eigentlich nicht so schlimm; anderen erging es doch viel schlimmer«), nahm alles seinen Anfang in sehr traumatischen Erlebnissen aus meiner Kindergartenzeit. Die ständigen Schläge haben mich in der Substanz meiner ganzen Person zerstört. Am Ende ist nur eine endlose Einsamkeit und Verlorenheit geblieben. Durch die Atmosphäre ständig drohender Gewalt in der Familie durch meinen Vater, unabhängig davon, ob sie tatsächlich stattfand oder nicht, und das Wegschauen meiner Mutter, haben sich diese Gefühle ständig verstärkt. Hätte ich einen Weg gefunden, hätte ich schon als so kleines Kind Selbstmord zumindest versucht.*

*Die Arbeit an diesen Verletzungen und uralten Wunden ging mit liebevollen Gesten, einem Gehaltenwerden von Sandra einher, wie ich es bisher nicht kannte. Ich fühlte mich in einem Maß als ganze Person von ihr verstanden, wie ich es mir immer gewünscht hatte. Dieses Verständnis geht weit über das hinaus, als nur in Auseinandersetzungen verstanden zu werden, nicht mehr missverstanden zu werden oder Interpretationen übergestülpt zu bekommen. Es geht um meine Sehnsucht, endlich, endlich nicht mehr einsam und verloren zu sein. Es galt zwar schon immer, dass Sandra mein Herz berührt hat, aber jetzt habe ich erfahren, dass dies meine tiefen Verletzungen mit einschließt.*

*So hat sich dann auch Sandra mir gegenüber geöffnet. Da habe ich erst gesehen, wie sehr ich sie durch meine Schutzreaktionen gleichzeitig verletzt und gekränkt habe. Nicht nur das. Es waren in ihrem Erleben Wiederholungen ihrer eigenen uralten Verletzungen. Ich habe verstanden, warum Sandra meine körperliche Nähe nicht (mehr) zulassen konnte und welche Schritte sie gehen musste, um ihre Wünsche an mich herantragen und auf eine Erfüllung dieser Wünsche drängen zu können. Dies ermöglichte eine Nähe, wie ich sie bisher nicht kannte, die aufgrund der tiefen Verletzungen anfangs geradezu schmerzhaft war, die ich mir aber zutiefst gewünscht habe. Jetzt war sie da! Auch in anderen Bereichen kann ich zunehmend Nähe zulassen, weil ich nicht mehr den Missbrauch fürchten muss. Es fühlt sich wunderbar an. Sandra hat dann auch diese Räume besetzt und ganz langsam näherten wir uns auch körperlich wieder an. Vereinzelt, meist im Urlaub, haben wir auch wieder miteinander geschlafen.*

*Jetzt sehe ich, wie erstarrt ich war. Die Gründe dafür kannte ich lange nicht. Ich habe immer Sandra dafür verantwortlich gemacht und meine Starre nicht als Schutzreaktion gesehen. Nach der Arbeit an dieser Erstarrung, die mich mit einer nie gekannten Unmittelbarkeit mit meiner Verlorenheit und unendlichen Einsamkeit in Berührung brachte, hat sich ein ganz neues Tor geöffnet. So schlimm das Ganze auf der einen Seite war, konnte ich nach einer gewissen Zeit doch einen eigenen Weg in meiner eigenen Geschwindigkeit gehen und erleben, dass ich eben nicht allein bin. Dieses Gefühl treibt mir beim Schreiben die Tränen in die Augen und das fühlt sich gut an. Und Sandra hat mich ganz zu sich genommen.*

*Trotzdem mussten wir unser Streitmuster noch erkennen – und es gibt immer noch viel zu tun. Ich verstehe, dass ich in meinen Verletzungen wie ein verwundeter Tiger agiere – und Sandra immer wieder damit verletze. Das fühlt sich nicht gut an und dafür habe ich sie um Verzeihung gebeten. Ich versuche, mich dem zu stellen. Es scheint mir besser zu gelingen, als ich selbst wahrnehme. Wir tun uns körperlich wohl. Das reicht von einfachen liebevollen Gesten bis zum Streicheln des ganzen nackten Körpers. Plötzlich haben wir das ganze Repertoire zur Verfügung. Miteinander zu schlafen ist darin aufgehoben. Ich überfrachte es nicht mehr mit meinen Wünschen nach Berührungen. So geschehen sie auch ohne Sex. Wie sehr habe ich mir das gewünscht!*

Der Brief von Klaus macht deutlich, wie er seiner eigenen inneren Verletzlichkeit und Unsicherheit auf die Spur kommt und seine narzisstische Verstrickung mit Sandra erkennt. Seine Sehnsucht gilt einer großen Nähe mit Sandra, verbunden mit dem Wunsch nach gelebter Sexualität. Gleichzeitig steht er sich dabei selbst im Weg. Das, was er sich sehnlichst wünscht, verhindert er durch seine Art, zu kränken und zu verletzen. Wird in ihm das Gefühl von Einsamkeit und Alleinsein berührt, macht er Sandra dafür verantwortlich. Dann erstarrt er, greift Sandra gleichzeitig an und treibt sie in die

Rolle der Täterin, die an allem Unglück und der nicht gelebten Sexualität schuld sei.

Indem Klaus den Mechanismus der gegenseitigen Kränkung durchschaut, gelingt es ihm, seine Eigenanteile zu sich zu nehmen. Und nicht nur das. Er erkennt gleichzeitig, wie er Sandra mit seinen Kränkungsreaktionen verletzt und welchen seelischen Schaden er bei ihr anrichtet. Dafür übernimmt er Verantwortung und bittet Sandra um Verzeihung.

*Zur Geschichte von Sandra:*
Sandra ist mit einer Mutter aufgewachsen, die im letzten Weltkrieg auf der Flucht vergewaltigt wurde. Die Folgen des Krieges und der Flucht haben dazu geführt, dass die Mutter jegliche Lebendigkeit und Vitalität verlor und diese auch bei ihrer Tochter nicht ertragen konnte. Vor diesem Hintergrund schrieb Sandra folgenden Brief an ihr inneres Kind:

*Liebe Sandra,*

*meine Mutter wollte mich erziehen. Aber was sie getan hat, war, mich kleinzukriegen, meinen Willen zu brechen. Sie hat mich dabei gedemütigt und entwürdigt. So weit, dass ich mutlos wurde und das Wort Würde gar nicht mit mir selbst in Verbindung bringen konnte. Das geschah so früh und so subtil, dass es nur wenige bewusste Szenen in meiner Erinnerung davon gibt.*

*Aber diese »frühe Zeit« war sehr, sehr wirksam und wirkt bis heute nach. Blicke reichten dann, um mich zu tadeln, zu dirigieren, zu bestimmen, mich meinen Willen nicht mehr spüren zu lassen. Meine Mutter hat mich mit Gewalt kleingemacht und ich habe versucht, aus dem »Kleingetretenen« das Beste, noch etwas Schönes zu machen.*

*Es stieg in mir eine Melodie und der Satz auf: »Ich rette, was zu retten ist, ja, ja, ja« immer und immer wieder und ich habe versucht, aus dem »Klein- und Niedergetretenen« noch etwas Sinnvolles zu machen.*

*Es konnte nicht schön werden, dazu war es zu zertreten. Aber ich habe gerettet, was zu retten war.*

Auch Sandra enttarnt die Masken ihres Narzissmus, indem sie erkennt, wie sie auf die Vorhaltungen und Schuldzuweisungen von Klaus reagiert. Sie sieht, wie sie damit in ihre erlernten Schutzmechanismen verfällt und damit gleichzeitig Klaus verletzt. Sie bekommt von uns die folgenden drei Fragen zur Beantwortung und liest die Antworten in einer therapeutischen Sitzung Klaus vor:

*Wie verletze ich dich mit meinem verletzten inneren Kind?*
*Ich werde innerlich eiskalt, spüre dich nicht mehr.*
*Will alleine sein, zumindest weg von dir.*
*Ich verstehe nichts mehr.*
*Ich werde müde.*
*Welches Außenverhalten erlebst du von mir in diesen Situationen?*
*Du erlebst mich komplett distanziert.*
*Ich sehe plötzlich alle deine Fehler, die ich größer bewerte als sonst.*
*Was tue ich dir damit an?*
*Du fühlst mich nicht mehr.*
*Ich stoße dich in deine Einsamkeit – das sehe und erkenne ich jetzt.*

Sowohl Klaus als auch Sandra können sich vor dem Hintergrund ihrer eigenen Lebensgeschichte und dem Sichtbarwerden ihrer verletzten inneren Kinder besser gegenseitig erkennen. Sie verstehen, wie sich im Streit ihre beiden Geschichten miteinander verstricken. Sie erkennen auch, welche Wunden sie einander in ihren Streitszenarien geschlagen haben. Die Enttarnung ihres Narzissmus hilft ihnen, ihre Entwicklungsaufgaben deutlicher wahrzunehmen. So ist der Weg dafür geebnet, dass sie sich für diese zugefügten Verletzungen gegenseitig um Verzeihung bitten. Bei beiden ist eine deutliche Entlastung zu spüren. Gleichzeitig übt sich jeder der beiden in neuen Gestaltungsschritten ihrer Partnerschaft. Ihre Intimität wird neu belebt.

## Um Verzeihung bitten – die Reifeprüfung der Liebe

Stark in der Liebe werden wir, wenn wir unsere Fehler erkennen, diese benennen, sie unserem Partner bekennen und um Verzeihung bitten, sollten wir durch sie den anderen verletzt haben. *Erkennen, Benennen, Bekennen.* Diese Trias ist in der Paarsynthese das Leitmotiv auf dem Weg zur Versöhnung. Eine große Aufgabe. Immer wieder. Aber diese Fähigkeit kennzeichnet die Reife der Liebe. Sich zur eigenen Fehlerhaftigkeit zu bekennen, die damit verbundenen Verletzungen des Partners sehen und um Verzeihung bitten zu können, erfordert Selbstüberwindung und Mut: »Liebende müssen lernen, nach einer Verwundung wieder aufzustehen, so wie ein Kind, das sich bei einem Sturz ein blutiges Knie geholt hat, die Kraft aufbringen muss, weiterzulaufen.«[101]

Die Möglichkeiten und Anlässe gegenseitiger Verwundung, des Missverstehens und der Missachtung sind so zahlreich, dass die Liebe ohne die Kraft des Verzeihens und Versöhnens nicht überleben kann. Das Verzeihen bietet den Schonraum, den wir Menschen brauchen, um überhaupt aus unseren Fehlern lernen zu können. Es geht keineswegs darum, unsere menschlichen Fehler auszumerzen – das wäre unmenschlich. Vielmehr geht es darum, daraus zu lernen, dadurch zu reifen und seelisch wachsen zu können – bis ins hohe Alter. Die Fähigkeit zu verzeihen wird so zur Basis für die Zukunftsfähigkeit der Liebe. Paare können sich auch in diesem Prozess gegenseitig fordern und fördern. Aber es braucht immer wieder den Mut, durch den Sprung über den eigenen Schatten, diesen intimen Raum, der zum Verzeihen führt, zu öffnen:

> »Wir fuhren in seinem Auto, und er wollte mich irgendwo absetzen, in irgendeiner einsamen Straße. Er saß am Steuer. Ich schwieg, müde von den Vorwürfen und Diskussionen. Dann aber ließ eine Hand das Steuer los, und sein Arm legte sich um meinen Rücken und zog mich zu ihm hin. Er fuhr weiter mit nur einer Hand, stumm. Ich küsste die Hand, die auf meiner Schulter ruhte, ohne zu wagen, etwas zu sagen oder zu weinen oder mich auch nur im Geringsten zu bewegen. Leise spürte ich das Glück zurückkehren, das ich für verloren gehalten und in Gefahr gebracht hatte.«[102]

Kleine Gesten können oft Großes bewirken. Das zeigt sich in dieser kleinen Episode, in der das Paar erschöpft nach langem Streit schweigend nebeneinandersitzt. Die für die Frau unerwartete Geste des Mannes verändert das Geschehen zwischen den beiden. Der Graben, der sich zwischen den beiden aufgetan hatte, schließt sich wieder. Intimität entsteht. Ohne Worte. Nähe ist wieder möglich. Glücksempfinden stellt sich ein.

Unversöhnlichkeit – bei manchen Partnern über Jahre hinweg – enttarnt die eigene seelische Störung. Denn Fehler machen wir alle. Wer nicht verzeihen kann, ist in der eigenen Härte und Unerbittlichkeit, manchmal auch in Hass und Rache gefangen. »Es ist eine enorme Kulturleistung, den Reflex ›Auge um Auge, Zahn um Zahn‹ auszuschalten. Auf Rache und Strafe zu verzichten ist keine natürliche Reaktion, sondern eine reife Leistung«[103], macht Michael Cöllen deutlich.

Damit die Schritte vom Verzeihen zum Versöhnen gegangen werden können, bedarf es in der Regel eines geschützten Rahmens. Um Verzeihung zu bitten, ist etwas sehr Intimes. Denn der Finger wird noch einmal auf die Wunden gelegt, die im Streit des Paares geschlagen wurden.

## Nach der Streiteskalation: fünf Schritte zum Verzeihen

Die im Folgenden beschriebenen Schritte zum Verzeihen können sowohl einseitig von einem Partner, der um Verzeihung bittet, vollzogen werden als auch gemeinsam als Paar, indem beide sich zu den gegenseitigen Verwundungen, die sie einander zugefügt haben, bekennen.

*Erster Schritt: Anhören.* Um sinnvolles Verzeihen zu ermöglichen, ist es notwendig, die vorausgegangenen Verletzungen und Kränkungen anzuschauen und in einer ruhigen Gesprächssituation auszusprechen. Die Partner hören einander zu, ernsthaft und unter gegenseitiger Anerkennung der Bereitschaft, Verantwortung zu übernehmen.

- Was für Verletzungen zwischen uns sind geschehen?
- Was habe ich getan?
- Mit welchen Worten, welchen Gesten, welchen Handlungen habe ich dich verletzt?

*Zweiter Schritt: Das verletzte innere Kind.* Im zweiten Schritt geht es darum, mich selbst kritisch zu hinterfragen und mein Verhalten auf dem Hintergrund meiner eigenen Lebensgeschichte zu begreifen.

- Wie konnte es dazu kommen?
- Habe ich mich von dir missachtet oder nicht ernst genommen gefühlt?

- Woher kenne ich aus Kindheitstagen solche Verletzungen?
- Wie habe ich damals darunter gelitten?
- Welcher Schmerz, welche Angst, welche Unsicherheit, welche Scham aus Kindheitstagen ist in der aktuellen Streitsituation getriggert worden?

*Dritter Schritt: Was tue ich dir damit an?* Diese alte Wunde in mir wurde berührt. Sie schmerzt immer noch. Und es fällt mir immer noch schwer, in diesem Moment meinen Schmerz zu äußern und mir zu holen, was ich damals und vor allem heute gebraucht hätte. Stattdessen bin ich in mein altes Kränkungsmuster des Gegenangriffs (des Schweigens, des Rückzugs, des Ausweichens, der Verweigerung, des Schreiens, des dich Niedermachens …) gefallen. Dadurch habe ich dich verletzt.

*Vierter Schritt: Um Verzeihung bitten.* »Ich bitte dich um Verzeihung für …« Hier gilt es, noch einmal konkret zu benennen, wofür Sie Ihren Partner / Ihre Partnerin um Verzeihung bitten.

Sie können diesen Schritt mit einer Geste unterstützen, zum Beispiel indem Sie Ihre Hand auf Ihr Herz legen oder sich leicht verneigen.

Wichtig: Es ist möglich, dass der Partner / die Partnerin diese Bitte um Verzeihung im Moment noch nicht annehmen kann. Da die Heftigkeit der zugefügten Verletzung noch nachwirkt und sich weiter beruhigen muss. Dann ist es hilfreich auszusprechen, dass für die Annahme der Bitte um Verzeihung noch etwas Zeit notwendig ist:

- »Ich brauche noch Zeit, diese Entschuldigung annehmen zu können, weil …«
- »Lass mich bitte eine Nacht darüber schlafen.«

*Fünfter Schritt: Wiedergutmachung.* Im fünften und letzten Schritt geht es darum, Gesten der Versöhnung und Wiedergutmachung zu finden: »Wer einen Fehler gemacht hat und hofft, dass der andere ihm verzeiht, kann nicht so weitermachen wie bisher. Er muss vielmehr durch ein verändertes Verhalten den anderen von seinem guten Willen überzeugen.«[104]

Eine Wiedergutmachung signalisiert dem Partner / der Partnerin: Ich habe mein dich verletzendes Verhalten erkannt, bin bereit, neues

Verhalten einzuüben, und um dies mit einer Geste zu unterstreichen, biete ich dir eine Wiedergutmachung an.

Bei der Wiedergutmachung sind kreative Ideen gefordert, die deutlich machen, dass die immer wiederkehrenden Kränkungsreaktionen erkannt und nachhaltig verändert werden sollen. Wiedergutmachung im Sinne eines aktiven Vorbeugens, um mögliche Rückfälle zukünftig zu vermeiden.

*Paarbeispiel: Morgendliches Singen*

Sebastian erzählt in der Therapie, er habe am Sonntagmorgen beim Wäscheaufhängen im Keller laut gesungen. Mia habe nach unten gezischt, dass er zu laut singe und damit die Kinder wecken würde.

Es sei eine Welle der Empörung in ihm aufgestiegen: Was für eine Unverschämtheit von Mia, ihm sein Singen vorzuwerfen! Er habe sich vollkommen ungerecht und unfair behandelt gefühlt. Nachdem er die Wäsche aufgehängt habe, sei er in die Wohnung zurückgegangen und habe in der Küche sehr deutlich seine Übellaunigkeit demonstriert – durch seinen Gesichtsausdruck und lautes Herausholen einer Tasse und Einschenken eines Kaffees, mit dem er dann demonstrativ die Küche verlassen habe und in sein Zimmer gegangen sei.

In seinem Zimmer habe er sich an den Tisch gesetzt und versucht, sich zu beruhigen. Dann seien ihm all die Arbeiten und Gespräche zum Thema Kränkbarkeit in der Therapie eingefallen – auch seine Vatergeschichte, der ihn immer gegängelt und beim gemeinsamen Arbeiten vermittelt habe, dass er es nicht richtig machen würde. Er habe bemerkt, dass er jetzt wieder in eine Kränkungsreaktion gerutscht sei … und eigentlich … wenn er es sich genau überlegen würde, Mia ja recht habe. Die Kinder bräuchten am Sonntag nach der stressigen Schulwoche das Ausschlafen und sein lautes Singen hätte sie möglicherweise wecken können. Er habe dann all seine Kraft zusammengenommen und sei zurück in die Küche gegangen und habe sich bei Mia für sein Verhalten entschuldigt.

Mia wiederum berichtet ihre Sicht der Dinge:

Als Sebastian so wutentbrannt in die Küche gestampft sei, habe sie wieder das schreckliche Gefühl bekommen, alles falsch zu machen. Sie sei jetzt wieder diejenige, die die anfänglich schöne Stimmung des Sonntagmorgens kaputtgemacht habe, sie sei diejenige, die viel zu empfindlich sei und sogar ihrem Mann das Singen verbieten würde. Dann habe aber auch sie sich an ihre neuen Erkenntnisse erinnert. Sie habe erkannt, dass sie gerade wieder »am Fallen« sei (wie sie ihren Selbstwertkollaps in der Therapie symbolhaft benannt hatte). Dann habe sie versucht, liebevoll dahin zu schauen: Ja, das kleine Mädchen fällt wieder. Hat Angst dem Papa gegenüber (sie hatte einen psychotischen und dadurch sehr unberechenbaren Vater) und fühlt sich für alles schuldig. Sie habe dann ein paar Tränen vergossen ... und eigentlich ... wenn sie es sich genau überlegen würde, die Art, wie sie ihn angesprochen habe, das wütende Zischen sei nicht in Ordnung gewesen. In diesem Moment sei Sebastian hereingekommen und habe sich entschuldigt. Am Ende hätten sie einander in den Armen gelegen. Sie hätten sich dann an den Küchentisch gesetzt und sich darüber ausgetauscht, was eben passiert sei.

Beide erzählen dies stolz, ganz im Bewusstsein ihrer neu gewonnenen Freiheit, sich selbst – ihr Selbst – gestalten zu können. Ihren (alten) Re-Aktionen nicht mehr vollständig ausgeliefert zu sein, sondern nach den ersten Impulsen, diese als solche erkennen und regulieren zu können. Und anschließend um Verzeihung bitten zu können.

Sebastian weiß um seine schnelle Kränkbarkeit und die damit verbundenen aggressiven Impulse, mit denen er Mia schon häufig verletzt hat. Da er mittlerweile auch versteht, was seine Kränkungsreaktion in Mia auslöst, bietet er Mia als Wiedergutmachung an, in den kommenden zwei Wochen einen wöchentlichen Paarabend zu organisieren, an denen er Mia verwöhnt. Mia wiederum, angeregt durch Sebastians Angebot und im Wissen um die durch sie verursachte Einschränkung seiner Lebendigkeit, schenkt Sebastian als Geste der Wiedergutmachung einen gemeinsamen Konzertbesuch bei einem A-capella-Chor.

## Die Kraft der Versöhnung

Sigmund Freud hat als einer der Ersten auf die Bedeutung der Versöhnung zur Linderung seelischer Erkrankungen hingewiesen:

> »Er [der Kranke] muss den Mut erwerben, seine Aufmerksamkeit mit den Erscheinungen seiner Krankheit zu beschäftigen. Die

> Krankheit selbst darf ihm nichts Verächtliches mehr sein, vielmehr ein würdiger Gegner werden, ein Stück seines Wesens, das sich auf gute Motive stützt, aus dem es Wertvolles für sein späteres Leben zu holen gilt. Die Versöhnung mit dem Verdrängten, welches sich in den Symptomen äußert, wird so von Anfang an vorbereitet […]«[105]

Sigmund Freud spricht von der Versöhnung mit dem Verdrängten. Wenn die Versöhnung mit dem seelischen Grundkonflikt gelingt, befindet sich der Patient (im Freud'schen Sinne) auf dem Weg der Heilung. Freuds therapeutische Arbeit, die Psychoanalyse, sieht folgende Schritte vor: Erinnern, Wiederholen und Durcharbeiten.

Wir wissen aus unserer paartherapeutischen Arbeit, wie heilsam diese Versöhnungsarbeit ist. Anders als Freud, der sich fast ausschließlich auf die Versöhnung des Patienten mit sich selbst konzentriert, beziehen wir den Partner in diesen Prozess mit ein. Es geht nicht nur um die individuelle Versöhnung mit Verdrängtem, Abgespaltenem, Dissoziiertem, sondern die Heilkraft liegt in der Versöhnung mit sich und dem Partner. Der Boden für diese Versöhnung wird bereitet, wenn wir zunehmend erkennen und bekennen, welches Leid wir mit unseren Kränkungsreaktionen dem Partner zufügen. Und wenn wir verstehen, dass unser Partner in vielen Streitsituationen mit seinen Kränkungsmechanismen reagiert, die, wie bei uns selbst, sekundenschnell anspringen. Auf beiden Seiten wird versucht, diese Kränkungsmechanismen zu enttarnen, die Fähigkeit zur Selbstregulation zu verbessern und die destruktiven Streitszenarien in ein konstruktives Streiten überzuführen. So greifen wir Freuds Worte auf und verweisen darauf, dass es darum geht, ein würdevolles Miteinander im partnerschaftlichen Ringen um die Liebe zu finden und nach dem Wertvollen, dem Sinn und der Bedeutung unseres partnerschaftlichen Zusammenseins, zu suchen.

Wir wissen, welchen Mut es erfordert, diese Schritte zu gehen. Gelingen sie, führt der Weg zu einer Beruhigung des paardynamischen Streitgeschehens, Friedlichkeit stellt sich ein und bisher ungenutzte Potenziale, die im Streit gebunden waren, können sich entfalten. Der Weg über das Verzeihen zum Versöhnen ist Friedensarbeit. Sowohl auf der Mikroebene des Paares als auch auf der Makroebene der Politik. Wir verweisen bei dieser Gelegenheit immer wieder auf den Kniefall von Willy Brandt vor dem Ehrenmal des Warschauer

Ghettos.[106] Das Bild ging um die Welt und jeder hat den Sinngehalt dieser Geste verstanden. Brandt hat sich stellvertretend für das deutsche Volk zu den Taten der Nationalsozialisten bekannt und das unvorstellbare Leid, das die Opfer des deutschen Terrorregimes zu erleiden hatten, anerkannt. Brandts Geste hat die Menschen erreicht und berührt. Sie hat wesentlich dazu beigetragen, das Bild der Deutschen nach dem Zweiten Weltkrieg zu verändern.

Wesentlich daran ist die erforderliche Selbstüberwindung. Dazu hilft, dass ich sehe, spüre und bereit bin, darüber nachzudenken, was ich bei meinem Partner angerichtet habe. Diesen Schritt zu wagen, stärkt das eigene Selbst und führt zu dem Erleben erhöhter Selbstwirksamkeit (und auch Paarwirksamkeit), wenn der Schritt über das Verzeihen in die Versöhnung führt.

Partner, die nach vollzogener Trennung einen jahrelangen Rosenkrieg führen, die sich in ihren Schmerz, Groll und Hass verbeißen, können sich selbst schwer verzeihen. Für das, was sie mitgemacht, was sie zugelassen, was sie erduldet haben – oft über Jahre hinweg. Um sich selbst verzeihen zu können, hilft es, die eigenen Gefühle und Handlungen kritisch in den Blick zu nehmen und zu reflektieren.

Wenn ich um Verzeihung bitte, beginne ich, mich mit mir selbst zu versöhnen. In diesem »Ja, so ist es« beginnt eine Selbstakzeptanz, die in meinem Inneren etwas zur Ruhe kommen und einen Frieden entstehen lassen kann. Ich muss mich nicht mehr selbst belügen und dadurch auch nicht mehr gegen den Partner wehren.

### Wann Verzeihen an Grenzen stößt

Beschämung, Missbrauch, Gewalt, Terror – alle Ereignisse, die wir nicht in einem positiven und uns schützenden Sinne bewältigen und verarbeiten können, liegen wie Schatten auf unserer Seele und schwächen uns in unserem Selbst.

Wir haben bisher Wege aufgezeigt, die bei positiver Bewältigung der jeweiligen Krisen zu einer Wiederbelebung und Fortsetzung der Beziehung führen. Nun möchten wir uns partnerschaftlichen Krisensituationen zuwenden, bei denen aus unserer Sicht Grenzen des Verzeihens erreicht werden.

Wenn der Partner immer wieder fremdgeht, seine Sucht nicht in den Griff bekommt oder wiederholt gewalttätig wird, bewegen wir uns im Grenzbereich zur Möglichkeit des Verzeihens. Es gibt Taten, die einen zu einer Entscheidung herausfordern. Wer einem Wiederholungstäter ständig verzeiht, lädt ihn geradezu ein, immer weiterzumachen. Wenn unsere eigene Identität so stark verletzt wird, dass wir Gefahr laufen, krank zu werden oder schon krank geworden sind, ist es sinnvoll, über Trennung nachzudenken. Wiederholtes Verzeihen ohne nachhaltige sichtbare und spürbare Veränderung in der Partnerschaft verliert seine Kraft und Wirkung. Fortgesetztes Verzeihen wird dann zum leeren Ritual, das im Aussprechen der Verzeihung stecken bleibt.

Im Folgenden benennen wir zwei Grenzbereiche des Verzeihens.[107] Wenn sie immer wieder vorkommen, sollte eine Trennung direkt angegangen werden.

- *Untreue:* Von Untreue betroffen sind bis zu 80 Prozent aller Partnerschaften.[108] Doch wo beginnt Untreue? Beginnt Untreue schon beim heimlichen Chatten in Portalen, beim Pornoschauen? Im Grenzbereich des Verzeihens bewegen wir uns bei anhaltendem Fremdgehen. Dient das Fremdgehen der (vermutlich) nicht zu sättigenden Selbstbestätigung des einen, wird daraus für den Partner eine stetige Ausbeutung. Das Vertrauen ist nicht mehr aufzubauen, eine gemeinsame Weiterentwicklung kaum möglich.
- *Gewalt:* Immer wiederkehrende Gewalt zerstört vergleichbar der Untreue die Intimität des Paares. Wir sprechen hier nicht nur von körperlicher Gewalt, sondern auch von seelischer und verbaler Gewalt. Anhaltende Demütigungen, Zynismus, Verächtlichkeit, Sexualisierung hinterlassen seelische Verletzungen, die denen der körperlichen Gewalt in nichts nachstehen. Gezeigte Einsicht und Reue greifen nur, wenn die Spirale der Gewalt gestoppt und reguliert wird. Aufseiten der Opfer führt die Gewalterfahrung zu einem Selbstabbau, da das Gefühl des Selbstwertes und der Selbstachtung permanent geschädigt wird.

Es gibt sicherlich weitere partnerschaftliche Konfliktbereiche (Zwang zur Abtreibung, Verweigerung eines Kindeswunsches, jahrelang verweigerte Sexualität), die es schwer machen, Verzeihung zu gewähren. Hier gilt es zu prüfen, in welchem Umfang die erlittenen seelischen Verletzungen die eigene Lebendigkeit und Vitalität nachhaltig einschränken; vielleicht sind sogar Krankheiten wie Depression oder Sucht in diesem Zusammenhang aufgetreten. Als Orientierung wäre zu prüfen, ob man eine Bitte um Verzeihung vonseiten des Partners überhaupt annehmen könnte, ob dies zu einer inneren

Entspannung und Versöhnlichkeit führen würde und ob dann die Sinnhaftigkeit sowie Weiterentwicklung der Partnerschaft spürbar werden.

## Die eigene Würde und die Würde des anderen

»Ich gebe Ihnen die Macht, mich mit Scham zu überschütten oder mir meine Würde zurückzugeben.«
Boris Cyrulnik[109]

Dieses Zitat aus dem Buch *Scham* des französischen Psychiaters Boris Cyrulnik verdeutlicht, wie formbar unsere Gefühle sind, wie sehr sie mit der Würde unseres Menschseins verbunden sind und welche Macht meinem Gegenüber zukommt. Diese Macht besteht darin, auf meine Person zu antworten, mit mir in Resonanz zu gehen, insbesondere in den intimen Momenten, in denen mein Innerstes sichtbar wird. Genau diese Reaktion entscheidet darüber, ob ich in meiner gesamten Person geachtet und anerkannt werde – ja, ob meine Individualität und Einzigartigkeit gewürdigt wird.

Im folgenden Paarbeispiel von Hannes und Marta möchten wir zeigen, welchen Weg die beiden gehen und wie sie ihre gegenseitigen Kränkungsmechanismen enttarnen. Dabei benennen beide die Bedeutung ihrer Würde. Aus unserer Sicht ist gerade die Würde ein entscheidendes Kriterium für die Aufrechterhaltung und Weiterentwicklung jeglicher Partnerschaft. In unserer Würde verletzt zu werden, das erfüllt uns mit Scham. Deshalb der Verweis auf das diesem Kapitel vorangestellte Zitat von Cyrulnik.

Scham ist ein mächtiges und tief bewegendes Gefühl. Wir beobachten in unserer Paararbeit immer wieder, wie diese Scham sichtbar wird und die Würde jedes Einzelnen berührt, wie sich das Ringen mit der Scham und der Kampf um die Wiederaneignung der eigenen Würde vollzieht. Die Partner haben die Macht, sich gegenseitig ihre Würde zurückzugeben. Durch Anerkennung der beschämenden Situationen, durch das Bekenntnis eigener Anteile, durch die Bitte um Verzeihung, durch die nachhaltige Einleitung von Schritten zur Versöhnung, die einen achtsameren und bewussteren Umgang miteinander einschließen.

*Paarbeispiel: Hannes und Marta*

Hannes und Marta sind seit zwölf Jahren ein Paar. Sie haben zwei Kinder und sind in ihren jeweiligen Berufen sehr erfolgreich.

Hannes verspürt Lust. Er möchte mit Marta schlafen. Sie liegen im Bett nebeneinander. Er greift nach ihrem Oberarm und gibt ihr nonverbal zu verstehen, dass er mit ihr schlafen möchte. Sie sagt wütend: »Das tut mir weh. Das hab ich dir schon hundertmal gesagt: Du greifst mich zu grob und hart an.« Hannes ist gekränkt. Er sagt: »Was bist du schon wieder so zickig!« Beide drehen sich um und versuchen einzuschlafen.

Was ist passiert? Hannes' Selbstbild beruht auf seiner sexuellen Attraktivität, die davon ausgeht (und das ist der grandiose Anteil des Narzissmus), dass, wenn er Lust bekommt und seine männliche Potenz spürt, diese spontan beantwortet wird. Er muss nur »rübergreifen« (ohne Worte, ohne Werben). Betrachtet man diese Szene aus dem Blickwinkel des narzisstischen Zusammenspiels von Paaren, so kann man davon ausgehen, dass Hannes im Kern über ein unsicheres Selbst verfügt. In der geschilderten Situation wird es aber in seinem Außenverhalten nicht sichtbar, er hat in diesem Moment auch keinen Zugang dazu.

Um Hannes einen Zugang zu seinem Verhaltensmuster und zur Zurückweisung von Marta (und der ausgelösten Kränkung) zu ermöglichen, bitten wir ihn, im Verlauf der Paartherapie einen Brief an sein inneres Kind zu schreiben. Daraufhin schreibt er folgenden Brief:

*Lieber kleiner Hannes,*

*das waren keine leichten Zeiten, in denen Du Dein Leben meistern musstest. Wenn ich mir vergegenwärtige, wie schwierig und widrig die emotionalen Umstände waren, in denen Du groß geworden bist, bin ich sehr froh darüber, dass Du Deinen heilen und wahren Kern schützen und mitnehmen konntest und dieser heute in mir weiterlebt und gedeiht.*

*Aber das hatte einen hohen Preis: hohe Mauern um Dich herum, wenig Möglichkeit zum Kontakt nach außen, ja sogar innerhalb der Mauern war die Bewegung eingeschränkt.*

*Du hast diese Mauern um Dich gebaut, um Dich zu retten – und ich staune, wie solide und nachhaltig sie sind. Ich habe bis heute viel von dem verstanden und zum Teil auch nachempfunden, wie es Dir damals ging und was Dich dazu geführt hat, Dich zum Schutz so einzumauern.*

*Mittlerweile kann ich Dir versichern, dass ich mit Mut und Neugier erfolgreich einige dieser Mauern habe abtragen können. Denn die Gefahren von damals sind vorbei: Es gibt sehr viel Wohlwollendes in meinem Leben, und ich möchte dies weiter erfahren und genießen können.*

*Und ich möchte die Welt jenseits der Mauer weiter entdecken – und Dir, meinem wertvollen Kern, auch zeigen.*

*Ich kann verstehen, dass Du immer wieder ängstlich oder sogar misstrauisch bist. Ich bin mir dessen gewiss, und ich sorge heute dafür, dass Du als mein »inneres Kind« und ich von heute nicht wieder so enttäuscht und stehen gelassen werden.*

*Wir sind ein gutes und starkes Team – lass uns weiter allen zeigen, wer wir wirklich sind.*

Hannes hat schon ein gutes Verständnis von seinen narzisstischen Persönlichkeitsanteilen erworben. Er hat entdeckt, wie er als kleiner Junge eine Schutzmauer um sich aufgebaut hat, um sich vor den »schwierigen und widrigen emotionalen Umständen« zu schützen. Er sieht auch den Preis, den er dafür bezahlt hat. Wenig Kontakt nach außen, auch innerhalb der Schutzmauer war es eng. So ist er zwar beruflich erfolgreich geworden, aber seine emotionale Ausdrucks- und Austauschfähigkeit hat sich nur rudimentär entwickelt. Seine Liebe zu Marta hilft ihm, diese Fähigkeit zu entdecken und zu erweitern. Es ist sein großes Anliegen, die massive Schutzmauer Marta gegenüber Stück für Stück abzutragen und nicht wieder hinter dieser zu verschwinden. Und doch verfällt er immer noch in sein altes Reaktions- und Verhaltensmuster. So wie in dem geschilderten Moment, in dem er sein Begehren spürt und mit Marta schlafen möchte.

Marta fühlt sich in diesem Moment erotisch nicht begehrt und sexuell nicht geweckt. Hannes spürt sein sexuelles Begehren und seine Erregung und erhofft, dass diese sich direkt auf Marta übertragen. Hannes' nonverbale Berührung von Marta und deren ärgerliche Zurückweisung lässt beide gekränkt zurück.

Betrachten wir die narzisstische Paardynamik der beiden weiter. Wenn Marta Hannes ablehnt, seine Hand wegschiebt, es nicht zum Sex kommt, wirkt diese Handlung für Hannes wie ein Trigger. Er kommt mit der Unsicherheit seines verwundeten Selbst, seines verletzten inneren Kindes in Berührung und baut sekundenschnell die gewohnte Schutzmauer auf. Den Aufbau der Schutzmauer verknüpft er mit einer Kränkungs- und Bewertungsreaktion gegenüber Marta, er wertet sie ab: »Was bist du schon wieder zickig!« Das dazugehörige Gefühl ist Ärger und Wut. Beides: Abwertung und Wut führen sekundenschnell zum Problemtransfer. Für Hannes ist die Sache klar: Das Problem liegt bei Marta, sie ist schuld daran. Weil sie so »zickig« ist, klappt das nicht mit dem Sex, so seine Schlussfolgerung.

Hannes' Aufgabe besteht nun darin, zu erkennen, dass seine Reaktion einer narzisstischen Kränkung entspricht, die Marta trifft und verletzt. Um diese Verbindung zu verdeutlichen und für beide nachvollziehbar werden zu lassen, geben wir Hannes die drei Fragen nach Cöllen an die Hand. In kurzer, prägnanter, aber auch zutreffender Weise beantwortet Hannes diese Fragen:

*Wie verletze ich dich mit meinem verletzten Kind?*
*Schutzmauer aufbauen.*
*Rechthaberei und direkte Schuldzuweisung.*
*Mangelnde Aufmerksamkeit (Details gehen mir verloren zum Beispiel »zuhören«).*
*Vorwärtsverteidigung durch Angriff. Eigenschutz durch Bedrohung von dir.*
*Welches Außenverhalten erlebst du von mir in diesen Situationen?*
*Direkt: explosiv, rechthaberisch.*
*Indirekt: subtil, intellektualisierend, teilweise Fallen stellend.*
*Blöde Kommentare oder Fragen, Schweigen, schlechte Stimmung (Miesmachen).*
*Was tue ich dir damit an?*
*Erschütterung deiner eigenen Wahrnehmung.*
*Grund geben zu Abkehr/Kontaktabbruch.*
*Du erlebst deine innere Zerbrechlichkeit (die kleine Marta).*
*Das alles tut mir sehr leid. Das will ich eigentlich nicht. Ich bitte dich dafür um Verzeihung.*

Was Hannes lernen muss, ist, in vergleichbaren Momenten nicht mit dem vertrauten Kränkungsmechanismus von Abwertung und Wut zu reagieren, sondern sich darin zu üben, mit der Kränkung umzugehen, sie zu regulieren. Die weitaus schwierigere Aufgabe für Hannes besteht darin, sich in einer Erweiterung seiner sinnlich-erotischen Ausdrucksmöglichkeiten zu versuchen. Achtsam eigene Worte zu erproben, die seinem sexuellen Begehren Ausdruck verleihen und Martas Seele schmeicheln.

Damit ist noch lange nicht alles gut. Aber diese Erkenntnis und das Bekenntnis zur eigenen Verantwortung, das Bitten um Verzeihen und das achtsame sich Üben in der Wiedergutmachung sind das Fundament für die Neugestaltung ihres Zusammenseins und ihrer Sexualität. Hannes wird sich in etwas üben müssen, das er nie gelernt hat. Marta fordert ihn dazu heraus. Sie wird in diesem Bereich zur Entwicklungshelferin für ihn, etwa in der Erweiterung seiner sprachlichen Ausdrucksfähigkeit. Worte wie: »Du bist so schön«, »ich begehre dich« zu sagen, fällt ihm nicht leicht, sein Herz klopft und es steigt eine Angst vor Ablehnung in ihm auf. Auch wenn die Worte stotternd oder die Gesten zitternd vorgetragen werden, öffnet dies den intimen Raum des Paares und die Neugestaltung ihrer Partnerschaft. Die positive Resonanz des Partners auf diese Versuche stärkt das eigene Selbst. So wird Selbstwirksamkeit im Spiegel des Partners erfahrbar.

Aus Martas Sicht sieht das Ganze so aus: Marta fühlt sich schuldig. Sie fühlt sich falsch und als Hannes' Partnerin ungenügend. Sie fühlt sich schuldig, dass sie anscheinend so zickig ist, so kompliziert, so wenig Lust hat, auf das Begehren von ihrem Mann nicht eingehen kann. Sie stellt gar nicht infrage, dass auch seine Herangehensweise etwas damit zu tun haben könnte, dass sie so wenig Lust auf ihn hat. Außerdem kam ihr jahrelang nicht in den Sinn, ob und wie sie Sexualität leben möchte. Sie kam gar nicht dazu, sich die Frage nach ihrer eigenen sexuellen Identität zu stellen. Sie hat sich in ihrer bisherigen Paarbeziehung fast ausschließlich in seinem Spiegel, in seinen Reaktionen erlebt und definiert. Auch Marta bitten wir, einen Brief an ihr verletztes inneres Kind zu schreiben.

*Liebe kleine Marta,*

*wo fange ich an? Wie zerbrechlich Du bist – manche sagen empfindlich –, ja, das ist so, Du bist so fragil.*

*Aber Du hast alles wieder zusammengeklaubt. Du hast Dich nicht zerstören lassen, nicht verloren.*

*Die Angst sitzt Dir im Bauch – die Verletzungen (»stell dich nicht so an«), Bloßstellungen, das Ausgelachtwerden, sie haben voll reingehauen.*

*Es ist ziemlich viel kaputtgegangen – Dein Gefühl ist wohl: »Was ich anfasse, geht kaputt.«*

*Ich denke an Dich*

*Marta*

Betrachten wir das Verhalten von Marta auf Hannes' schweigend-tastende sexuelle Annäherung vor dem Hintergrund des narzisstischen Zusammenspiels des Paares, so zeigt sich bei ihr die defensive Form des Narzissmus. Sie reagiert vorwiegend auf Hannes. Die Initiative für Sex geht überwiegend von ihm aus. Eigene sinnlich-erotische Annäherungsversuche sind ihr fremd. Wenn sie seine Avancen mit der Bemerkung »Du bist zu grob« zurückweist und Hannes sie daraufhin als »zickig« beschreibt, kommt sie sofort mit ihrer Unsicherheit in Berührung. Sie zieht sich zurück, verweigert jede weitere erotische Annäherung und kämpft innerlich gegen das aufflammende Gefühl, schuldig zu sein. In diesem Moment ist sie mit ihrem verletzten inneren Kind in Berührung. Die aufkommenden Schuld- und Ohnmachtsgefühle stehen in Verbindung mit ihrer biografischen Altlast: Sie ist mit einer sehr strengen und hartherzigen Mutter groß geworden, die Marta wütend und ungezügelt attackierte. War Marta als Kind zum Beispiel mit Hausaufgaben überfordert, schrie die Mutter sie an, zwang sie zu unendlichem Üben und beschimpfte sie als unfähig und faul. So festigte sich bei Marta allmählich eine innere Unsicherheit, ein mangelndes Erleben von Selbstwirksamkeit, das sich mit der gedanklichen Selbstbewertung »falsch und ungenügend zu sein« verknüpfte. Nun bitten wir auch Marta, anhand der vorgegebenen Fragen, ihre Antworten zu finden, die die Verknüpfung des narzisstischen Zusammenspiels der beiden aufzeigt. Marta schreibt:

*Lieber Hannes,*

*zunächst – was verletzt mich?*

*Dein Schweigen, Deine Abwertung, wenn Du meine eigene Wahrnehmung infrage stellst, Dein Besserwissen, Deine Übergriffe und Schuldzuweisungen. Ich fühle mich dann nicht gewollt und fühle mich schuldig.*

*Meine Reaktion – wie trage ich es zu Dir?*

*Mein verletztes Kind fährt die Stacheln aus, ich mache dicht, igle mich ein, bin aber auch insistierend, werde laut, versuche zwanghaft, recht zu behalten, steche zu, lasse Dich auflaufen.*

*Was tue ich Dir damit an?*

*Ich lasse Dich allein, schaffe Distanz, werte Dich ab – ich bin ungerecht, sehe Dich nicht.*

*Dafür bitte ich Dich um Verzeihung.*

*Deine Marta*

Um aus dieser narzisstischen Verstrickung, die beide für sich erkannt haben, herauszukommen, wird auch Marta sich in etwas üben müssen, das ihr bisher sehr schwergefallen ist. Hannes fordert sie dazu heraus. Auch er wird Entwicklungshelfer für sie. Marta wird sich darin üben, dass ihr »Nein« zu seinen unsanften Berührungen eine Berechtigung hat, dass ihre Wahrnehmungen, ihre Empfindungen richtig sind. Sie lernt, ihn liebevoll darauf hinzuweisen und nicht in den Rückzug, in die Verweigerung zu gehen, sondern ihm zu zeigen, wie es gut für sie ist. Das bedeutet, dass sie lernt, als Frau achtsam ihren eigenen »erotischen Raum«[110] wahrzunehmen, zu betreten, zu erkunden. Sie übt sich nun darin, ihr eigenes sinnliches, erotisches, sexuelles Profil zu entwickeln. Dies hilft ihr, aus einer selbstbestimmten Haltung heraus, ein selbstbestimmtes Wollen zu entwickeln. »Das Erblühen zum reifen Frausein ist nicht immer bequem, aber ungeheuer aufregend«[111], wie es die Autorin Sabine Groth treffend formuliert. Sätze wie »Lege nur mal sanft deine Hand auf meinen Arm und jetzt auf meinen Bauch …« bringen Marta erneut mit ihrer Unsicherheit in Berührung, sie bekommt Herzklopfen, Angst vor Ablehnung, vor erneuter Missachtung steigt auf. Und doch führt genau hier der Weg der Achtsamkeit und Bewusstheit entlang.

Bei allen Versuchen, ihre Partnerschaft neu zu beleben, auch im Wissen um die Rückfälle, die auf diesem Weg passieren, anerkennen und würdigen beide nun auch ihre selbstbestimmten Entwicklungsschritte. So hat Marta in ihrem Brief an ihr inneres Kind, die Würde dieses Kindes entdeckt, die sie wie einen kostbaren Schatz bewahrt:

*Liebe kleine Marta,*

*und doch hast Du Dir Würde behalten. Du kannst sie spüren, wenn Du Dich aufrichtest und loslässt. Ich finde Dich schön und ich bewundere Dich.*

*Ich möchte gerne fürsorglich mit Dir umgehen, mir Zeit für Dich nehmen und herausfinden, was Du brauchst. Du bist so wertvoll.*

*Und ich weiß, Du hast in Deiner Zerbrechlichkeit doch auch eine große Stärke, bist sehr stabil – und würdevoll.*

*Ich liebe Dich.*

Hannes antwortet auf diesen Brief, den ihm Marta anvertraut hat:

*Liebe Marta,*

*ich habe kein Vorbild oder Rollenmodell im Umgang mit Würde, da ich viel Entwürdigendes erlebt habe.*

*Meine Sicht dazu: Aufrecht/aufrichtig, offen, gerade, verletzlich + stark.*

*Das habe ich mir vorgenommen.*
*Für mich, für uns*
*Dein Hannes*

### Übung: Ich würdige dich[112]

Paare haben viele »Rituale«, in denen sie sich gegenseitig verletzen und entwürdigen – oft unbewusst. Haben wir diese Kränkungsmuster enttarnt und uns gegenseitig dazu bekannt, vielleicht auch um Verzeihung gebeten, unterstützt diese Übung uns darin, unsere eigene Würde und die Würde meines Partners / meiner Partnerin anzuerkennen und zu stärken.

Diese ganz besondere Übung aus der Paarsynthese wenden wir regelmäßig in unseren Therapien und Seminaren an. Sie können diese einfache, in ihrer Wirkung aber sehr bewegende Übung, auch zu Hause durchführen.

Stellen Sie sich mit etwas Abstand voreinander. Einigen Sie sich darauf, wer beginnt. Sehen Sie sich in die Augen und versuchen Sie mit Ihren Blicken das Wesen Ihres Partners / Ihrer Partnerin wahrzunehmen. Mit seinen Stärken und mit seinem inneren Ringen. Mit seinem Gewordensein und seiner Geschichte, seinem inneren Kind und seinem erwachsenen Ich. Dann legt derjenige, der beginnt, seine Handflächen vor der Brust aneinander oder legt seine Hand auf sein Herz und beginnt nun, sich ganz langsam vor seinem Partner / seiner Partnerin zu verneigen. Langsam. Ganz langsam.

Innerlich können Sie dabei folgende Sätze sprechen: Ich verneige mich vor dem verletzten Kind in dir, ich verneige mich vor der erwachsenen Frau / Mann in dir, ich verneige mich vor der weisen alten Frau oder dem weisen alten Mann in dir.

Der Partner / die Partnerin nimmt diese Würdigung mit offenem Herzen an.

Anschließend wird gewechselt.

Wir können als Paar Partnerschaft auf Dauer leben. Das hört sich banal an, ist es aber nicht. Partner können füreinander gegenseitig Entwicklungshelfer sein und werden. In der Intimität der partnerschaftlichen Liebe lernen die Partner voneinander. Durch den Partner und mithilfe des Partners können wir unsere narzisstischen Anteile in uns entdecken, verändern und sogar heilen. Das Zusammenwirken des Paares, das wir als Synthese bezeichnen, birgt ein hohes Maß an Potenzialentfaltung, für jeden Einzelnen und auch als Paar.

## Ringen um die Liebe – die Magie eines Liebesgedichtes

Zum Abschluss möchten wir ein Paar vorstellen, das nach vollzogener Trennung erneut zusammenfindet. Beide waren vom vielen Streiten zermürbt und beschlossen, sich zu trennen. Doch diese Trennung hielt nur kurz an. Mit dem Abstand voneinander erkannten sie, dass ihre Liebe ihnen auch einen Entwicklungsanstoß bot, der sie in ihrer Persönlichkeit berührte und sie als Paar enger zusammenführen konnte. Mit diesem Beispiel beschreiben wir den Beginn des neuen Weges, den Jonas und Merle gehen.

*Paarbeispiel: Trennung und Neuanfang mit demselben Partner*
Jonas und Merle, beide 39 Jahre alt, kennen sich seit Kindheitstagen. Ihre Familien wohnten in der Nachbarschaft. Durch ihr Studium verlo-

ren sie sich eine Zeit lang aus den Augen. Vor zehn Jahren begegneten sie einander wieder, wurden ein Paar und haben mittlerweile drei Kinder.

Am Anfang ihrer Beziehung trafen sie eine Übereinkunft: Beide waren an weiteren sexuellen Erfahrungen interessiert und so beschlossen sie, eine offene Beziehung zu führen. Wie sich bald herausstellte, hatte Merle die Hartnäckigkeit ihrer aufkommenden Eifersucht unterschätzt. Als diese immer heftiger wurde, lösten die beiden ihre Vereinbarung und entschieden sich für eine »geschlossene« Beziehung.

Jonas ging daraufhin jedoch eine Nebenbeziehung ein. Auf diese Offenbarung reagierte Merle, wie sie rückblickend berichtete, schockiert. Jonas versicherte ihr zwar, dass er nur sie liebe, da er eine »tiefe Seelenverbindung« zu ihr spüre.

Die Beziehung entwickelte sich ab diesem Zeitpunkt jedoch zunehmend krisenhafter. Wiederkehrendes Konfliktthema war Merles anhaltende Eifersucht und Jonas' Autonomiestreben. Der anhaltende Streit entzündete sich daran, dass Jonas immer wieder allein tanzen ging und Merle sich mit den Kindern zurückgelassen und nicht beachtet fühlte. Müde und ausgelaugt vom vielen Streiten beschlossen die beiden daraufhin, sich zu trennen. Zwei Monate nach der Trennung trafen sie sich wieder und die Liebe flammte erneut auf. Sie heirateten und entschlossen, um nicht erneut in das alte Konfliktverhalten zu verfallen, sich therapeutische Hilfe zu holen. So lernten wir die beiden in einem unserer Kurse kennen.

In einer ersten therapeutischen Arbeit wird deutlich, dass sowohl Jonas als auch Merle in ihrer Kindheit mit dem Thema Verlassenheit in Berührung gekommen sind. Merles Vater war Alkoholiker, der sie schon als Kind als Gesprächspartnerin gesucht und vollkommen überfordert habe. Er habe ihr von seinen Ausstiegsversuchen und Rückfällen berichtet, von seinen Treffen bei den Anonymen Alkoholikern und den Abläufen dieser Sitzungen. Als sie neun Jahre alt war, verließ er die Familie und lebte ab diesem Zeitpunkt mit einem neuen Partner zusammen.

Jonas berichtet von sehr frühen krankheitsbedingten Klinikaufenthalten. So sei er mit einem halben Jahr, mit anderthalb und mit vier Jahren jeweils für mehrere Wochen von den Eltern getrennt gewesen. An das Gefühl von quälender Einsamkeit im Alter von vier Jahren kann er sich noch sehr gut erinnern.

Auch wenn zu diesem Zeitpunkt noch nicht ganz deutlich wird, auf welche Art und Weise Merle und Jonas als Kinder diese Erfahrungen verarbeitet und welche »Lebensstrategien« sie daraus entwickelt haben, können doch beide im Verlauf dieses ersten Seminars erkennen, dass jeder von ihnen eine Geschichte von Verlassenheit und vermutlich Überforderung erlebt hat. Beide entdecken hinter ihren Streiten, Merles Eifersucht und Jonas' Beharren auf die wöchentlichen Tanzevents, das jeweils verletzte innere Kind des anderen. Das berührt beide. Und sie verstehen sofort, dass sie sich diesen für ihre Liebeskompetenz prägenden Erfahrungen zuwenden müssen. Sie verstehen, dass sie voneinander lernen können und dass sie sich gegenseitig an ihren jeweiligen verletzlichen Stellen im Streit treffen. Das wollen sie verändern. Um sie auf diesem Weg zu stärken und die Kraft der zwischen ihnen spürbaren neu entfachten Liebe zu fördern, fordern wir die beiden auf, sich gegenseitig ein Liebesgedicht zu schreiben.

Auch in unseren Paarsynthese-Seminaren und paartherapeutischen Sitzungen ermutigen wir die Paare immer wieder, sich gegenseitig ein Liebesgedicht zu schreiben. Dies ruft jedes Mal großes Erstaunen hervor. Ein Liebesgedicht? Die schreibt man doch höchstens in Phasen romantischer Verliebtheit. Aber jetzt? Nach fünf, zehn oder zwanzig Jahren Partnerschaft? Meist gibt es erst Widerstand, doch dann setzen die Paare sich hin und fangen an zu schreiben. Es ist beeindruckend, wie die Worte zu fließen beginnen und wie der Liebe zueinander Ausdruck verliehen wird.

Um diese Intimität noch weiter zu intensivieren, fragen wir in den Seminarrunden, wer von den Teilnehmenden den Mut hat, das Liebesgedicht seinem Partner / seiner Partnerin vorzulesen. Wenn einer der Teilnehmenden sich einen Ruck gibt und sein Liebesgedicht vorliest, ist die Wirkung verblüffend. Keiner kann sich dem Zauber eines Liebesgedichtes entziehen. Die Worte, die gefunden werden, und seien sie noch so einfach, berühren jeden in der Tiefe seiner Persönlichkeit und Einzigartigkeit.

Wann haben Sie das letzte Mal ein Liebesgedicht geschrieben? Damit auch für Sie diese Magie wieder lebendig und spürbar wird, fordern wir Sie auf: Schreiben Sie Ihrem Partner, Ihrer Partnerin mal wieder ein Liebesgedicht. Egal wie kurz oder lange Ihre Partnerschaft schon besteht. Sie werden überrascht sein, welche Kreativität Sie in sich entdecken und welche Wirkung Sie damit entfachen.

### Übung: Ein Liebesgedicht schreiben

Nehmen Sie sich vor, Ihrem Partner / Ihrer Partnerin ein Liebesgedicht zu schreiben. Bereiten Sie sich darauf vor, indem Sie einen für sich günstigen Ort und Zeitpunkt wählen. Und prüfen Sie, welches Medium für Sie das geeignete ist. Passt eine SMS oder eine WhatsApp-Nachricht dafür? Kann sein, aber wie wäre es mal wieder mit einem richtigen Brief auf schönem Briefpapier?

Vertrauen Sie Ihrer Kreativität! Auch wenn Sie schon lange kein Gedicht mehr geschrieben haben und Sie sich innerlich sagen, das kann ich nicht … Doch, Sie können das. Ein Gedicht muss nicht unbedingt etwas Gereimtes sein – hier können Sie Ihrer ganz eigenen Ausdrucksform vertrauen, wie und was Sie in diesem Liebesgedicht auf welche Weise ausdrücken wollen …

Lassen Sie Ihrer Sehnsucht, Ihrer Lust, Ihrer Wildheit, Ihren Fantasien, Ihren sinnlich-erotischen Empfindungen, Ihrem Mut, Ihrer Hoffnung, Ihrer Lebendigkeit … freien Lauf.

Vertrauen Sie der Kraft der Liebe.

Schenken Sie Ihrem Partner / Ihrer Partnerin dieses Gedicht.

Falls Sie sich entschlossen haben, diese Übung gemeinsam durchzuführen, verabreden Sie sich zu einem sinnlich-romantischen Abend und lesen Sie sich Ihr Gedicht gegenseitig vor.

# Anhang

## Das Verfahren der Paarsynthese

Der Psychologe Michael Cöllen entwickelt seit 1975 und seit 1992 gemeinsam mit der Paar- und Sexualtherapeutin Ulla Holm-Cöllen das Verfahren der Paarsynthese als ein Lernmodell Liebe. Aufbauend auf einer Psychologie der Liebe beschreibt und vermittelt die Paarsynthese eine integrative Paar- und Sexualtherapie sowohl für interessierte Paare als auch für Fachleute aus Paarberatung und Paartherapie.

Der Leitsatz der Paarsynthese lautet: »Liebe ist der Sinn, Dialog der Weg, Würde das Prinzip.«

*Paarsynthese*

- basiert auf neuesten Erkenntnissen aus Psychologie und Psychotherapie für eine therapeutische Arbeit an der Liebe,
- verbindet als modernes Konzept Krisenarbeit und Konfliktlösung von Streitenden mit intensiver Dialogarbeit der Liebenden und bewusster Sinnsuche des Paares.
- Wichtige Aspekte sind das Verzeihen und die kreative Paargestaltung auf dem Weg zur Rückkehr der Liebe.

Ziel ist es, den intimen Austausch von Körper, Geist und Seele zwischen den Liebenden von blockierenden Altlasten zu befreien, den Alltag der Liebe zu gestalten und seelische Verbundenheit zu schaffen.

An mehreren Instituten in Deutschland werden fortlaufend Seminare für interessierte Paare und Fachleute angeboten. Nähere Informationen finden Sie unter: www.paarsynthese.de

# Dank

Michael Cöllen und Ulla Holm-Cöllen: Ohne euch würde es dieses Buch nicht geben. Euer Glaube an uns hat uns immer wieder ermutigt. Der Dank wiegt tausendfach.

Wir danken von ganzem Herzen den Paaren und Personen, die uns erlaubt haben, ihre sehr persönlichen Briefe und Aufzeichnungen in diesem Buch zu verwenden.[113] Wir fühlen uns diesen Menschen sehr verbunden und wissen dieses Vertrauen zu schätzen.

Unser besonderer Dank gilt Dr. Mathilde Fischer, ohne deren Inspiration und geduldige Vermittlung dieses Buch nicht erschienen wäre. Ebenso gebührt unserer Lektorin Cordula Jänke ein sehr großes Dankeschön, die uns mit ihrer fachlich fundierten Begleitung immer wieder überrascht und herausgefordert hat.

# Anmerkungen

1 Badiou, A.: Lob der Liebe. Passagen Verlag, Wien 2011, S. 40.
2 Cöllen, M.: Integrative Paartherapie. Handwerk der Psychotherapie. Psychotherapie Verlag, Tübingen 2013, S. 53.
3 Vgl. Chopich, E. / Paul, M.: Aussöhnung mit dem Inneren Kind. Ullstein, Berlin 1993; Cöllen, M.: Liebe deinen Partner wie dich selbst. Gütersloher Verlagshaus, Gütersloh 2005; Stahl, S.: Das Kind in dir muss Heimat finden. Kailash Verlag, München 2015.
4 Vgl. Lammers, C.-H.: Psychotherapie narzisstisch gestörter Patienten. Schattauer, Stuttgart 2015.
5 Cöllen, Liebe deinen Partner, S. 89.
6 Spiewak, M.: Was aus der Liebe wird. In: Zeit online, 10.03.2016.
7 Spiewak, ebd.
8 Illouz, E.: Warum Liebe weh tut. Suhrkamp, Berlin 2011, S. 428.
9 Vgl. Ahlers, C.: Als wir den Sex verloren. In: Lemme, A. / Schulz, D. (2017), taz, 29./30.04.2017, S. 20–22.
10 Alle Fallbeispiele sind zum Schutz unserer Klienten und Klientinnen verändert und eine exemplarische Mischung aus Fiktion und Realität. Namen und alle weiteren personenbezogenen Details wurden zum Zweck der Anonymisierung verändert.
11 Spiewak, Was aus der Liebe wird.
12 Vgl. Kast, V.: Trotz allem: Liebe. Eröffnungsvortrag am 17. April 2011 im Rahmen der 61. Lindauer Psychotherapiewochen 2011.
13 Ebd., S. 3.
14 Zitiert nach Lenz, K.: Soziologie der Zweierbeziehung. Verlag für Sozialwissenschaften, Wiesbaden 2009, S. 277.
15 Matt, P. von: Liebesverrat. Die Treulosen in der Literatur. Hanser, München/Wien 1989, S. 213.
16 Vgl. Scholz, S. / Lenz, K. / Dressler, S. (Hg.): In Liebe verbunden. Zweierbeziehungen und Elternschaft in populären Ratgebern von den 1950ern bis heute. Transscript, Bielefeld 2013, S. 149.
17 Cöllen, Integrative Paartherapie, S. 53.
18 Kast, Trotz allem, S. 6.
19 Römer, F.: Liebe, Lust & Lesebrille. Warum wir erst in der Lebensmitte so richtig lieben können. Patmos, Ostfildern 2013, S. 44f.
20 Zusammengefasst nach Apuleius: Amor und Psyche. Übersetzt von Arno Mauersberger. Dieterich'sche Verlagsbuchhandlung, Leipzig 1949.

21 Cöllen, M.: Paradies im Alltag. Paare gestalten das Glück ihrer Liebe. Kreuz, Freiburg i. Br. 2014, S. 138.
22 Apuleius, Amor und Psyche, S. 11.
23 Vergleichbare Übungen und Anregungen finden sich bei: Cöllen, M.: Lieben, Streiten und Versöhnen. Kreuz, Stuttgart 2003, S. 149f., und Römer, F.: In Liebe wachsen und glücklich werden. Beziehungskonflikte als Chance nutzen. Patmos, Ostfildern 2019, S. 22.
24 Vgl. Cöllen, 2005, S. 86f.
25 Wardetzki, B.: Ohrfeige für die Seele. Wie wir mit Kränkung und Zurückweisung besser umgehen können. Kösel-Verlag, München 2000, S. 184.
26 Staemmler, F.-M.: Kränkungen. Klett-Cotta, Stuttgart 2016, S. 89.
27 Ebd., S. 62f.
28 Cöllen, 2005, S. 223.
29 Lammers, Psychotherapie, S. 28.
30 Vgl. Fonogay, P. / Target, M.: Frühe Bindung und psychische Entwicklung. Psychosozial-Verlag, Gießen 2005.
31 Maaz, H.-P.: Die neue Lustschule. dtv, München 2014, S. 3.
32 Der Begriff geht auf Fonagay und Target zurück.
33 Vgl. Cyrulnik, B.: Scham. Im Bann des Schweigens – Wenn Scham die Seele vergiftet. Präsenz Kunst & Buch, Hünfelden 2011, S. 64.
34 Vgl. Cöllen, 2005, S. 62.
35 Vgl. Römer, In Liebe wachsen, S. 63f.
36 Cöllen, Integrative Paartherapie, S. 91.
37 Ebd., S. 60.
38 Vgl. Urwin, J.: Boys don't cry. Identität, Gefühl und Männlichkeit. Nautilus, Hamburg 2017.
39 Zum Dreischritt von Erspüren, Ausdrücken und Austauschen vgl. auch Cöllen, Lieben, Streiten, Versöhnen, S. 47f.
40 Inspiriert von der Übung »Sehnsuchtsbrief« in Cöllen, ebd., S. 60, wobei wir die kreativen Ausdrucksformen für das Gefühl der Sehnsucht noch mehr erweitert haben.
41 Wardetzki, B.: Eitle Liebe. Wie narzisstische Beziehungen scheitern oder gelingen können. Kösel-Verlag, München 2010, S. 24.
42 Maaz, H.-P.: Die narzisstische Gesellschaft. Beck, Nördlingen 2016, S. 83.
43 Cöllen, Liebe deinen Partner, S. 139.

44 Die Idee zu dieser Übung stammt aus Cöllen, Lieben, Streiten, Versöhnen, S. 42. Wir möchten sie noch einen Schritt weiterführen und dazu anregen, wirklich mit dem Partner in den Austausch darüber zu gehen.
45 Nach Moeller, L.: Die Wahrheit beginnt zu zweit. Rowohlt, Reinbek bei Hamburg 1996.
46 Inspiriert von Cöllen, Lieben, Streiten, Versöhnen, S. 77, und Römer, Liebe, Lust & Lesebrille, S. 27; 43.
47 Inspiriert von Cöllen, ebd., S. 97.
48 Die Idee zu dieser Übung stammt aus Cöllen, ebd., S. 114. Wir möchten sie noch einen Schritt weiterführen und dazu anregen, wirklich aktiv zu werden und ins Handeln zu kommen.
49 Wheeler, G.: Jenseits des Individualismus. Peter Hammer, Wuppertal 2006, S. 221.
50 Vgl. Cöllen, M. / Holm, U.: Intimität und Scham – Erotische Beziehungen heilen und gestalten. Unveröffentlichter Vortrag, 2007.
51 Vgl. Hodge, M. B.: Your fear of love. Doubleday, University of Minnesota 1967.
52 Schnarch, D.: Intimität und Verlangen. Sexuelle Leidenschaft wieder wecken. Klett-Cotta, Stuttgart 2011, S. 151.
53 Sanyal, M.: Gewalt. Interview in: taz. 3./4.09.2016, S. 24.
54 Urwin, Boys, S. 13.
55 Cöllen, Liebe deinen Partner, S. 75f.
56 Ebd., S. 81.
57 Ebd.
58 Ebd., S. 79.
59 Kernberg, O. F. / Hartmann, H. P.: Narzissmus. Grundlagen – Störungsbilder – Therapie. Klett-Cotta, Stuttgart 2009, S. 12.
60 Stutz, P.: Deine Küsse verzaubern mich. Liebe und Leidenschaft als spirituelle Quellen. Kösel-Verlag, München 2014, S. 16.
61 Ovid: Metamorphosen. Reclam jun., Leipzig 1986.
62 Vgl. Wardetzki, B.: Weiblicher Narzissmus. Der Hunger nach Anerkennung. Kösel-Verlag, München 2008.
63 Vgl. Cöllen, Integrative Paartherapie, S. 114.
64 Kernberg,/Hartmann, Narzissmus, S. 14.
65 Vgl. Wheeler, Individualismus, S. 208.
66 Lammers, Psychotherapie, S. 28.
67 Stahl, Das Kind in dir, S. 129.

68 Vgl. Cöllen, M.: Das Verzeihen in der Liebe. Wie Paare neue Nähe finden. Kreuz, Freiburg i. Br. 2009.

69 Angeregt durch Cöllen, Lieben, Streiten, Versöhnen, S. 182f. Auch hier ist es uns wichtig, dass die Partner tatsächlich in den Austausch über die Übung miteinander gehen. Das Schreiben hilft, sich die Verantwortung bewusst zu machen, der Austausch darüber dient der direkten Verantwortungsübernahme im Angesicht des Partners / der Partnerin.

70 Hustvedt, S.: Die gleißende Welt. Rowohlt, Reinbek bei Hamburg 2015, S. 210.

71 Cöllen/Holm, Intimität und Scham, S. 2.

72 Clement, U.: Trends in der Sexualtherapie. Familiendynamik, Heft 1. Klett Cotta, Stuttgart 2014, S. 8.

73 Ebd., S. 112.

74 Alle Zitate nach Lachner, T.: »Dabei hast Du so ein schönes Gesicht«. In: Die Zeit, Nr. 18, 27.04.2017, S. 54.

75 Ahlers, Als wir den Sex verloren, S. 21.

76 Ebd., S. 22.

77 Cöllen, Verzeihen in der Liebe, S. 136.

78 Illouz, E.: Die neue Liebesordnung. Suhrkamp, Berlin 2013, S. 38.

79 Ebd., S. 137.

80 Illouz, Liebesordnung, S. 46.

81 Vgl. Konrad, S.: Das beherrschte Geschlecht. Piper, München 2018.

82 Oestreich, H.: Rezension zu Claudia Haarmann: Unten'rum. Die Scham ist nicht vorbei. In: taz, 21.03.2006, S. 26.

83 Konrad, Beherrschtes Geschlecht, S. 158.

84 Holm, U.: Zu neuer Sinnlichkeit. In: Cöllen, M.: Paartherapie und Paarsynthese. Lernmodell Liebe. Springer, Wien / New York 1997, S. 280.

85 Grunwald, M.: Die unterkuschelte Gesellschaft. In: Moulin, M. (2016), taz, 30.04.2016, S. 18.

86 Ebd.

87 Vgl. ebd.

88 Cöllen, Integrative Paartherapie, S. 137.

89 Maaz, Lustschule, S. 237.

90 Dietl, T.: Der Tod hat auch einen Zauber. In: Die Zeit, Ausgabe 45 (2015), S. 2.

91 Cöllen, Liebe deinen Partner, S. 138.

92 Vgl. Cöllen, 2005.

93 Cöllen, Liebe deinen Partner, S. 91.
94 Vgl. Cöllen, 2005 und Cöllen, Integrative Paartherapie.
95 Vgl. Ahlers, Als wir den Sex verloren.
96 Perel, E.: Wild Life. Die Rückkehr der Erotik in die Liebe. Piper, München 2010, S. 34.
97 Cöllen, Liebe deinen Partner, S. 110.
98 Cöllen, Integrative Paartherapie, S. 125.
99 Kernberg nach Lammers, Psychotherapie, S. 16.
100 Cöllen, Integrative Paartherapie, S. 126.
101 Cöllen: Paradies im Alltag, S. 28.
102 Ocampo, V.: Mein Leben ist mein Werk. Aufbau, Berlin 2010, S. 65.
103 Cöllen, M.: Verzeihen ist ein intimer Prozess. Psychologie Heute. Beltz, Weinheim 2014. S. 28.
104 Cöllen, Verzeihen ist ein intimer Prozess, S. 29.
105 Freud, 1914, zit. nach Bauriedl, T.: Auch ohne Couch. Klett-Cotta, Stuttgart 1994, S. 27.
106 Röser, B. / Röser, U. (Hg.): Die Kraft des Verzeihens. Pro Business GmbH, Berlin 2019, S. 11.
107 Vgl. Cöllen, Verzeihen in der Liebe, S. 40f.
108 Vgl. Perel, E.: The State of Affairs: Rethinking Infidelity. Harper Collins Publishers, 2017.
109 Cyrulnik, Scham, S. 38.
110 Eck, A.: Der erotische Raum. Fragen der weiblichen Sexualität in der Therapie. Carl-Auer, Heidelberg 2016.
111 Groth, S.: Die Heldinnenreise. Kösel, München 2018, zitiert nach: http://sabine-groth.com/buecher.html [Zugriff: 20.01.2020].
112 Inspiriert von Cöllen, Lieben, Streiten, Versöhnen, S. 187. Wir möchten die Übung noch einen Schritt weiterführen, nicht nur als gegenseitige Anerkennung des anderen, sondern durch die bewussten inneren Worte, die die Übung begleiten, auch als tiefen Ausdruck der Würdigung des anderen in allen Lebensaltern.
113 Zum Schutze unserer Klienten und Klientinnen wurden die Namen und alle weiteren personenbezogenen Details in den Briefen und Aufzeichnungen verändert.

# Literatur

Ahlers, C.: Als wir den Sex verloren. In: Lemme, A.; Schulz, D. (2017), taz, 29./30.04.2017, S. 20–22.

Apuleius: Amor und Psyche. Übersetzt von Arno Mauersberger. Dieterich'sche Verlagsbuchhandlung, Leipzig 1949.

Badiou, A.: Lob der Liebe. Passagen Verlag, Wien 2011.

Bauriedl, T.: Auch ohne Couch. Klett-Cotta, Stuttgart 1994.

Bischofberger, J. / Schmidt-Hieber, C.: Adulte Neurogenese im Hippocampus. In: Neuroforum. Organ der Neurowissenschaftlichen Gesellschaft. Heft 3, 06 (2006), S. 212–221.

Chopich, E. / Paul, M.: Aussöhnung mit dem Inneren Kind. Ullstein, Berlin 1993.

Clement, U.: Trends in der Sexualtherapie. Familiendynamik, Heft 1. Klett Cotta. Stuttgart 2014.

Cöllen, M.: Lieben, Streiten und Versöhnen. Kreuz, Stuttgart 2003.

Cöllen, M.: Liebe deinen Partner wie dich selbst. Gütersloher Verlagshaus, Gütersloh 2005.

Cöllen, M.: Das Verzeihen in der Liebe. Wie Paare neue Nähe finden. Kreuz, Freiburg i. Br. 2009.

Cöllen, M.: Paartherapie und Paarsynthese. Lernmodell Liebe. MV-Wissenschaft, Münster 2012.

Cöllen, M.: Integrative Paartherapie. Handwerk der Psychotherapie. Psychotherapie Verlag, Tübingen 2013.

Cöllen, M.: Paradies im Alltag. Paare gestalten das Glück ihrer Liebe. Kreuz, Freiburg i. Br. 2014.

Cöllen, M.: Verzeihen ist ein intimer Prozess. Psychologie Heute. Beltz, Weinheim 2014.

Cöllen, M. / Holm, U.: Intimität und Scham – Erotische Beziehungen heilen und gestalten. Unveröffentlichter Vortrag, 2007.

Cöllen, M. / Holm, U.: Intimität und Liebesglück. Psychologische Paararbeit für die Welt von morgen. Vortrag Kongress Wien VPA – Paare in Bewegung II, 2016. https://www.paarsynthese.de [Zugriff: 15.12.2019].

Cöllen, M. / Holm, U.: Liebe trotz Zeitnot. Herder, Freiburg i. Br. 2019.

Cyrulnik, B.: Scham. Im Bann des Schweigens – Wenn Scham die Seele vergiftet. Präsenz Kunst & Buch, Hünfelden 2011.

Dietl, T.: Der Tod hat auch einen Zauber. In: Die Zeit, Ausgabe 45 (2015). Im Internet verfügbar unter: https://www.zeit.de/2015/45/tamara-dietl-sterbebegleitung-helmut-dietl [Zugriff: 15.12.2019].

Eck, A.: Der erotische Raum. Fragen der weiblichen Sexualität in der Therapie. Carl-Auer, Heidelberg 2016.

Fonogay, P. / Target, M.: Frühe Bindung und psychische Entwicklung. Psychosozial-Verlag, Gießen 2005.

Giddens, A.: Wandel der Intimität. S. Fischer, Frankfurt a. M. 1993.

Grawe, K.: Neuropsychotherapie. Hogrefe, Göttingen 2004.

Groth, S.: Die Heldinnenreise. Kösel, München 2018. http://sabine-groth.com/buecher.html [Zugriff: 20.01.2020].

Grunwald, M.: Die unterkuschelte Gesellschaft. In: Moulin, M., taz, 30.04.2016, S. 18.

Haarmann, C.: Unten 'rum. Die Scham ist nicht vorbei. Innenwelt Verlag, Köln 2005.

Hodge, M. B.: Your fear of love. Doubleday, University of Minnesota 1967.

Holm, U.: Zu neuer Sinnlichkeit. In: Cöllen, M.: Paartherapie und Paarsynthese. Lernmodell Liebe. Springer, Wien/New York 1997.

Hustvedt, S.: Die gleißende Welt. Rowohlt, Reinbek bei Hamburg 2015.

Illouz, E.: Warum Liebe weh tut. Suhrkamp, Berlin 2011.

Illouz, E.: Die neue Liebesordnung. Suhrkamp, Berlin 2013.

Kast, V.: Trotz allem: Liebe. Eröffnungsvortrag am 17. April 2011 im Rahmen der 61. Lindauer Psychotherapiewochen 2011. www.Lptw.de [Zugriff: 15.12.2019].

Kernberg, O. F. / Hartmann, H. P.: Narzissmus. Grundlagen – Störungsbilder – Therapie. Klett-Cotta, Stuttgart 2009.

Konrad, S.: Das beherrschte Geschlecht. Piper, München 2018.

Lachner, T.: »Dabei hast Du so ein schönes Gesicht«. In: Die Zeit, Nr. 18, 27.04.2017, S. 54.

Lammers, C.-H.: Psychotherapie narzisstisch gestörter Patienten. Schattauer, Stuttgart 2015.

Lemme, A. / Schulz, D.: Als wir den Sex verloren. In: taz, 29./30.04.2017, S. 20–22.

Lenz, K.: Soziologie der Zweierbeziehung. Verlag für Sozialwissenschaften, Wiesbaden 2009.

Maaz, H.-P.: Die neue Lustschule. dtv, München 2014.

Maaz, H.-P.: Die narzisstische Gesellschaft. Beck, Nördlingen 2016.

Matt, P. von: Liebesverrat. Die Treulosen in der Literatur. Hanser, München/Wien 1989.

Moeller, L.: Die Wahrheit beginnt zu zweit. Rowohlt, Reinbek bei Hamburg 1996.

Ocampo, V.: Mein Leben ist mein Werk. Aufbau, Berlin 2010.

Oestreich, H.: Rezension zu Claudia Haarmann: Unten ’rum. Die Scham ist nicht vorbei. In: taz, 21.03.2006, S. 26.

Ovid: Metamorphosen. Reclam jun., Leipzig 1986.

Perel, E.: Wild Life. Die Rückkehr der Erotik in die Liebe. Piper, München 2010.

Perel, E.: The State of Affairs: Rethinking Infidelity. Harper Collins Publishers, New York 2017.

Röhr: H.-P.: Narzissmus. Dem inneren Gefängnis entfliehen. Patmos, Ostfildern 2015.

Römer, F.: Liebe, Lust & Lesebrille. Warum wir erst in der Lebensmitte so richtig lieben können. Patmos, Ostfildern 2013.

Römer, F.: In Liebe wachsen und glücklich werden. Beziehungskonflikte als Chance nutzen. Patmos, Ostfildern 2019.

Rosa, H.: Resonanz. Eine Soziologie der Weltbeziehung. Suhrkamp, Berlin 2016.

Röser, B. / Röser, U. (Hg.): Die Kraft des Verzeihens. Pro Business GmbH, Berlin 2019.

Sanyal, M.: Gewalt. Interview in: taz. 3./4.09.2016. Im Internet einsehbar unter: https://taz.de/Autorin-Sanyal-ueber-Vergewaltigung/!5332956/ [Zugriff: 14.01.2020].

Schnarch, D.: Intimität und Verlangen. Sexuelle Leidenschaft wieder wecken. Klett-Cotta, Stuttgart 2011.

Scholz, S. / Lenz, K. / Dressler, S. (Hg.): In Liebe verbunden. Zweierbeziehungen und Elternschaft in populären Ratgebern von den 1950ern bis heute. Transscript, Bielefeld 2013.

Siegel, D. J.: Das achtsame Gehirn. Arbor, Freiburg 2007.

Spiewak, M.: Was aus der Liebe wird. Zeit online, 10.03.2016. Im Internet einsehbar unter: https://www.zeit.de/2016/12/liebe-wandel-frauen-pragmatik-vermaechtnis-studie [Zugriff: 20.1.2020].

Staemmler, F.-M.: Kränkungen. Klett-Cotta, Stuttgart 2016.

Stahl, S.: Das Kind in dir muss Heimat finden. Kailash Verlag, München 2015.

Stutz, P.: Deine Küsse verzaubern mich. Liebe und Leidenschaft als spirituelle Quellen. Kösel-Verlag, München 2014.

Urwin, J.: Boys don't cry. Identität, Gefühl und Männlichkeit. Nautilus, Hamburg 2017.

Wardetzki, B.: Ohrfeige für die Seele. Wie wir mit Kränkung und Zurückweisung besser umgehen können. Kösel-Verlag, München 2000.

Wardetzki, B.: Weiblicher Narzissmus. Der Hunger nach Anerkennung. Kösel-Verlag, München 2008.

Wardetzki, B.: Eitle Liebe. Wie narzisstische Beziehungen scheitern oder gelingen können. Kösel-Verlag, München 2010.

Wheeler, G.: Jenseits des Individualismus. Peter Hammer, Wuppertal 2006.

Winnicott, D. W.: Reifungsprozesse und fördernde Umwelt. S. Fischer, Frankfurt a. M. 1984.

## Verzeichnis der Übungen